# Vous et votre projet

## CHEZ LE MÊME ÉDITEUR

Laurie Ashner, Mitch Meyerson
*Qu'est-ce qui m'empêche de me sentir bien ? - Pour en finir avec l'insatisfaction chronique*

Nelly Bidot, Bernard Morat
*S'entraîner à la PNL au quotidien - 80 jours pour maîtriser les outils de base de la PNL*

Richard Carlson
*Décidez d'être heureux - Le bonheur, c'est dans la tête*

Bruce Fisher
*Après la rupture - Reconstruire sa vie après un divorce ou une séparation*

Suzanne Forward (avec Donna Frazier)
*Le Chantage affectif - Quand ceux que nous aimons nous manipulent*

Suzanne Forward (avec Donna Frazier)
*Quand votre conjoint vous ment... - Le couple et les blessures du mensonge*

Suzanne Forward (avec Joan Torres)
*Quand le prince n'est plus charmant... - Comment sortir de l'enfer à deux*

Pierre Longin
*Naître à soi-même - L'ennéagramme : se connaître, comprendre les autres et accomplir sa mission*

Guy Missoum
*Réussir sa vie aujourd'hui - Dynamique, outils et stratégies*

Josiane de Saint Paul
*Estime de soi, confiance en soi - Les fondements de notre équilibre personnel et social*

Bernard Sananès
*Devenir acteur de sa vie - Objectif épanouissement : gérer son stress et ses émotions*

Alain Sarton
*La traversée des émotions - Une voie à découvrir vers la connaissance et l'expression de soi*

Claude Steiner (avec Paul Perry)
*L'A.B.C. des émotions - Développer son intelligence émotionnelle*

Sylvie Tenenbaum
*Bien vivre sa vie de couple - Affectivité - Psychologie - Communication*

Jane Turner, Bernard Hévin
*Construire sa vie adulte - Comment devenir son propre coach*

Michel Chalude

# Vous et votre projet

## Réaliser les rêves qui vous tiennent à cœur

InterEditions

ISBN 2 10 004730 2

*À Paul et à Ita*

# TABLE DES MATIÈRES

*Préface* 1
*Prologue* 5
*Introduction* 7

*Première partie*
FAISONS CONNAISSANCE

1. *Qui je suis* 17
   L'Empathique 17
   Le Travaillomane 20
   Le Persévérant 22
   Le Rebelle 25
   Le Promoteur 28
   Le Rêveur 30
   Conclusion 32
2. *Qui vous êtes* 35
   Comment vous reconnaître 35
   Le fonctionnement de votre personnalité 40
3. *À la découverte de notre relation* 59
   Allons-nous nous entendre ? 59
   À la découverte de notre relation 60
   Dix règles de bonne conduite relationnelle 60

*Deuxième partie*

## VOUS ET VOTRE PROJET

4. *Définition de votre projet* 77

Quel est votre projet ? 77

L'écriture révélatrice 78

La chasse aux renforcements négatifs 80

Un engagement, donc un contrat 80

Un projet vivant 82

Un projet mobilisateur 83

Un projet important 83

Un projet prioritaire 84

Un projet apprenant 85

Un projet intégrant 86

Un projet que vous allez mener à terme ou conclure sur un succès 87

Un projet qui vous corresponde 87

5. *Votre méthode de travail* 90

Comment réussir votre projet 90

Les méthodes de travail 92

L'Empathique 95

Le Travaillomane 96

Le Persévérant 97

Le Rebelle 100

Le Promoteur 102

Le Rêveur 103

Conclusion 104

6. *Considérer vos ressources* 106

S'il te plaît, dessine-moi un projet ! 106

Le contenu de nos bagages 107

Votre Parent 110

Le circuit rouge, dialogue interne paralysant 112

Votre Adulte 114

7. *Votre communication* 118

La relecture 118

Les styles et les modes de communication bilatérale 120

8. *Votre motivation* 132
Recharger les batteries 132
La motivation 134
Le besoin de contacts (*strokes*) 138
Les motivations liées à vous et à votre projet 143
Comment chaque type de personnalité se motive pour son projet 144
Les besoins négatifs 148
Conclusion 148

*Troisième partie*
VOUS ET VOTRE STRESS

9. *La dramatisation* 157
Introduction au stress 157
La dramatisation, moyen de prévention 158
La dramatisation, outil de conviction 159
La dramatisation comme source de passivité 161
La dramatisation commence au berceau 162
La dramatisation est un signal 162
La dramatisation est une expérience interne 163
La dramatisation se danse à deux 164
L'escalade 165
Le drame est la plus parlante des dramatisations 165
La dramatisation, pédagogie de l'échec 166
La dramatisation est liée à nos besoins psychologiques 167

10. *La compétition* 170
Le danger, c'est les autres 170
Quelle belle bagarre ! 171
La conscience prophylactique 171
Il y a déjà un livre sur la Process Communication 172
Cela n'est pas un livre sur la Process Communication 174
Mon livre est meilleur que le tien 175
Michel Chalude Superstar 176

11. *La manipulation* 178
Ami 178
De la communication à la manipulation 179
Le stress 181

La manipulation au quotidien 181
Comment chaque type de personnalité se manipule ou manipule son entourage en adoptant des comportements parasites 182
Les vaccins anti-manipulation 184

12. *Votre stress émotionnel* 186
Le dérapage 186
Le sens du malaise 188
L'insupportable désespoir ou « je suis non-OK – tu es non-OK » 189
C'est ma faute ou « je suis non-OK – vous êtes OK » 190
C'est ta faute ou « je suis OK – vous n'êtes pas OK » 191
Ce n'est pas de ma faute ou « je ne suis pas non-OK, c'est vous qui l'êtes » 192
Le désarroi 193

13. *Le scénario* 195
La maison d'en face 195
Le scénario 196
Votre scénario : questionnaire 198
Le scénario au quotidien 199

*Quatrième partie*

VOUS ET VOTRE CHANGEMENT

14. *Les conditions du changement* 209
La prouesse 209
La permission 209
Le brainstorming 210
L'acceptation inconditionnelle 213
La protection 214
La puissance ou comment bâtir votre projet sur vos talents 216

15. *L'objet du changement* 223
Que de changements ! 223
Changer la relation entre vous et vous 224
Changer la relation avec l'autre : obtenir un changement de comportement 226
Changer la relation au projet 229

16. *La négociation au quotidien* 231
Il n'y a que la vérité qui blesse 231
Le changement fausse-barbe 232
L'effet boomerang 232
L'expression des émotions au quotidien 233
La négociation au travail 234
La rupture négociée 237

17. *Le transformateur de malaise* 240
Que le courant passe ! 240
Le grand choc 240
Le transfo 241

18. *La ritualisation du changement* 244
Rituel matinal 244
« Ce n'est pas mon truc » 245
Le rituel 246
L'entraînement progressif 247

19. *L'apprentissage* 249
Dix règles pour ne rien changer 249
L'apprentissage personnalisé : le coaching 250
L'apprentissage méthodique : les comportements actifs 251

20. *Le terme du changement et le terme du contrat* 255
L'arrivée 255
Le nouveau contrat 256
Le changement des autres 256
La page tournée 257
La fête 258
Le cycle du changement 258

*Conclusion* 263
*Épilogue et remerciements* 265
*Bibliographie* 269
*Corrigé des exercices* 273

# PRÉFACE

## *AU CŒUR DE CET OUVRAGE SE TROUVE LA NOTION DE PROJET*

La notion de projet est parfois perçue comme rébarbative et austère. Il est vrai qu'à force de grilles, matrices, recettes, listes de points clés destinés à la gestion de projets, la littérature managériale a pu contribuer à cette réputation.

Rien de tout cela dans l'ouvrage que vous allez lire. Ce livre est une histoire, celle d'un projet, qu'il faut lire comme telle, du début à la fin. Michel Chalude utilise le projet d'écriture du livre comme support d'explication du modèle « Process Communication », une théorie appliquée appartenant aux sciences du comportement.

Nous sommes loin d'une théorie de la gestion de projet, nous sommes dans le projet vécu.

Il s'agit d'un livre personnel, par opposition aux écritures à sang froid qui animent trop souvent la littérature destinée aux managers. L'auteur nous invite à découvrir des notions subtiles en nous proposant une promenade au sein d'une structure qu'il visite et revisite à la lumière de sa propre expérience.

Chacun jugera si le projet est réussi. En acceptant de faire cette préface, je donne ma réponse.

## *À L'ORIGINE DE CE LIVRE SE TROUVE LA NOTION DE RELATION*

Cette notion est à l'origine de ma rencontre avec l'auteur, elle fonde les développements qui ont suivi. En effet, si je me retrouve préfacier de ce livre, c'est en raison d'une petite question lancée en avril 1998 alors que s'achevait un séminaire animé par Michel Chalude, auquel je venais de participer. « Avez-vous écrit un livre ? » lui ai-je demandé, comme si cela allait de soi. « Non, mais ce serait un projet intéressant », m'a-t-il répondu, comme s'il avait toujours caressé cette idée.

Ensuite, nous ne nous sommes plus revus durant presque trois ans. Jusqu'à ce jour de janvier 2001 où nous avons déjeuné ensemble à Paris. « Il est écrit, voulez-vous en faire la préface » me dit-il en posant sur la table un paquet de 250 pages. Ses yeux brillaient de ce brin de fierté qui saisit celui qui vient de terminer de vider la mer avec sa cuillère à café.

Entre avril 1998 et janvier 2001, j'avais pris soin de souhaiter la bonne année à Michel en le taquinant amicalement : « Bonne année d'écriture de votre livre » ou « Que cette année voie vos souhaits se réaliser, notamment votre livre ». Sans le savoir, nous avons inventé ensemble le coaching par cartes de vœux.

Ce projet repose donc sur un échange constructif vécu en séminaire : j'avais l'expérience de l'écriture[1] et je venais de faire celle de l'analyse transactionnelle : j'ai voulu qu'un lien s'établisse. Michel est un grand professionnel des relations interpersonnelles et il avait envie de noircir des pages : il a établi ce lien. *L'ouvrage de Michel témoigne qu'une rencontre peut toujours être porteuse de projet.*

Depuis, Michel et moi, nous nous tutoyons. Du regard et de la pensée.

Si je l'ai titillé jusqu'à ce qu'il écrive, c'est parce qu'il me semblait impensable de ne pas écrire lorsque l'on dispose d'un matériau aussi riche que Process Communication et d'une élégance relationnelle et pédagogique aussi fine que celle de l'auteur. Je me dois naturellement de donner un peu de contenu à cet hommage.

## *UN OUVRAGE DE MANAGEMENT SINGULIÈREMENT DIFFÉRENT DES AUTRES*

En management, comme dans tous les autres champs d'exploration intellectuelle, le danger des théories réside dans leur tentation globalisante : tout expliquer, tout programmer, tout remplacer. Au passage, noyer l'homme dans une systémique aussi séduisante que trompeuse et d'où, à force de simplification, la réflexion s'absente. En

1. Ivan Monème et Philippe van den Bulke, *Le Management relationnel*, Dunod, 1999, 3e édition

clair, en management comme ailleurs, il arrive que se crée un fossé entre l'enseignement prodigué et le simple bon sens. L'auteur échappe à ce risque, tant dans ses séminaires que dans son livre.

Il échappe à ce risque parce qu'il est profondément intuitif et trop aguerri pour prétendre que Process Communication ou toute autre grille d'analyse suffit à elle seule à rendre compte de n'importe quelle réalité humaine. Il sait que Process Communication, à l'instar d'autres techniques et disciplines, vient apporter une pierre à l'édifice de la compréhension des relations interpersonnelles. Et ses objectifs savent être d'autant plus ambitieux et convaincants qu'il sait reconnaître sa dette à ceux qui le précèdent et témoigne en toutes circonstances de sa profonde modestie intellectuelle.

Outre l'intime connaissance du sujet dont témoigne l'auteur, fondée sur les centaines de séminaires dispensés et sur sa culture approfondie en matière de sciences du comportement, ce qui fait l'originalité de l'ouvrage de Michel Chalude, c'est un plaisir d'écriture qui se transmet au lecteur par un phénomène de jubilation empathique. J'en témoigne en tant que lecteur et auteur, ce résultat est aussi difficile à trouver qu'à obtenir. Je crois que l'envie d'écrire donne envie de lire et plaisir à lire, tout comme le plaisir d'animer donne envie au stagiaire d'apprendre.

L'ouvrage se distingue donc par un vrai travail d'écriture car le narrateur fait vivre Process Communication, le traduit en langage vivant, s'implique, apporte son témoignage. Il s'applique la méthode, à travers la vie mouvementée de son propre projet d'écriture et nous montre comment les séquences de son travail renvoient à des séquences ou des phases de sa personnalité. C'est donc un travail d'auteur, un travail de transpiration. Michel Chalude illustre son propos avec beaucoup d'exemples, en prenant la précaution de nous rappeler que « le plan n'est pas la ville », nous indiquant ainsi que toute illustration ne vaut qu'en sa qualité d'invitation à venir soi-même sur place humer l'air réel. En d'autres termes, l'auteur nous propose d'entrée de jeu de mener à bien un projet personnel parallèlement à la lecture de son livre.

## *QU'EN AI-JE RETENU ?*

Du stage comme du livre, je suis ressorti avec le sentiment trop rare d'être plus attentif au monde environnant. Comme si j'avais reçu une paire de lunettes pour mieux lire la réalité, un stéthoscope pour mieux écouter le bruit de mon cœur et une carte du monde pour mieux me repérer dans le réel. L'audace consiste à nous équiper de grilles de lecture successives pour mieux appréhender notre projet plutôt que de nous transformer en adepte d'une grille de lecture censée unifier notre vision du réel. Et nous pouvons en conclure que le monde passionnant des relations humaines est en même temps beaucoup plus simple et beaucoup plus riche que nous ne le pensions.

Ivan MONÈME
*Directeur de la communication*

# PROLOGUE

## *Lettre à l'éditrice*

*Chère Madame,*

*Sans nouvelle de ma part après vos remarques sur la première partie de mon manuscrit intitulé* Réussir ensemble, *sûrement pensez-vous : « Vous et votre projet… et alors ? ».*

*Comme beaucoup de gens, j'ai mené à bon port certains projets tandis que d'autres flottent toujours au hasard de mes pensées ou ont sombré définitivement dans l'oubli.*

*C'est ce même sort que risque de subir la rédaction de ce livre, ballotté entre d'autres priorités, chahuté par les urgences lorsqu'il n'est pas soumis à la tempête de vos critiques.*

*Comme bien d'autres, je rêve de tout ce que je pourrais accomplir, je dis ce que je devrais faire, je commence à entreprendre pour rapidement découvrir combien la parole est aisée mais la rédaction difficile.*

*Publier un livre consacré à mon activité professionnelle est un projet qui me tient à cœur. Que de fois ne l'ai-je promis « pour bientôt » aux cadres, aux commerciaux ou aux autres professionnels ayant participé à mes stages de formation. Aujourd'hui, je me retrouve dans la situation que j'imagine être celle des lecteurs : je ne me crois pas capable de mener à terme le projet dans lequel je me suis engagé.*

*Je me pose des questions : ai-je les talents utiles à mon ambition ? Ai-je le temps et l'énergie nécessaires à sa réalisation ? Suis-je capable d'apprendre un nouveau métier, d'acquérir les techniques indispensables et de renoncer au confort de l'habitude pour m'engager dans la voie du changement ? En m'adaptant à vos contraintes ou à vos exigences, suis-je toujours moi-même, motivé et heureux de réaliser ce travail ?*

*Lorsque je partage mon vécu avec le lecteur, je l'incite à s'impliquer, qu'il s'identifie ou qu'il s'oppose. Je l'invite à se découvrir, à se révéler à lui-même pour mieux se comprendre, s'accepter ou s'aimer autant que pour mieux dialoguer, négocier et aller de l'avant avec les autres.*

*J'engage également le lecteur à réfléchir à son projet, qu'il soit personnel ou professionnel, individuel ou collectif.* Mon *rêve serait qu'à la fin de sa lecture, chacun ait atteint l'objectif qu'il s'était fixé.*

*Sans modifier ni l'esprit ni le contenu de l'idée qui avait retenu votre intérêt, j'ai décidé d'adopter une structure plus simple. L'objet du livre veut restituer la dynamique de notre collaboration : nous et notre projet, comment allons-nous réussir ou échouer ensemble ?*

*Une fois personnalité et projet équilibrés, j'ai rebaptisé ce manuscrit* Vous et votre projet. *Comme vous le voyez, j'ai décidé de redresser la barre, tout en maintenant le cap défini dans mon projet d'intentions. Ce nouvel itinéraire, qu'en pensez-vous ?*

Michel CHALUDE
Septembre 2000

# INTRODUCTION

## *Mon projet d'intentions*

J'AI PROMIS À MON ÉDITRICE un plan du livre pour le milieu du mois de mai. Avant d'écrire la première ligne, je me suis procuré du « papier ministre », ces grandes feuilles lignées exigées pendant mes études lors des examens de dissertation; je me suis acheté, pendant mon dernier voyage, un stylo tout neuf, en métal doré avec un capuchon vert. En ce frais matin d'avril, paré de ces vêtements de cérémonie, je me sens prêt à officier: poser symboliquement la première page de mon projet.

Moment solennel: j'annonce haut et fort que ce livre va exister, en arborant fièrement dans la main gauche la couverture blanche imaginaire frappée du titre *Réussir ensemble* (titre initial de *Vous et votre projet*).

J'entends les acclamations et les encouragements de mes proches, ma famille, mes amis et clients auxquels j'ai fait part de mon ambition depuis plusieurs années et devine le sourire de satisfaction d'Ivan Monème, auteur du *Management relationnel*, qui me rappelle son insistance à ce que je concrétise l'idée de publier un livre consacré à mes séminaires portant sur la Process Communication et l'Analyse Transactionnelle. Aujourd'hui, je me sens engagé à mener ce projet à terme pour la fin du mois de novembre prochain.

*

Celui qui m'a initié aux stages de communication, Roger Chouraqui[1], professeur de psychologie et formateur en entreprise, enseignait aux responsables commerciaux la règle baptisée « la peau de l'ours »: il faut toujours vendre la peau de l'ours avant de l'avoir tué. En d'autres

1. Psychosociologue. Fondateur de RMC/Formation, Paris.

termes, avoir une vision positive du résultat que nous désirons obtenir augmente la probabilité du succès, voire conditionne la réussite.

Depuis plusieurs années, je parle en souriant de mon livre, celui qui devrait rejoindre la liste bibliographique distribuée aux participants en fin de stage, un ouvrage qui se consulte pour retrouver l'explication d'un problème relationnel et la manière de le résoudre, un cadeau que l'on offre à un ami qui parle d'un projet, d'un rêve qui nous semble réaliste et réalisable, mais qui somnole toujours dans le lit d'« un jour, peut-être, quand j'aurai le temps... ». Je pense que chacun de nous a un projet lointain, un projet actuel ou un projet qui nous attend, et peut-être tous les trois en tête. C'est à un projet concret, qui vous tient à cœur, que je vous invite à penser durant votre lecture. Projet individuel ou collectif, personnel ou professionnel. Mon rêve serait qu'à la fin de votre lecture, vous ayez mené votre projet à terme.

*La réalisation d'un projet est donc le fil rouge qui traverse tout le récit : de chapitre en chapitre, je vous raconte comment évolue mon projet et vous invite à faire progresser le vôtre.*

Écrire un livre est pour moi une aventure nouvelle. Lorsque j'anime un séminaire ou un stage de formation, vous êtes en face de moi et nous dialoguons. Je réponds à vos questions, vous percevez mon intonation, nous communiquons. Lorsque je prépare une intervention, j'imagine notre conversation et, après vingt ans d'entraînement, j'ai l'impression de pouvoir jouer sur toute la gamme des réactions pour produire un son harmonieux. Par exemple, une des questions à laquelle je m'attends après un magistral exposé théorique : « Voilà qui est fort intéressant, mais concrètement, comment l'appliquer ? Dans une situation réelle, que dois-je en faire ? » Le passage de la théorie à l'action est le signe du changement ; l'absence de passage est qualifiée de résistance au changement, mère de tous les maux dans une société en constante et rapide évolution où l'adaptation est synonyme de réussite, de progrès ou simplement de survie. Entreprendre la rédaction de ce livre est pour moi un changement. C'est aussi une autre façon de faire mon métier de formateur et de bonifier vingt années d'expérience.

*Vous permettre de tirer le meilleur parti de vos ressources et de votre expérience pour avancer avec les autres est une deuxième intention de ce livre. C'est pourquoi je vous invite à participer activement, pour que vous retiriez le meilleur du récit.*

L'étiquette « résistance au changement » laisse sous-entendre que nous nous opposons à évoluer, que nous ne voulons pas réussir, que nous sommes de mauvaise volonté. Parmi les quelque dix mille personnes qui ont participé à mes séminaires, je ne me souviens pas avoir rencontré beaucoup de cas de refus flagrant de la formation. Je me souviens en revanche de quelques échecs dont je me sens partiellement responsable : je n'ai pas été conscient du piège et n'ai donc rien fait pour l'éviter.

Par exemple, si j'insiste pour que vous réalisiez votre projet, si je vous le rappelle avec force et si je dramatise la situation au point de vouloir vous culpabiliser de n'être pas à la hauteur de mes ambitions, malgré ma bonne foi et mon profond désir de vous être utile, je diminue les chances que nous réussissions ensemble. Simplement en écrivant : « Mon rêve serait qu'à la fin de votre lecture, vous ayez mené votre projet à terme », je dois déjà m'attendre à de l'opposition et vous aurez raison : de quel droit aurais-je un rêve vous concernant ? Pourquoi tant d'empressement à m'intéresser à vous au lieu de me concentrer sur le plan du livre que j'ai promis à mon éditrice ?

Je suis responsable de mon projet et vous êtes responsable du vôtre, et libre à vous de ne pas en avoir, si tel est votre choix. Dans cette relation d'échange que je vous propose, je serai attentif à tous les pièges que je me tends et dans lesquels, inconsciemment, je vous attire. Dire « tous les pièges » en est un bel exemple : à force de vouloir tout contrôler, sans me donner le droit à l'erreur, je génère du stress, du malaise, de l'inconfort qui freine, voire paralyse notre collaboration. Je n'ai donc pas l'ambition que nous devenions parfaits mais simplement humains et heureux de notre succès.

Prenant conscience de mes pièges, je vous invite à prendre conscience des vôtres. Plus nous sommes instruits sur la manière dont nous nous piégons nous-mêmes, chacun de notre côté, plus nous avons de chances de réussir ensemble, si tel est notre désir.

*Devenir de plus en plus attentifs aux pièges personnels ou relationnels et être capables de les éviter, voire de les utiliser comme tremplin, pour aller de l'avant, telle est ma troisième intention.*

Enfin, j'ai l'ambition de parcourir avec vous la théorie de l'Analyse Transactionnelle, en partant du modèle Process Communication et en intégrant des notions d'assertivité, de visualisation, de management et de vente.

Un vocabulaire bizarre, une démarche inhabituelle, la remise en question de comportements ou de convictions profonds... Comment vous frayer un chemin dans ce labyrinthe de concepts qui ne sont pas toujours évidents à digérer ? L'assimilation des notions présentes m'a pris plusieurs années de lecture, de séminaires, de supervision et de coaching. Ma préoccupation en ce moment est de vous en faciliter la découverte, voire la maîtrise.

Comme lors de tout voyage, le dépaysement, après les premiers moments d'euphorie qu'il suscite, devient source de découragement: une autre culture, l'absence de repères connus et une langue étrangère sont très désorientants. Sans l'aide d'un guide ou d'un interlocuteur de confiance, nous avons plutôt envie de rebrousser chemin, de retourner à ce que nous connaissons et de retrouver nos bonnes vieilles habitudes.

Que vous ayez l'expérience des séminaires de communication ou que ce soit votre première expédition à la conquête de vous-même, vous passerez par cette phase d'acclimatation: vous habituer à un nouveau vocabulaire, découvrir les concepts théoriques, prendre possession de la matière étudiée. Chevaucher l'inconfort est inhérent à tout apprentissage et précède le temps où vous serez disponible pour jouir du nouveau panorama, pour apprécier pleinement votre déplacement.

Lorsque nous partons à l'aventure, nous avons chacun notre technique pour nous orienter: parcourir la table des matières, lire l'introduction et la conclusion, ou encore picorer une idée ici et là avant de décider d'explorer l'espace, de suivre l'auteur, de nous laisser surprendre par l'originalité d'un détour, de rencontrer une conception opposée, de croiser une sensibilité différente ou d'être confronté à un autre sens des valeurs.

*Rendre accessible cette théorie de la communication et de la personnalité, vous donner envie de l'appliquer, voire de l'approfondir, voilà ma quatrième et dernière intention.*

Pour entrer dans ce livre et vous sentir à l'aise, quelle stratégie allez-vous adopter?

Si vous aimez visualiser votre itinéraire, un plan figure à la page 12.

À l'attention de celles et de ceux[1] qui désirent faire un tour rapide, la lecture des synthèses théoriques, en fin de chapitre, permet de situer les différents points explorés. Enfin, si vous vous engagez à prendre le temps de flâner, de partir à la découverte de vous-même et des autres, un crayon à la main et le sourire aux lèvres, je vous souhaite un excellent voyage.

1. L'utilisation du masculin ou du féminin ne signifie nullement que je privilégie le lecteur ou la lectrice: je m'adresse à vous qui lisez ces lignes. Lorsque je décris un type de personnalité, « il » doit donc se lire « il/elle ».

Notre parcours est divisé en quatre étapes :

- *Première étape : faisons connaissance.* La présentation du modèle Process Communication est l'occasion de découvrir qui je suis, qui vous êtes et comment nous allons établir une relation de nature à réussir ensemble.
- *Deuxième étape : vous et votre projet.* Les démarches assurant la réalisation d'un projet sont développées : concrétiser votre désir, choisir votre méthode, considérer vos ressources, communiquer et motiver.
- *Troisième étape : vous et votre stress.* Alors que nous avons le désir et les moyens de réussir, pourquoi et comment échouons-nous ? Les pièges à éviter sont dénoncés : dramatisation, compétition et manipulation.
- *Quatrième étape : vous et votre changement.* Nous y voyons la gestion du stress et du changement : comment modifier un comportement passif qui ne résout pas les problèmes en une démarche active qui favorise la solution.

C'est habituellement l'endroit où l'auteur remercie tous ceux qui l'ont aidé, ceux sans qui le livre n'aurait pas vu le jour. Ne sachant pas encore aujourd'hui quelles sont les personnes qui m'auront soutenu, encouragé, aidé, guidé et fait confiance, j'attends la fin du récit pour leur rendre hommage. Tandis que je rédige, je me rends compte que je cite des noms ou prénoms de personnes qui ont influencé le cours de ma pensée. Comme je considère plus sympathique de les faire vivre dans le récit que de les aligner administrativement dans quelque répertoire, j'espère qu'ils apprécient l'amical clin d'œil que je leur adresse.

Un dernier mot avant de vous inviter à prendre la route. La randonnée en quatre étapes que je vous propose correspond à une logique que je me suis forgée après avoir exploré d'autres options, m'être aventuré dans des chemins sans issue et m'être égaré dans les dédales de ma gestion du temps. J'illustre l'expérience vécue à l'occasion de mon parcours dans les différents chapitres, sans pour autant tenir compte de la chronologie réelle : j'ai commencé à rédiger la quatrième partie bien avant de découvrir de nombreux passages ayant leur place dans les chapitre précédents. Il doit en être de même pour tout guide touristique : l'itinéraire conseillé n'est sûrement pas celui emprunté spontanément par l'auteur. C'est pourquoi des événements réels comme la correspondance avec mon éditrice, des anecdotes professionnelles ou les témoignages familiaux peuvent paraître quelque peu romancés. Je souhaite que cette pointe de mystère alimente votre plaisir de lecteur sans enlever de crédibilité au récit.

**Plan de lecture**
**Itinéraire recommandé**

*Première partie*

# FAISONS CONNAISSANCE

*Qui je suis, qui vous êtes et comment réussir ensemble ce projet qui nous tient à cœur*

« MÉFIEZ-VOUS DE VOTRE PREMIÈRE IMPRESSION : c'est souvent la bonne ! »

Dix secondes pour connaître quelqu'un. Une gageure, alors que nous passons notre vie à nous chercher et refusons jusqu'à notre dernier souffle d'être enfermé dans une définition, figé dans un rapport psychologique ou programmé par un astre supérieur. Nos ressources potentielles, nos talents cachés et nos capacités d'adaptation nous surprennent ou étonnent notre entourage. Selon notre humeur, d'après les circonstances ou en fonction de nos interlocuteurs, notre comportement est très variable.

De plus, chaque fois que nous prenons conscience de ce que nous sommes, cette prise de conscience nous fait évoluer et nous sommes donc déjà une autre personne.

Inversement, si bon nombre de nos interlocuteurs se rassurent en pensant connaître notre personnalité, leur perception est souvent un piège, pour nous et pour eux : l'enseignant convaincu qu'un élève n'est pas doué pour une matière risque de se décourager et de conditionner l'élève à l'échec ; le cadre craignant l'agressivité de son patron a plus de chance de la provoquer que celui qui se prépare à une claire négociation.

Le propos de cette première partie ne consiste donc pas à « coller des étiquettes » enfermant l'individu dans une typologie mais à observer comment chaque personne fonctionne, s'exprime, communique, va de l'avant et aborde un projet.

Nous sommes très différents, parfois tellement multiples que nous avons de réelles difficultés à nous comprendre : incompatibilité de caractères dans un couple, personnalité inadaptée à la culture de l'entreprise ou comportement scolaire inadéquat sont des symptômes de nos difficultés de communication.

Pourtant, plus que jamais, le travail d'équipe est la condition du succès. Comment comprendre vos coéquipiers et faire en sorte que chacun donne le meilleur de lui-même pour la réussite de vos projets, tel est l'objectif de la Process Communication que je vous invite à découvrir.

Enseignée dans les entreprises depuis le début des années 1980, la Process Communication met l'accent sur la manière dont « nous disons ce que nous disons » et s'avère être une théorie de la personnalité et de la communication applicable dans toutes les situations relationnelles, que ce soit au travail ou en privé, dans le management comme dans la vente, dans la vie de couple comme dans l'éducation des enfants.

Mon ambition est de vous permettre de l'utiliser pour mener à bien les projets qui vous tiennent à cœur, qu'ils soient personnels, relationnels ou professionnels, qu'ils n'engagent que vous ou au contraire nécessitent l'implication de toute une équipe.

Comment réussir ensemble alors que nous sommes tous différents ? En commençant par nous connaître et nous reconnaître, telle est la réponse de cette première partie.

Dans le premier chapitre intitulé « Qui je suis », vous découvrirez six façons d'entrer en contact, chacune traduisant un mode spécifique de perception du monde. Dans le deuxième chapitre, nous observerons que le style d'expression de quelqu'un est un puissant révélateur de sa dynamique de personnalité. Sûrement préférez-vous un style plutôt qu'un autre et vous trouverez-vous des points communs avec certains types de personnalité. Peut-être, au contraire, ne vous reconnaîtrez-vous pas tout de suite dans une description quelque peu caricaturale ou encore refuserez-vous de vous sentir étiqueté après un jugement trop sommaire de votre caractère. Afin de lever les habituels malentendus, le troisième chapitre précise les conditions de bonne utilisation de la Process Communication. En effet, aussi remarquable que soit ce modèle, une théorie n'est pas une personne. De même que le plan d'une ville est affreusement réducteur et ne rend absolument pas le charme des maisons, l'odeur des jardins publics ou l'animation des grands boulevards, de même, la description des personnalités ne remplace pas la rencontre mais facilite l'orientation : elle correspond à un souci pédagogique de compréhension de soi et des autres en vue de la réussite de projets communs.

# 1

# QUI JE SUIS

*À la découverte des six types de personnalité selon Taibi Kahler; comment chaque type de personnalité se présente et perçoit le projet*

DANS CE CHAPITRE, je vous invite à faire connaissance avec les six facettes de la personnalité selon Taibi Kahler : Empathique, Travaillomane, Persévérant, Rebelle, Promoteur et Rêveur. Dans cette présentation, je n'ai pas établi de classement spécifique : l'ordre de présentation correspond à une approche que j'espère pédagogique. En effet, mon ambition est simplement de vous aider à mémoriser ces six façons d'aborder un projet.

## *L'EMPATHIQUE*

Bonjour ! Je suis heureux de vous accueillir et de vous inviter à vivre ensemble un voyage au pays des projets.

Comme vous, peut-être, je suis souvent ému lorsque quelqu'un me confie ses envies, ses ambitions ou ses rêves. Partager nos projets est une manière d'établir une relation privilégiée : en dévoilant une partie de notre intimité, nous existons en tant que personne unique. Aussi est-ce en m'ouvrant à vous que je vous propose de faire connaissance.

Émotif de nature, je suis sensible aux projets du quotidien : je suis attaché aux chaleureuses réunions de famille, j'apprécie le contact avec mes sympathiques clients et je fonds devant les bébés tendrement mignons.

Vous l'aurez senti, les relations humaines sont très importantes pour moi : je m'épanouis dans les projets d'équipe, que ce soit passer un week-end entre amis ou animer une réunion de travail.

Par ailleurs, chaque fois que j'entends l'histoire d'un projet personnel, je suis surpris par l'impression d'une irrésistible puissance et embaumé par un parfum de défi : créer votre propre affaire ou fonder un foyer, apprendre à piloter un avion ou étudier le grec ancien, partir à l'aventure ou entreprendre une psychanalyse, toutes ces démarches me fascinent. Contaminé par l'enthousiasme et irradié par un besoin de m'épanouir, je me dis que la vie est trop extraordinaire pour me laisser bercer par la routine.

En tant que psychologue, je suis profondément touché par les personnes qui désirent bouger : sortir du malaise dans lequel les situations s'embourbent, des pièges dans lesquels elles se coincent et du désespoir dans lequel elles sombrent. Plus encore qu'un projet du quotidien ou qu'un projet personnel, un projet de changement est une porte d'entrée dans le monde de la découverte, de l'apprentissage, de la recréation. C'est, comme la naissance, une source d'intarissable émerveillement.

Depuis mon adolescence, j'ai beaucoup changé et pourtant je suis toujours la même personne : je suis passé du négatif au positif le jour où j'ai décidé d'arrêter de me rendre malade et de souffrir du comportement des autres.

Aujourd'hui, j'aime qui je suis et j'aime qui vous êtes.

Mon souhait est de créer avec vous une relation qui nous motive chacun à entreprendre et à réussir. C'est là toute l'histoire de ce livre. Moyen d'entretenir ce sentiment d'intimité que j'ai vécu avec les enseignants, les collègues, les participants des séminaires et les clients qui ont influencé mon parcours, rédiger ces pages est aussi une merveilleuse occasion de nous rencontrer, ami lecteur : j'espère que notre échange vous permettra de vous réaliser pleinement, en harmonie avec ceux qui vous sont proches, pour le bonheur des projets qui vous tiennent à cœur.

Je vous remercie de votre confiance et de votre intérêt. Bonne route et prenez bien soin de vous.

*

## *Comment l'Empathique perçoit le monde*

Accueillant, chaleureux et réconfortant, l'Empathique perçoit le monde au départ de ses sentiments : il ressent avant de penser et/ou d'agir. S'il se sent en sécurité, il réfléchira aux actions à entreprendre et les mènera à terme efficacement. Inversement, dans un climat tendu, il se sentira mal, sera confus et fera des erreurs. Conscient de son mode de fonctionnement, ou, inconsciemment, il veillera en priorité à établir des relations harmonieuses avec son entourage : s'intéresser à vous avec un amical sourire, être attentif à ce qui vous fait plaisir, éviter les conflits. Tout se passe comme si l'Empathique ne pouvait réussir qu'à travers l'autre. C'est d'ailleurs l'une des images stéréotypées de femmes, épouses d'hommes célèbres, qui se sont épanouies à travers le succès de leur mari.

L'Empathique choisira donc un projet relationnel plutôt qu'un projet technique. Par exemple : « être à l'aise lorsque je m'exprime devant un auditoire », « prendre en charge les relations publiques de l'entreprise » ou « assurer la garde des enfants » plutôt que « établir les statistiques à communiquer dans un rapport », « organiser un travail précis » ou « changer le circuit électrique de l'appartement ».

> En relisant ces impressions, je pense à un exemple récent vécu lors d'un stage de peinture auquel je participais. Après les exercices de croquis imposés le matin, chaque participant avait la possibilité, l'après-midi, de mener son projet : travail abstrait, collage, étude des couleurs, utilisation de la matière ou autre recherche technique, sans oublier un témoignage sur la vie de l'atelier consistant à dessiner les stagiaires au travail. Cette dernière activité, axée sur le groupe, fut celle qui me passionna durant huit jours et me permit de réaliser d'importants progrès picturaux.

Lorsqu'il doit produire un travail ou acquérir un nouveau savoir, l'Empathique le fera plus facilement si c'est avec quelqu'un ou pour quelqu'un qu'il aime

> Adolescent, un camarade de classe me demanda un jour quels étaient les cours que je préférais. Étonné par cette question à l'égard de laquelle je n'avais jamais réellement pris position, je répondis assez spontanément que je n'appréciais pas un cours en particulier, mais que j'aimais beaucoup certains professeurs. De fait, lorsque j'avais pu établir un bon contact avec l'enseignant, j'étais motivé à étudier son cours, de sorte que mes résultats scolaires mesuraient davantage la qualité de la relation pédagogique que ma capacité d'acquérir un savoir.
>
> Surpris par ma réaction, mon camarade précisa qu'il aimait la chimie et la physique, quels que soient la compétence du professeur ou son niveau de sympathie.

L'Empathique s'intéressera donc à votre projet comme moyen d'être en relation avec vous.

Vous risquez d'être déçu si vous lui déléguez une tâche qu'il doit réaliser seul : après quelque temps, il abandonnera ou reviendra vers vous avec des questions auxquelles vous avez déjà répondu. Votre impression qu'il n'est pas sûr de lui ou qu'il a l'air étonnamment confus est simplement le signe de son besoin relationnel.

En revanche, s'il est intégré dans une équipe de projet et si son rôle consiste à favoriser la communication interne, vous serez impressionné par son talent, son efficacité et son énergie.

## *LE TRAVAILLOMANE*

Après ces paroles d'accueil de l'Empathique, je suis chargé de vous préciser l'outil de travail dont il est question dans cet ouvrage: le modèle Process Communication.

Il est structuré sur la base de la théorie d'un chercheur américain, Taibi Kahler, né en 1943, qui, après des études de psychologie à l'université de Purdue (États-Unis) s'est consacré à l'étude et à l'enseignement de la communication. Il est connu par les Analystes Transactionnels pour avoir publié plusieurs ouvrages et de nombreux articles dont celui consacré au mini-scénario qui lui a permis d'obtenir le prix Éric-Berne en 1977.

Par ses critères objectifs, son langage simple, son approche pédagogique et sa structure logique, le modèle Process Communication est aujourd'hui un cadre de référence utilisé dans plusieurs milliers d'entreprises, pour la cohésion des équipes de direction et la performance des équipes commerciales; il s'applique utilement aux relations de travail dans les groupes de projet: conçu pour la constitution d'équipes, et testé par la Nasa pour la sélection des astronautes, ce modèle permet de prédire comment les personnes vont conjuguer leurs talents pour réussir ensemble et comment elles risquent d'échouer en cas de stress.

Talents et stress sont les deux facettes de chacun des six types de personnalité: ainsi en tant que Travaillomane précis, clair et organisé, je suis logiquement frustré si l'information reçue est imprécise, irrité par un chef nébuleux et me fâche lorsque mon fils ne range pas ses jouets. Comprenant le lien entre les différentes caractéristiques de chaque type de personnalité, vous serez capable de prédire, après quelques minutes de rencontre, quels sont les points forts et les points faibles de votre interlocuteur, comment lui parler et comment l'écouter, quels sont ses besoins psychologiques ou ses motivations, dans quel genre d'activité il va exceller et inversement, quels sont ses comportements d'échec. « La plupart des projets de changement échouent », écrit Peter Senge qui cite un taux d'échec autour de 70 % pour le reengineering. Qu'en est-il des projets de changements en famille, en milieu scolaire ou dans les organismes de santé? À défaut de statistiques précises, nous savons par expérience que la maîtrise du facteur humain est le problème le plus compliqué à résoudre. Or c'est précisément la contribution qu'apporte le modèle Process Communication dont il sera question dans les quatre parties de cet ouvrage: présentation générale, aspects positifs, aspects négatifs et changement.

Afin de faciliter la recherche d'une information précise, chaque chapitre comporte un résumé-synthèse et un mode d'emploi permettant un important gain de temps.

Je suis conscient de ne pouvoir être complet dans un premier chapitre qui a pour objectif la présentation des six types de personnalité. C'est pourquoi, afin de rester dans les deux minutes de temps imparti, je cède immédiatement la parole.

*

## *Comment le Travaillomane perçoit le monde*

Responsable, logique et organisé, le Travaillomane perçoit le monde par la réflexion. Quels sont les faits, quelles sont les données du problème, quelle relation y a-t-il entre tel et tel événement?

L'absence d'explication cohérente est source de stress: le Travaillomane a besoin de comprendre la situation dans laquelle il évolue; il a plaisir à raisonner. Il sait que 2 + 2 = 4 et, sans juger si c'est bien ou mal, ce n'est pas négociable. Précis dans ses demandes, clair dans ses explications et organisé pour atteindre ses objectifs, le Travaillomane est un modèle de gestion. Il structure les idées, planifie le temps, liste les actions à entreprendre, organise l'espace. « Une place pour chaque chose et chaque chose à sa place. » L'ordre, la propreté et l'argent participent à sa logique et collaborent à sa réussite. L'ordre permet de ne rien perdre ni égarer et de savoir à tout moment où trouver un document ou une information. La propreté, base de l'hygiène et de la santé, augmente la durée de vie des objets: bien entretenus, ils ne se déprécient pas et gardent leur valeur marchande. Le gaspillage est un comportement dont la logique échappe au Travaillomane. Il a horreur de jeter l'argent par les fenêtres, de ne pas en avoir pour son argent ou de devoir payer une pénalité pour un retard.

> Lors d'un groupe de supervision, une sympathique psychologue s'étonne de la mauvaise humeur de son mari contraint de payer le parking pour ne pas rater la séance de cinéma. Certes, en quittant le domicile un quart d'heure plus tôt, il aurait pu épargner cette dépense. « Pourquoi cette petite contrariété a-t-elle pris des allures de catastrophe ? », demande-t-elle.

Gérer efficacement le temps, l'argent et l'espace est aussi important pour le Travaillomane que partager la tendresse, la chaleur et l'amour l'est pour l'Empathique.

Ayant besoin de comprendre la logique d'une situation ou d'un comportement, le Travaillomane va spontanément poser des questions : où sommes-nous et où allons-nous ? Quels sont les faits ? Quels sont les critères de choix ? Combien de temps avons-nous prévu ?

Sans réponse précise, il est mal à l'aise : il ne voit pas clair, il se sent dans le brouillard. Ne pouvant progresser, il insistera : où est le dossier ? Quel est le planning ? Quels sont les moyens ? Qu'avez-vous budgété ?

Son attitude de contrôle lui permet de maîtriser les situations. Organisateur modèle, il initie spontanément une démarche de prévision et de résolution de problèmes.

> Voyage de noces, au soleil sur la plage d'une île de rêve. J'improvise une tendre déclaration d'amour lorsque je suis interrompu par le discours de ma jeune épouse : « Je te propose de retourner à l'hôtel cet après-midi avant 17 heures afin de retenir pour mardi et jeudi prochains une voiture indispensable si nous voulons visiter tous les sites archéologiques de l'île repris dans le *Guide Bleu*. J'ai repéré trois agences de location dont nous allons comparer les offres pour choisir celle qui est la plus intéressante. Étant donné que samedi plusieurs charters sont annoncés, si nous attendons la semaine prochaine, les nouveaux touristes vont se précipiter sur les quelques véhicules disponibles et je crains qu'il n'y ait plus la voiture que nous désirons aux dates qui nous intéressent. Es-tu d'accord de quitter la plage à 16 heures 45 au plus tard ? »

Réflexion, fixation d'objectifs, intégration des informations, planification, analyse d'options et prise de décision, c'est ainsi que le Travaillomane conduit efficacement ses projets de vacances, de travail ou de vie.

## *LE PERSÉVÉRANT*

Avant de vous faire part de mon avis sur l'intérêt du modèle Process Communication, je me fais un devoir de rendre hommage à son auteur, le docteur Kahler dont la rencontre a constitué un véritable tournant, tant dans ma carrière de psychologue que dans ma vie en général.

Je considère le Docteur Kahler comme la personne la plus observatrice et la plus brillante que j'aie jamais eu le privilège d'avoir pour ami. Ses conseils au cours des années critiques où je devais décider de ma carrière, l'ouverture et l'intérêt qu'il témoignait à l'égard de chacun, quels que soient sa personnalité ou son niveau intellectuel, m'ont inspiré le plus profond respect et ont durablement influencé ma vie. Je dois à son exemple d'avoir poursuivi les projets pour lesquels je me suis engagé, avec la foi et la certitude de triompher des obstacles.

L'homme s'est dévoué à la recherche, avec pour idéal la constitution de groupes de travail sains et l'union des familles, trop souvent déchirées par de futiles malentendus. Que de stress, que de souffrances inutiles, que de conflits relationnels, que d'échecs prévisibles !

Très tôt je me suis fait une opinion sur la valeur de sa théorie que personnellement je juge universelle, tant les applications sont multiples et les bénéfices élevés. Trop peu d'ouvrages, à mon avis, lui sont à ce jour consacrés. C'est pourquoi j'accomplis ce devoir, à la fois par respect de son travail et par volonté de transmettre à mon tour tout ce qui m'a été donné d'apprendre.

J'ai eu l'honneur d'avoir été choisi pour le représenter en Europe et faire connaître son modèle dans les entreprises, tant pour la sélection du personnel et le management d'équipes que pour la résolution de conflits, la gestion du stress ou l'amélioration des relations commerciales. Mais il me faut reconnaître que le premier enseignement que retirent les participants des séminaires est une meilleure compréhension d'eux-mêmes et un profond respect de la différence. La Process Communication est à juste titre considérée comme un modèle de tolérance dans le sens noble du terme. Je crois également, comme l'a dit Socrate, que la connaissance de soi est capitale pour tout ce que nous entreprenons, en particulier aujourd'hui où le travail d'équipe est une absolue nécessité, où la durée de la collaboration est limitée et où la compétition impose une continuelle adaptation au changement.

Dans un contexte purement éthique, j'ai pour règle d'aller jusqu'au bout de mes convictions : m'engager dans un projet de valeur humaniste, écologique, sociale, politique, culturelle ou artistique. Je considère qu'un projet est en quelque sorte un devoir de citoyen. Quoi de plus admirable en effet que sacrifier son temps libre pour une cause juste comme la liberté d'expression, le droit à l'éducation, l'égalité des chances... ?

Certes ce modeste écrit n'a pas la prétention de devenir une bible pour tous ceux qui veulent accomplir leur destin sur terre, mais la cause que je défends est qu'il y a, en chacun de nous, un potentiel que nous ne soupçonnons pas. C'est pour cela que j'apprécie la théorie du docteur Kahler: fondamentalement positive et optimiste, elle nous éclaire sur la manière d'établir des relations fondées sur les talents de chacun. Comment valoriser toutes ces ressources qui sont en chacun de nous? Telle est la question qui traverse mon projet, pour ne pas dire ma vie.

Si vous m'accordez encore un moment, je m'offre le droit de vous donner un conseil: persévérez dans la maîtrise de la Process Communication. Vous serez digne des missions qui vous sont confiées. Bonne chance pour la réussite de vos projets.

*

## *Comment le Persévérant perçoit le monde*

Gardien de la loi, détenteur de la vérité ou rédacteur de procédures, le Persévérant commence par juger et par se juger; est-ce bien ou est-ce mal, est-ce bon ou est-ce mauvais, est-ce légal ou illégal, sûr ou dangereux, normal ou anormal, sain ou malsain, admissible ou inadmissible, poli ou impoli, juste ou faux?

Opinions, valeurs, principes lui servent de filtres au travers desquels il perçoit le monde. Le devoir passe avant le plaisir, les sentiments ou l'argent. Devoir, dévouement et respect des règles lui sont imposés par sa bonne conscience, ses croyances ou par tradition familiale.

Le Persévérant est l'homme de la symbolique: hymne national, emblème du club sportif ou charte de l'entreprise inspirent le respect, développent la fierté et renforcent le sentiment d'appartenance.

> Un participant racontait la déception d'un patron Persévérant lorsque son adjoint refusa d'encadrer les sept valeurs du département qu'ils avaient rédigées ensemble. « Stupide » avait réagi l'employé, qui avait pris plaisir à trouver les idées et à les mettre en forme mais qui s'était contenté de distribuer une photocopie à ceux que cela pouvait intéresser, dont son chef. Celui-ci les avait immédiatement épinglées au mur, après avoir tristement conclu: « Cela aurait été plus beau dans un cadre. »

Les mythes, les contes et légendes des exploits ancestraux doivent servir d'exemple, de modèle ou être source d'inspiration. Chaque histoire a sa morale: le bien triomphe du mal, la foi soulève des montagnes, le mensonge est toujours puni. Chaque héros cristallise des valeurs: sens du devoir, esprit de sacrifice, respect de la tradition.

Chaque message prend du relief, illumine la pensée, touche le cœur, frappe l'imagination et guide l'action.

> « Nos sages se sont posé la question: pourquoi Dieu a-t-il choisi le mont Sinaï pour donner à Moïse les Tables de la Loi ? » explique un ministre du culte. « La tradition raconte que toutes les montagnes se sont disputées pour être celle qui sera digne de cet honneur, les plus élevées considérant qu'elles y avaient droit. Mais si Dieu n'a pas privilégié la plus haute montagne, c'est pour signifier que son message n'est pas réservé aux grands de ce monde et que tout homme est concerné. Dans ce cas, vous demanderez-vous, pourquoi n'avoir pas transmis les commandements dans la plaine, là où il n'y aura pas de jalousie, où tout le monde est au même niveau ? Nos sages répondent que si Dieu a choisi une montagne c'est pour faire comprendre que l'individu n'est pas impuissant, écrasé, perdu dans la masse mais que chaque personne est responsable, capable de réagir à l'injustice et de faire le bien autour d'elle. C'est ce sens de notre devoir et de notre pouvoir de changer qui détermine notre valeur d'homme. »

Une « belle » histoire renferme un message important, un trésor de vérité dont le Persévérant se sent dépositaire, avec pour mission d'en faire bénéficier autrui.

Cela explique pourquoi il ne se lasse pas de répéter le même enseignement, d'épiloguer sur le sens profond d'une phrase ou de collectionner citations, maximes et autres dictons.

Conservateur d'un musée vivant de la sagesse et dévoué à la transmission de ce patrimoine, le Persévérant redoute l'oubli et la disparition de son témoignage: la moindre égratignure annonce la destruction, toute critique devient iconoclaste, l'humour est sacrilège.

Qu'il soit responsable d'éducation religieuse, de formation permanente, de recyclage professionnel ou simplement parent, dans son rôle d'enseignant, le Persévérant ne communique pas seulement un savoir ou un savoir-faire: il transmet un savoir-vivre, voire un savoir-être.

## *LE REBELLE*

Déjà ! C'est à mon tour. Je vais vous raconter une histoire géniale: ma première rencontre avec Taibi Kahler. C'était l'époque où j'en avais marre de répéter les mêmes exercices d'écoute, les classiques reformulations du style: « Si je vous comprends bien, ce que vous voulez dire, c'est que bla bla bla, est-ce bien cela ? » et l'autre répond: « Oui, nous sommes sur la même longueur d'onde. » À force de fredonner les mêmes rengaines, je commençais à m'ennuyer. Alors, les copains m'ont chanté les louanges de l'Analyse Transactionnelle, que je regardais d'un œil sceptique, jusqu'au jour où j'ai rencontré Taibi. Il expliquait à une quarantaine de spécialistes des ressources humaines ses dernières découvertes sur la personnalité: en deux minutes de conversation, il était capable d'écrire un rapport de trois pages sur une personne. Un vrai feu d'artifice, éclatant de vérité. J'en étais soufflé.

Alors, je me suis dit: « Là, il y a un truc, c'est super; je veux devenir un magicien de la communication. »

Zut, il me manque une chute sur les projets. Et bien voilà, c'est fait. J'en ai parlé. Salut!

Non, je plaisantais. En réalité, mon projet a été de me différencier des consultants coincés qui se prennent la tête pour débiter la bonne parole.

C'est vachement plus comique de passer en revue chaque type de personnalité, avec son petit grain de folie qui le rend simplement humain. J'adore quand le roi est nu et, dans le genre, la Process Communication est aussi efficace que des lunettes laser. Je n'ai d'ailleurs jamais eu besoin de binocles pour trouver que les gens se prennent beaucoup trop au sérieux. Un peu d'humour, que diable! J'imagine votre tête de lecteur concentré, découpant chaque phrase en morceau pour découvrir le noyau de la personnalité. Avec moi, vous allez avoir quelques pépins: je ne supporte pas d'avoir une étiquette qui me colle à la peau. Je suis comme je suis. À prendre ou à laisser.

Si vous me laissez causer, je vais devenir rasoir! Comme je n'ai pas envie d'écrire un livre soporifique même s'il devient votre livre de chevet, je trufferai chaque chapitre de plein d'anecdotes: soit les expériences que j'ai moi-même vécues, soit les histoires que des participants m'ont racontées.

À propos: je vous livre tout mon stock mais en échange, je compte sur vous pour me réapprovisionner par vos succès. Vous trouverez mon adresse e-mail après les annexes ou vous pouvez écrire à mon éditrice qui dénichera le moyen de me contacter.

Une dernière avant de vous quitter. On m'avait présenté Taibi Kahler comme un brillant chercheur, un intellectuel érudit, une « grosse tête ». Cela ne l'empêche pas d'être vachement sympa, même franchement rigolo. Un jour, devant deux cents consultants hyper-coincés, il demande à tout le monde de se lever, d'imaginer avoir un stylo sortant du nombril et de l'utiliser pour écrire son nom. Une danse du ventre pour professionnels branchés, un éclat de rire du tonnerre et c'est mégarévélateur de la personnalité de chacun.

À +, comme vous le sentez. Et projetez-vous bien!

*

## *Comment le Rebelle perçoit le monde*

Insaisissable, refusant toute définition qui l'enfermerait dans un rôle et arborant sa spontanéité pour tout étendard, le Rebelle ne laisse personne indifférent. Il réagit et fait réagir.

Enfant, David se déguisait chaque soir après le bain. Entre les fêtes de Noël et les cadeaux d'anniversaire, il s'était constitué une garde-robe très colorée: Zorro, Davy Crockett, cow-boy, indien, clown et magicien. Chaque soir, son déguisement était original, par exemple le chapeau de Davy Crockett allait avec la cape de Zorro et le pantalon de clown, ou encore l'Indien était coiffé d'un chapeau de magicien, comme si les tenues classiques étaient trop banales pour faire la fête.

Être incapable de se conformer, voire de se déguiser comme tout le monde, c'est ce que nous qualifierons de créativité.

« L'originalité consiste à essayer de faire comme tout le monde sans y parvenir. » Cette phrase de Radiguet résume la dynamique Rebelle que Franquin a illustrée par le personnage de Gaston Lagaffe. Réagissant de façon inattendue, le Rebelle surprend, dérange, parfois même inquiète. Il fait d'abord ce qui l'amuse, comme s'il avait l'espoir secret que les « corvées » seront prises en charge par « ceux qui aiment ça », avec pour conséquence qu'il néglige les échéances, multiplie les projets « presque terminés » et devient difficile à diriger pour les Travaillomanes et les Persévérants. L'un à cheval sur l'horaire, l'autre épris de justice ne voient pas pourquoi une personne devrait bénéficier d'un traitement spécial sous prétexte qu'elle est créative. Cette incompréhension est sans doute la raison pour laquelle, dans certaines sociétés, la cellule créative est isolée du reste de l'entreprise, reléguée au bout du couloir ou au fond du jardin. Souvent aussi cette mission est confiée à des consultants indépendants qui sont payés en fonction de ce que rapportent leurs brillantes idées plutôt qu'en additionnant leurs heures de travail.

Un collègue, formateur en marketing, occupait un petit local dans une importante société de promotion des ventes. Lorsqu'il recevait un client dans la salle de réunion, craignant pour son image de marque, il le prévenait que « les gens étaient un peu fous dans ce bureau mais sans danger », parce qu'un jour, la réceptionniste chargée d'apporter le café fut suivie par le « créatif » marchant à quatre pattes derrière elle, aboyant et cherchant à s'accrocher à sa jupe!

Insaisissable, créatif, donnant l'impression d'être inactif, ne respectant aucun horaire de travail et traitant de problèmes urgents et importants avec humour et dérision, il était la mine d'or de l'entreprise: lorsqu'il décidait de travailler, après avoir emprunté un morceau de papier et un bout de crayon, il notait en quelques minutes quinze idées de promotion dont dix étaient facturables au client. Un Rebelle génial!

Le nommer « génial Rebelle », c'est la manière d'excuser qu'il ne gère pas ses idées (un Travaillomane plus doué s'en chargera), qu'il ne mène pas un projet jusqu'à son terme (il ne veut pas entrer en compétition avec un Persévérant) et qu'il refuse de contacter les clients (pourquoi voudriez-vous mettre un vendeur en chômage ?). Cette impression de ne jamais être concerné par un problème est source d'irritation pour beaucoup, en particulier le Persévérant et le Travaillomane. Toutefois, avec sa spontanéité, son humour et une certaine tendresse, il s'efforcera de faire oublier le malaise.

## *LE PROMOTEUR*

Écoutez, brillant lecteur !

La théorie est très simple : il y a deux sortes de projets, ceux qui vous coûtent du pognon et ceux qui vous en rapportent.

Si vous êtes heureux de dépenser votre fortune, bravo ! Inutile d'aller plus loin : vous avez acheté un livre et vous êtes content. En revanche, si vous voulez profiter de votre argent, alors j'ai un truc pour vous : pendant que vous lisez ces pages, retroussez vos manches et chaque fois que vous fermez votre livre, appliquez ce que vous avez lu, exercez-vous, entraînez-vous ! C'est la règle numéro 1 : « *Appliquez, exercez, entraînez.* »

Souvenez-vous que dans la vie il n'y a pas de miracle : mon projet comme le vôtre, il faut le vendre. Je peux écrire l'ouvrage le plus merveilleux du monde, si personne ne le sait, je ne vendrai pas un seul exemplaire. Ce serait dommage, n'est-ce pas ? Tout ce travail pour rien.

La règle numéro 2 saute aux yeux : « *Vendez vos idées.* » Tous les projets, il faut les vendre, que ce soit trouver un travail ou un conjoint, organiser une croisière sur le Nil, ou un tournoi de pétanque.

Pour vendre, je peux bien sûr faire la publicité de mon projet, mais c'est très cher : une bonne publicité doublerait ou triplerait le prix du bouquin. C'est donc impossible, mon éditrice ne sera jamais d'accord et puis rien n'est aussi efficace que « le bouche à oreilles » : un client enthousiaste en amène un autre.

La conclusion est évidente : pour réussir, j'ai besoin de vous, cher lecteur, vous qui lisez ces lignes maintenant, vous êtes mon meilleur vendeur, même si vous n'êtes pas libraire. Et même, si vous n'avez jamais été capable de vendre quoi que ce soit, ce n'est pas un problème, c'est au contraire une opportunité : vous allez mesurer rapidement vos progrès, parce que vous allez appliquer, exercer et entraîner votre talent de vendeur. C'est efficace, gratuit et sans danger. En vantant *Vous et votre projet* à vos amis, à vos collègues de travail ou aux personnes que vous rencontrez, vous apprenez à vous vendre et à vendre votre projet. C'est la règle numéro 3 que les gagnants appellent *la roue du succès* et que vous allez faire tourner pour vous : « *Entraînez-vous à influencer les personnes que vous choisissez à faire ce que vous décidez.* » Sans plus attendre actionnez votre roue du succès : comme premier exercice, chaque fois que vous tournez une page, notez le nom de quelqu'un que vous allez intéresser par ce que vous avez lu et contactez-le pour le convaincre de se procurer *Vous et votre projet*. C'est en devenant fort pour influencer positivement votre interlocuteur que vous développerez votre confiance en vous et en la réussite de vos projets. Bonne chasse !

*

## *Comment le Promoteur perçoit le monde*

La fibre Promoteur se reconnaît dans l'action. Que ce soit une *opération commando* décidée par le directeur de ventes lançant ses vendeurs à la conquête de nouvelles parts de marché, qu'il s'agisse d'une opération militaire, d'une opération à cœur ouvert ou d'une opération de solidarité, l'action génère un haut niveau d'énergie, de tension, voire de bagarre : dépasser la concurrence, écraser l'ennemi, vaincre la fatalité ou lutter contre l'indifférence, toutes ces interventions impliquent une forme de combat.

Rien n'est gagné d'avance. Le risque génère un stress mobilisateur : chacun est sur le qui-vive, prêt à intervenir, à saisir toute occasion d'emporter la victoire, à bondir sur les opportunités, à profiter des faiblesses ou des erreurs de l'adversaire pour le battre.

« J'agis et puis je réfléchis » est la citation qui a rendu célèbre le ministre belge Achille van Acker. Il n'y a pas le temps d'hésiter : l'action suppose un entraînement tel que le comportement désiré est devenu réflexe. Il n'y a pas de place pour les états d'âme : la décision est brutale, le langage incisif, l'action sanglante. Les analyses comparatives fouillées, les vérifications multiples et les complications administratives, scientifiques ou légales inhibent l'action.

« Et maintenant que fait-on ? », s'esclaffe le Promoteur comme pour démontrer l'indécence d'une explication qui ne débouche pas sur un mode d'emploi.

Sa façon de réfléchir est binaire : c'est tout ou rien, blanc ou noir, réussi ou raté, gagné ou perdu. Par exemple, si la barre est placée à deux mètres du sol, peu importe que l'athlète ait raté son saut de vingt ou de deux centimètres : il est éliminé. De même, que le client soit remarquablement intelligent ou particulièrement sympathique est sans intérêt s'il n'achète pas. La performance se mesure immédiatement : soit vous incitez votre interlocuteur à acheter, soit c'est lui qui vous convainc que vous perdez votre temps.

Homme d'action, le Promoteur a appris à se débrouiller tout seul pour se sortir des situations impossibles comme McGiver, ou pour gagner de l'argent coûte que coûte fût-ce en allant vendre des réfrigérateurs aux Esquimaux.

Le Promoteur a parfois l'impression que rien ni personne ne peut lui résister : saut à l'élastique ou plongée sous-marine, escalade d'un glacier ou descente en rafting, course automobile ou concours de vente.

> Parmi les anecdotes à la gloire des as de la vente, on raconte l'histoire du vendeur d'assurances qui parie avec son collègue que le temps du trajet de métro, il aura vendu une assurance-vie à un passager. Dans la légende, bien entendu, il réussit.

Plus cela semble impossible, incroyable, inaccessible, plus le Promoteur est tenté de relever le défi, au risque de laisser quelques plumes dans l'aventure.

> Un directeur des ventes se souvient d'un séminaire organisé dans un luxueux hôtel de Monaco où, après avoir gagné le super jack pot équivalent à 100000 euros, le joueur déposa son chèque sur un numéro à la roulette… et s'en alla fièrement bien qu'il ait tout perdu.
>
> Une jeune femme raconte que son mari, condamné à la chaise roulante à la suite d' un accident en ski extrême, se tua lors d'une chute dans l'escalier pour avoir tenté une manœuvre qui n'était plus à sa portée.

Si ce refus des limites peut s'avérer dramatiquement dangereux, la dynamique de « dépassement de soi » est un atout majeur dans la réussite d'un projet. « La chance sourit aux audacieux » illustre la nécessité d'entreprendre, l'intérêt d'être pionnier ou la puissance du culot.

## *LE RÊVEUR*

Je n'ai rien à ajouter. Tout a été dit.

Je suis d'accord que le côté caricatural de la théorie est parfois gênant parce que les gens jugent superficiellement. Si vous avez la volonté de découvrir ce qu'il y a de plus profond chez chaque personne, ce livre vous sera utile. Sinon, il ne sert qu'à renforcer les préjugés.

On me décrit Rêveur parce que j'ai mon monde intérieur. On aurait pu appeler ce type de personnalité « intérioriseur » pour le différencier de tous les « extérioriseurs » qui expriment aisément leurs sentiments ou leurs pensées. Moi, j'aime être dans ce que je fais. Une chose à la fois, calmement et précisément, pour ne pas être distrait. J'ai mon rythme de travail, mes habitudes, mon organisation. Cela me permet de faire sereinement ce qui m'est demandé, sans agitation, mais avec précision et continuité. C'est en cela que je suis apprécié dans mon travail. Comme l'a écrit La Fontaine, j'arrive plus vite avec ma façon « tortue » que les lièvres qui courent dans tous les sens.

Si vous avez un projet à me faire faire, je suis prêt à l'exécuter. Je suis disponible pour vous aider si vous ne me demandez pas deux cents choses à la fois.

Quel est mon projet ? Je n'ai pas d'autre ambition que de bien faire mon travail. Peut-être plus tard, si j'ai le temps et l'argent, je rêve de faire un voyage lointain, de visiter les temples zen au Japon.

Zen. Un temple. Un jardin. Trois groupes de cinq rochers sur un fleuve de gravier. Un mouvement immobile où coule la pensée portée par une infinité d'éclats brillants. Effleurer la réalité du regard, c'est rencontrer le reflet du divin. Rocher hermétique, impénétrable, ouvrant solennellement la porte de l'imaginaire.

Méditation. Je suis ici et ailleurs. Je suis partout et nulle part. Présent à une pensée à la recherche d'elle-même. Solitaire au milieu de la foule, je contemple l'abstraite beauté intemporelle. Chaque vision est une œuvre d'art, pure, dépouillée d'anecdotes, lavée de toute distraction. Il fait trente-cinq degrés à l'ombre et je n'ai ni faim, ni soif, ni chaud… ni existence propre. Je suis ce rocher baigné de lumière, venu d'un autre monde, conduit par le temps dans ce jardin zen du temple Ryoan Ji.

*

## *Comment le Rêveur perçoit le monde*

C'est au cours d'un voyage au Japon que j'ai découvert et apprécié toute la richesse de la dynamique Rêveur. Observer pendant une heure un rocher entouré de cailloux ; y voir un bateau au milieu de l'océan et méditer sur le sens de notre grand voyage, soumis aux vagues du temps, déplaçant l'ombre d'une réalité immuable, telle fut ma voie d'entrée dans l'exploration d'un monde intérieur, fait de réflexions ou de spiritualité.

Décrit comme calme, introverti et doué d'imagination, le Rêveur semble inactif : tout se passe comme si sa perception du monde se satisfaisait à parcourir un monde intérieur plutôt qu'agir sur la réalité extérieure.

Peu enclin à prendre des initiatives mais soucieux de suivre précisément les directives, le Rêveur est souvent perçu comme le « parfait exécutant », quel que soit le niveau de fonction auquel il accède. Prendre des initiatives est un comportement hautement valorisé par les cadres et les dirigeants d'entreprise, pour la plupart Travaillomanes et Persévérants : ceux-ci sont donc surpris, voire irrités, par une personne qui attend les ordres.

> Parlant de son directeur de production, ingénieur universitaire, homme d'expérience à la tête de deux cents personnes, cadres, contremaîtres et ouvriers, le directeur de l'usine fait part de sa découverte : « Je le comprends beaucoup mieux, maintenant, grâce à la Process Communication. Auparavant, j'étais étonné, en réunion de direction, qu'il ne dise pas un mot alors que nous discutions d'un problème relatif à son département. En revanche, lorsque la décision est prise, il va remarquablement la mettre en œuvre. »

Pour le Rêveur, l'épanouissement professionnel ne réside pas dans le pouvoir de décision mais dans le concret : il aime faire son travail. Il aime bien le faire et il aime le faire bien. Le bouddhisme zen glorifie le geste quotidien : l'important est d'être pleinement dans ce que nous faisons. Lorsque nous sommes corps et âme dans l'action, le geste le plus banal, le plus automatique comme se brosser les dents, devient soudainement la chose la plus merveilleuse au monde et la source d'un puissant bonheur (voir *The Simple Guide to Zen Buddhism*).

## *CONCLUSION*

Retenons de ce chapitre que chaque type de personnalité aborde différemment une même réalité en fonction de sa perception du monde. Dans un temple zen, tandis que le Rêveur se surprend assis en tailleur, porté par le silence à la méditation, le Travaillomane cherche dans le guide la raison pour laquelle ce temple est classé trois étoiles ; l'Empathique salue les gardiens, sourit aux visiteurs puis photographie un ravissant bambin alors que le Promoteur admire le business généré par la foi : taxis, boutiques de souvenirs et nourriture pour les animaux du parc. Enfin, pendant que le Persévérant s'interroge sur le sens de la prière dans la culture japonaise, le Rebelle s'amuse avec les mots : « Z'en ai marre de ces temples », « Ze'n'parlerai qu'en présence de mon gourou », « Ze'n'vous oublie pas », mais : « Ze'n'ai rien à ajouter. » Infatigable quand il s'amuse, le Rebelle peut s'avérer épuisant pour le sérieux Persévérant, pour le Travaillomane s'instruisant et pour le Rêveur à la recherche de calme ; l'Empathique quant à lui sera attendri par cette forme de jeunesse et le Promoteur y trouvera un complice.

Maintenant que vous avez fait connaissance avec les six facettes de la personnalité, je vous invite à découvrir qui vous êtes avant de décider comment nous allons collaborer pour mener à bien les projets qui nous tiennent à cœur.

SYNTHÈSE **Comment chaque type de personnalité perçoit le monde**

| Types de personnalité | Modes de perception | Attitudes |
|---|---|---|
| Empathique | Émotion | Privilégie les autres, l'accueil, le lien. |
| Travaillomane | Réflexion | Privilégie la logique, la structure, l'organisation. |
| Persévérant | Opinion | Privilégie les valeurs, le droit, la règle. |
| Rêveur | Inaction[1] In-action | Privilégie l'intériorité, la méditation, le calme. |
| Promoteur | Action | Privilégie le risque, le changement, le mouvement. |
| Rebelle | Réaction | Privilégie la joie de vivre, l'amusement, la spontanéité. |

1. Inaction ou si vous préférez « in-action » signifie que l'action est intériorisée.

## Exercice de mémorisation

Avez-vous mémorisé ce premier chapitre? Si oui, indiquez le mode de perception et le type de personnalité correspondant aux six expressions suivantes:
*Exemple*: lorsque j'exprime spontanément « mon avis concernant un jugement », je montre ma perception Opinion correspondant à la dynamique de personnalité Persévérant.

| **Lorsque j'exprime spontanément…** | **Je montre ma perception…** | **correspondant à la dynamique de personnalité…** |
|---|---|---|
| 1. Mon bonheur de savourer notre rencontre | | |
| 2. Mon plaisir à inventer des solutions | | |
| 3. Mes questions relatives à notre objectif | | |
| 4. Mon sang-froid à relever le défi | | |
| 5. Mon écoute d'une réflexion profonde | | |
| 6. Mes considérations sur la valeur de notre mission | | |

Corrigé en fin d'ouvrage.

# 2

# QUI VOUS ÊTES

*À la découverte de votre pyramide de personnalités ; comment connaître votre façon de fonctionner en observant votre façon de vous exprimer*

## COMMENT VOUS RECONNAÎTRE

Vous avez fait connaissance, au premier chapitre, avec les six types de personnalité et probablement pouvez-vous déjà identifier votre dynamique privilégiée ou celle de certains de vos proches.

Peut-être vous reconnaissez-vous dans tous les types de personnalité, mais à des degrés différents selon les moments, de sorte que vous pensez qu'une étoile intégrant les six dimensions vous décrirait le mieux. Par exemple, au travail (*cf.* figure p. 36) vous vous reconnaissez à 100 % dans le Travaillomane, à 80 % dans le Persévérant, à 40 % dans le Rebelle et dans le Promoteur, à 30 % dans l'Empathique et à 20 % dans le Rêveur, alors qu'en vacances (*cf.* figure p. 36) vous seriez Rebelle à 100 %, Promoteur à 80 %, Rêveur et Empathique à 40 %, Travaillomane à 30 % et Persévérant à 20 %.

L'impression d'être différent en vacances ou au travail, en famille ou avec les amis, les jours de pluie ou les jours de fête est souvent exprimée par les participants : « Travaillomane avec mon patron, je suis Empathique avec mon bébé et Rebelle lorsque je me balade au bois avec le chien. »

Voilà qui ne peut être que logique et adéquat ! Tout en reconnaissant notre capacité à nous adapter, les recherches menées par Taibi Kahler montrent que nous suivons en réalité les mêmes séquences de comportement, quelle que soit la situation ou quel que soit l'interlocuteur.

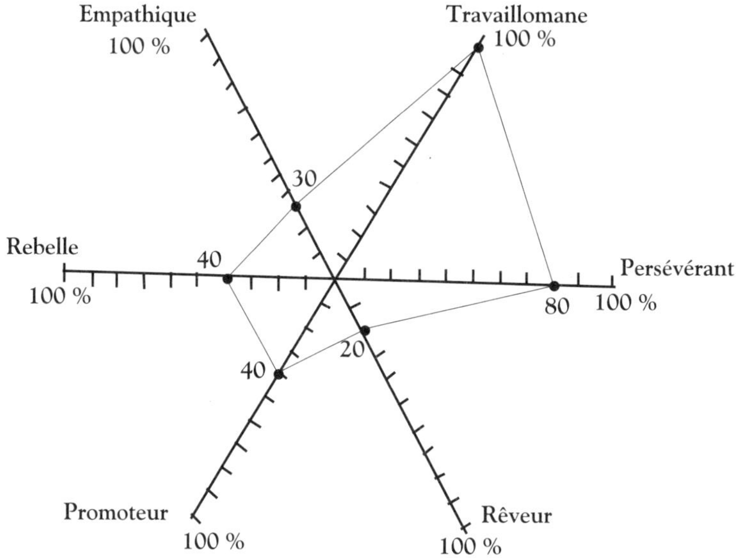


Au travail

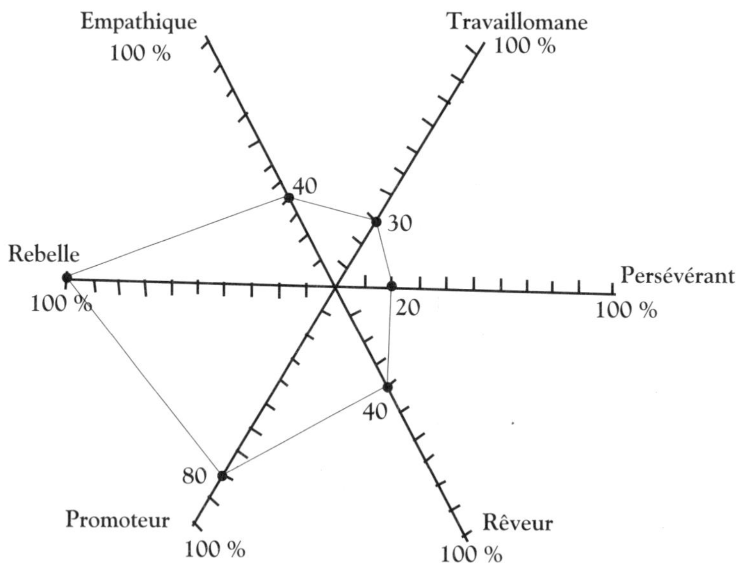


En vacances

D'abord Travaillomane, je structure les entretiens avec mon patron, j'organise ma vie avec le bébé et je planifie mon heure de balade du chien. Ensuite Rebelle, je m'éclate avec mon chien, je m'amuse avec mon bébé et je plaisante avec mon patron. Enfin Empathique, je suis tendre avec bébé, caresse le chien et suis sensible aux problèmes de mon patron.

En toute circonstance, la séquence de comportement est sensiblement identique : même si je passe un maximum de temps avec mon bébé à le câliner chaleureusement, je commence par m'organiser pour ne pas risquer d'être interrompu, puis j'éclate de rire en observant le petit visage grimaçant, avant de serrer le petit ange contre moi. En revanche, si j'étais Empathique à la base, la tendresse aurait été ma priorité, avant de rigoler ou de réfléchir à l'organisation de mon temps.

Cette nouvelle hypothèse est confirmée par les années d'observation des relations humaines qui démontrent que nous suivons prioritairement les mêmes séquences de communication, comme si nous avions une porte d'entrée correspondant à la base de notre édifice et cinq étages représentant les niveaux d'énergie successifs disponibles. En d'autres termes, si nous filmons une personne à différents moments et observons la manière dont elle se comporte seconde après seconde, les mêmes successions d'attitudes reviennent : par exemple au premier contact, je commence par esquisser un sourire, suivi d'une hésitation avant de me présenter ; plus tard dans la conversation, après la plupart de vos questions, je reprogramme inconsciemment cette même séquence :

1. sourire d'accueil,
2. hésitation,
3. information.

Plus mon niveau de stress augmente, plus ma réponse sera épicée de sourires – hésitations interrompant involontairement le flot logique du discours. Ces comportements inconscients et involontaires traduisent un léger inconfort et révèlent ma personnalité : chaque fois je vous répète que pour établir le contact, je commence par créer un climat d'accueil et de complicité avant de me concentrer sur l'objet à traiter.

Pendant ce temps, toujours involontairement et inconsciemment, vous allez suivre votre séquence de comportements, par exemple froncer les sourcils et pincer les lèvres puis dire : « Bien, je considère... » ou « Bon, à mon avis... » ou encore « Personnellement, je considère et c'est mon avis, que... ». Votre « séquence programme » qui revient continuellement serait dans ce cas :

1. froncement de sourcils,
2. pincement des lèvres,
3. opinion.

Ces comportements non contrôlés seraient votre façon codée d'insister sur la concentration sérieuse avec laquelle il convient d'écouter votre opinion.

Si ce niveau de détails intéresse les chercheurs en psychologie et les scientifiques de la communication, il nous permet de justifier la représentation de la personnalité sous forme de pyramide qu'utilise la Process Communication. Il nous donne également un aperçu du degré de rigueur et de précision que ce modèle permet d'atteindre.

Alors qu'habituellement, nous sommes sensibles à la forme du discours que nous interprétons grâce à notre intuition, dorénavant, nous pourrons observer le comportement avec la même attention que nous écoutons le contenu du message. Telle est « la magie du process » que je me propose d'illustrer dans ce chapitre en reliant le mode d'expression au fonctionnement de la personnalité.

## *La magie du process*

Montréal. Mon premier congrès de l'Association Internationale d'Analyse Transactionnelle. Parmi les cours organisés, précédant les conférences, j'ai retenu « Que sera l'Analyse Transactionnelle dans dix ans? », présenté par Taibi Kahler. Connaissant à peine les bases de la théorie, je suis curieux de découvrir la vision d'un chercheur et surtout de connaître les applications d'un modèle clinique au domaine de l'entreprise, parce que la Nasa, quelle référence! Si le modèle est valable pour la Nasa, il le sera sûrement pour les entreprises européennes.

Et puis, pour ne rien vous cacher, j'ai entendu dire que Taibi Kahler est spécialisé en thérapie de couple, capable d'expliquer, après un entretien, quelles sont les difficultés relationnelles que le couple affronte et comment les surmonter. Par exemple, deux collègues ayant décidé d'écrire un livre ensemble vont le consulter pour connaître les problèmes auxquels ils ont intérêt à être attentifs pour éviter les conflits. J'en déduis que ce qui concerne le couple est applicable à la relation patron-secrétaire ou vendeur-client, voire généralisable à toute équipe de travail. De plus, même si rien ne devait se révéler utile professionnellement, j'espère secrètement trouver la solution à mes problèmes amicaux ou familiaux.

Moitié curieux, moitié sceptique, j'assiste parmi une quarantaine de professionnels de l'aide psychologique à un exposé magistral lorsque, après la pause, une dame lève la main et demande à Taibi Kahler de faire une démonstration de sa théorie de la personnalité en l'interviewant.

– « Quel est votre nom? », commence-t-il.
– « Mon nom est Doris. »
– « D'où venez-vous, Doris? »
– « Je viens de New York. »
– « Parlez-nous de New York, Doris. »

Pendant que Doris répond, je m'interroge: « En quoi la description de New York peut-elle être révélatrice de sa personnalité? Ce premier échange a-t-il une autre fonction que celle de créer un climat de confiance permettant de poser des questions beaucoup plus personnelles portant sur le comportement de Doris dans diverses situations? »

En réalité, l'interview est déjà terminée! Il n'a guère fallu plus de deux ou trois minutes à Taibi Kahler pour établir un véritable « rapport psychologique » précisant quels sont ses talents, comment s'adresser à elle, comment la diriger et la motiver, avec quel genre de personne elle fonctionne aisément et quels types de problèmes ou émotions de malaise elle éprouve dans ses périodes de stress. Cette interview est-elle magique?

À dire vrai, il n'y a là que de l'observation. La clé du mystère réside dans le fait que Taibi Kahler ne s'est pas seulement intéressé à ce que Doris dit (le contenu) mais qu'il a précisément analysé sa manière de s'exprimer (le processus): les mots, les intonations de sa voix, les gestes, les attitudes, les expressions de son visage... D'où le nom: « Process Communication® »[1].

*

Alors que nous sommes habituellement à l'écoute de ce que dit la personne, et préoccupé par ce que nous allons lui répondre, Taibi Kahler est avant tout attentif à la manière dont son interlocuteur

1. À la demande des entreprises, Taibi Kahler a depuis mis au point une technique pédagogique structurée, permettant aux managers de connaître leur personnalité et d'étudier sa théorie de la communication. De façon à contrôler la qualité et à éviter toute dérive, cet enseignement de la Process Communication® est confié à des formateurs certifiés (voir bibliographie).

s'exprime. Il se concentre ensuite sur la façon de lui répondre pour avoir un maximum de chances d'être entendu.

De plus, son entraînement à l'observation de la dynamique de la communication lui permet de rapidement connaître la personnalité de son interlocuteur : le mode d'expression constitue un échantillon de comportements. Comme l'analyse d'un échantillon de sang permet d'établir un diagnostic médical, la Process Communication prédit le comportement après avoir décrypté quelques minutes de communication.

Par exemple, si Doris s'exprime en premier lieu par des questions, donne des informations précises, structure sa pensée et commente ensuite sa réponse par quelques considérations philosophiques, nous observons une dynamique Travaillomane suivie d'une attitude Persévérante. Si cette séquence se reproduit continuellement dans le discours, nous en déduirons que Doris est responsable, logique, bien organisée et qu'elle aura besoin d'échanger des idées et d'être respectée pour ses opinions.

Le postulat sur lequel reposent les recherches de Taibi Kahler peut s'énoncer comme suit : *la manière dont je me comporte quand je communique est révélatrice de la manière dont je me comporte dans la vie.*

> Tout récemment, un participant méfiant à l'égard de cette présentation en fit part au groupe. « Je ne crois pas qu'un comportement soit identique dans toutes les situations, je considère que chacun s'adapte continuellement en fonction des circonstances, par exemple... »
>
> Puis il prit conscience que c'était par une opinion qu'il avait commencé sa phrase et il établit la relation avec sa dynamique Persévérante : la manière d'exprimer le prudence qu'il manifeste à l'égard de cette nouvelle théorie confirmait son type de personnalité.

Après semblable démonstration, les participants du séminaire sont convaincus du sérieux et de la valeur de cet outil de référence. Ils y voient une utilité pour mieux se comprendre, communiquer plus efficacement et résoudre les problèmes relationnels liés à la gestion des projets. Avant d'approfondir ce sujet dans la deuxième partie, revenons au fonctionnement de la personnalité.

## *LE FONCTIONNEMENT DE VOTRE PERSONNALITÉ*

Si vous acceptez l'idée que la manière dont nous nous exprimons est révélatrice de la manière dont fonctionne notre personnalité, alors découvrons votre pyramide. Des six descriptions qui suivent, je vous invite à choisir les deux qui vous paraissent le mieux vous correspondre et d'être attentif aux deux présentations qui vous sont le plus étrangères. Cette sélection sera utile pour l'exercice en fin de chapitre.

## *L'Empathique*

Constituant 30 %[1] de la population dont 75 % de femmes pour 25 % d'hommes, les Empathiques communiquent au niveau émotionnel, établissant avec leur interlocuteur une relation proche, intime, chaleureuse. Sensibles à autrui, ils absorbent les sentiments comme une éponge : leur cœur saigne devant les larmes d'un enfant et se réchauffe au succès d'un collègue.

Le théâtre est leur lieu privilégié d'expression : les Empathiques s'identifient à leur personnage, fusionnent avec lui ; acteurs passionnés, ils jouent des émotions comme d'un instrument de musique, touchant leur public par une note de tristesse, un silence d'angoisse ou un crescendo de tendresse. L'amour est leur monnaie d'échange.

> Célèbre acteur, Bernard raconte ses inquiétudes pendant les répétitions de la pièce : chaque jour, il téléphone au bureau de location pour s'assurer que le public est toujours avec lui ; avant d'entrer en scène, il est pétrifié de trac ; ensuite, face aux spectateurs, il a envie d'embrasser chacun d'eux et souffre à la fin de la représentation, de voir tous « ses amis » partir. Souvent, il les attend à la sortie, leur serre la main et leur demande s'ils ont bien aimé le spectacle.

Que ce soit en privé ou au travail, l'Empathique privilégie le lien. « Si tous les gars du monde pouvaient se donner la main... », « *Peace and Love* », « Où peut-on être mieux qu'au sein de sa famille ? », etc.

La relation étant plus importante que l'objet du travail, l'Empathique sera attiré par une activité qui confirme cette croyance : qu'il devienne coiffeur, acteur ou psychologue, qu'elle soit hôtesse d'accueil, assistante sociale ou médecin, la fidélisation de la clientèle et la qualité du travail passent le plus souvent par l'harmonie du contact.

« Un véritable ami est celui qui vous connaît à fond et vous aime quand même », écrivait Sacha Guitry. Pour l'Empathique, un vrai lien s'établit avec quelqu'un qui vous comprend profondément, vous accepte de façon inconditionnelle et est sincère dans la relation.

1. Ces chiffres sont cités par Taibi Kahler Kahler sur base de ses recherches menées au sein de la population nord-américaine.

C'est Carl Rogers qui a créé le terme « empathie » qu'il définit comme « la capacité de ressentir ce que l'interlocuteur ressent ». Cette attitude de « souffrir avec l'autre » est naturelle chez l'Empathique, de là le nom qui lui a été donné.

À la fin de mes études de psychologie, la technique d'aide de Rogers « centrée sur le client » étant à la mode, je l'utilisai durant mon mémoire pour interviewer « de façon non directive » vingt étudiants et observer comment s'établissait la relation dans ce climat d'accueil. Invités à parler de leur vie à l'université, certains étudiants s'exprimaient librement : ma seule écoute suffisait pour qu'ils abordent le passé ou le présent, leurs déceptions ou leurs enthousiasmes, l'enseignement ou l'atmosphère du campus, selon leur inspiration, leur envie ou leurs préoccupations.

Ne connaissant pas le modèle Process Communication, je ne pouvais expliquer pourquoi d'autres étudiants étaient frustrés par l'absence d'un questionnaire structuré, m'interrogeaient sur le sens de ma démarche voire toléraient quarante-cinq minutes de silence.

Ce n'est sûrement pas par hasard que je me suis intéressé à cette approche : pouvoir être moi-même et exister pour l'autre, sans jugement ni critique, sans demande de précision ou conseil de changement, sans évaluation ni diagnostic. Jouir de cette profonde compréhension dont la moindre menace est exclue était synonyme d'épanouissement.

Si l'Empathique aborde la réalité de façon émotionnelle, il fait ensuite preuve de compréhension logique, comme s'il réfléchissait à travers le lien affectif établi. En d'autres termes, l'Empathique nourrit la relation de ses impressions émotionnelles avant d'en analyser le sens.

> « Bonjour. Je suis très heureux d'être parmi vous pour animer ce séminaire d'Analyse Transactionnelle dans l'entreprise », confie le psychologue en guise d'introduction. « Je me sens un peu stressé parce que c'est la première fois que j'aborde cette théorie avec des cadres. J'ai l'expérience de son utilisation clinique et je serai régulièrement supervisé de façon à ce que, si j'éprouve la moindre difficulté, j'aie toute l'aide nécessaire. Je me suis donc assuré que ce stage se déroule au mieux. (Silence). C'est intéressant : maintenant que je vous ai parlé de ma peur, je me sens déjà beaucoup mieux. »

Les recherches de Carl Rogers confirment la pyramide de Taibi Kahler : l'émotion est la porte d'entrée de l'Empathique, donnant ensuite accès à la réflexion. La compréhension affective précède la compréhension logique.

L'Empathique s'exprime par la chaleur de la relation : proximité, intimité, authenticité. Dans sa manière de s'habiller, il préfère les vêtements aux couleurs chaudes, doux au toucher et agréables à regarder.

Arborant un large sourire en allant spontanément à la rencontre de son interlocuteur, il l'invite à partager un repas familial, à échanger un geste affectueux ou simplement à parler de lui. Ses paroles vous sont personnellement destinées : questions sur votre santé, compliments sur votre allure, écoute de vos préoccupations.

Sensible à l'atmosphère d'un lieu, il veille à rendre sa maison ou son bureau accueillant au visiteur occasionnel : bouquet de fleurs, bougies, photos de famille et plateau de friandises sont les signes de bienvenue.

## *Le Travaillomane*

Constituant 25 % de la population dont 25 % de femmes et 75 % d'hommes, les Travaillomanes s'expriment en posant des questions ou en donnant des informations sur les faits : quel est le chapitre suivant ? Combien de pages sont consacrées au Travaillomane ? Quels sont les pourcentages relatifs des différents types de personnalité ?

En possession des informations, il prend spontanément l'initiative de les intégrer dans son cadre de référence. Ainsi, connaissant le fonctionnement des différents types de personnalité, il pense obtenir une coopération optimale de ses collaborateurs s'il dispose d'un tableau clair qui donne la correspondance précise entre les personnes, le genre de projet préféré et le style de délégation à adopter.

Le Travaillomane ne peut se contenter d'un à peu près : un pont enjambant la rivière qui serait fiable dans 75 % des cas est totalement nul ! Il ne mérite aucune confiance, n'est digne d'aucun crédit. Ce même niveau d'exigence et de précision, le Travaillomane le transpose dans le domaine des relations humaines. Le flou artistique d'une théorie ou la sensibilité à l'émotion d'autrui manquent totalement de solidité et de rigueur à ses yeux. En bon gestionnaire, il désire définir les objectifs, fixer les priorités, planifier les échéances, organiser les tâches, résoudre les problèmes.

Logique, organisé, responsable sont les qualificatifs qui résument ses talents. L'idéal pour gérer efficacement un projet. Le seul problème : les autres, ceux qui agissent sans réfléchir, promettent des délais qu'ils savaient ne pas pouvoir tenir, s'énervent par manque d'organisation, égarent des documents importants, oublient de transmettre des messages, communiquent des informations partielles et noient les faits dans un discours fleuve.

Obtenir des autres clarté, précision, fiabilité nécessite la mise en place d'outils de gestion très simples, comme la tenue d'un agenda, ou un peu plus compliqués, comme certains plannings informatiques. Mais les gens sont distraits, pas intéressés ou démotivés. En prévision de tous ces problèmes, le Travaillomane aura tendance à contrôler trois fois plutôt qu'une, à vérifier à quoi correspond chaque dépense ou à recommencer une tâche déléguée parce qu'elle n'a pas été parfaitement exécutée.

Organisé, précis et systématique, le Travaillomane a besoin de comprendre la logique d'une situation ou d'un comportement: où sommes-nous et où allons-nous? Quels sont les faits, les critères de choix, combien de temps avons-nous prévu?

Sans réponse claire à ses questions, le Travaillomane est mal à l'aise, comme s'il devait progresser dans un épais brouillard.

Professionnel de la gestion, le Travaillomane fonctionne par objectifs. Inventeur de la « direction participative par objectifs » au travail, il fonctionne de la même façon en vacances.

> Un bel hôtel au soleil, avec une magnifique piscine face à la mer est l'occasion de faire chaque jour vingt longueurs. Après ses vingt longueurs, l'objectif fixé étant atteint, le Travaillomane est en pleine forme. Si, interrompu par le jeu de ses enfants, il n'en fait que dix-huit, il se sentira contrarié et n'aura de cesse que de nager les deux longueurs manquantes pour se sentir en cohérence avec son objectif.

L'importance de ces vingt longueurs peut paraître insignifiante: il est en vacances, c'est le moment de se détendre, de se laisser aller, d'improviser, de retrouver la famille, le couple, non de s'imposer une nage forcée. Mais dès le moment où le Travaillomane a défini que vingt longueurs deux fois par jour constituaient la norme de son bien-être et de sa santé, le moindre grain de sable l'empêchant d'atteindre son objectif est vécu comme une « agression ».

Si le Travaillomane refuse toute distraction et redoute le moindre défaut, ce n'est ni par principe, ni par tradition, c'est une simple question de logique: une perte de temps, d'argent ou d'énergie constitue un stress inutile pour atteindre le résultat désiré. En conséquence, éviter les obstacles à la réalisation d'un projet est considéré comme un comportement rationnel.

> Dès l'instant où Dominique reçoit une information concernant un concert ou un autre spectacle auquel elle souhaite assister, elle réserve immédiatement de façon à être sûre d'avoir des places, voire d'obtenir les meilleures places dans la catégorie de prix choisie. L'improvisation de dernière minute, en comptant sur la chance de trouver des personnes qui viennent revendre leurs places à l'entrée, lui est particulièrement inconfortable.

La cohérence du système Travaillomane se renforce d'elle-même : chaque succès justifie son maintien et chaque échec s'explique par la nécessité de le perfectionner.

> « Je n'ai pas noté dans mon agenda la date du concert mais seulement la date de réservation. Depuis lors, j'ai accepté de présider une table d'un dîner de bienfaisance et il est trop tard pour me désister » ou : « Depuis lors j'ai fixé une réunion de travail à l'étranger et le secrétariat a déjà tout organisé. » Conclusion : pour plus d'efficacité, je noterai dorénavant les deux dates, celle du concert et celle de la réservation.

Quant à l'erreur humaine, celle du Travaillomane ou celle des autres, elle demeure totalement insupportable.

La précision se manifeste à tout moment dans son comportement : le tableau est de travers, il le redresse ; les crayons sont mélangés, il les aligne ; les revues sont étalées sur la table, il les empile ; la maison est défraîchie, il la rénove ; les informations sont dispersées, il les rassemble ; les idées sont décousues, il les rattache ; le temps est libre, il le structure.

Un problème surgit, il le résout. Alors que certains ignorent le problème ou ont appris à vivre avec lui, le Travaillomane va spontanément prendre l'initiative de réfléchir aux solutions et d'agir dans le cadre de ses responsabilités.

Comme il s'attend logiquement à ce que tout le monde en fasse autant, il est régulièrement surpris, étonné, voire frustré du comportement d'autrui. Sa conclusion est qu'il doit tout contrôler : l'information est-elle pertinente, le rendez-vous est-il confirmé, le planning est-il respecté ? Sans contrôle, il sera inquiet.

> La compréhension de cette dynamique permit à Walter de changer d'attitude à l'égard des pressions de son chef. Responsable de la formation, il sélectionnait des formateurs, réservait des hôtels, motivait des futurs participants… et tout se passait très bien.
>
> Il percevait le contrôle de son patron comme une intrusion, une infantilisation, une absence de confiance et refusait de répondre aux questions ou attendait que l'échéance soit largement dépassée. Le conflit risquait d'évoluer à terme par la rupture, le licenciement ou la démission.
>
> Au cours d'un séminaire, il s'esclaffa : « Mon pauvre petit patron Travaillomane, au fond, il a peur. Mais je vais le rassurer… » Et, doué en rédaction, il constitua deux dossiers pour chaque séminaire, l'un avant, l'autre après. Vingt pages de lecture ! En bon Rebelle, il avait pris le patron à son propre jeu : « Puisque vous voulez des informations, vous aurez des informations ! »
>
> Ce changement d'attitude eut un effet très positif : alors qu'il risquait d'être licencié pour incompétence, Walther eut consécutivement deux promotions dont l'organisation de formations en Espagne, son pays d'origine.

Pour le Travaillomane, disposer du dossier est rassurant. Même s'il n'a objectivement pas le temps de prendre connaissance de toutes les informations, il peut rapidement feuilleter le document pour capter l'un ou l'autre point intéressant ; il peut le classer pour une consultation approfondie en cas de nécessité, mais surtout il est capable à son tour de transmettre l'information si un supérieur le lui demande ou s'il doit mettre au courant un remplaçant. Pour le Travaillomane, l'ignorance est insupportable, la sienne d'abord, celle des autres ensuite : il préfère que vous disiez « je vais y réfléchir », « je vais me renseigner » ou « je vais poser la question » plutôt que simplement « je ne sais pas ».

Il s'attend à ce que vous preniez l'initiative de résoudre le problème de votre ignorance et ne se satisfait pas de votre aveu qu'il interprète comme un signe de passivité.

Précis, le Travaillomane s'exprime par des chiffres, des dates, des lieux, des faits : un magasin se distingue par une enseigne, une personne porte un nom, un vêtement possède une marque, un déplacement suit un itinéraire, un trajet prend un temps défini. Son critère de référence est l'adéquation à la réalité : il s'habille en fonction de la situation, de la tenue de travail, classique et sobre, comme le tailleur ou le costume bleu marine, à la tenue habillée, en passant par les tenues décontractées ou sportives, chaque parure a sa raison d'être. Elle a sa place dans le rangement, est repassée, prête à être portée dans la circonstance adéquate. Tout cela est parfaitement logique.

## *Le Persévérant*

Dévoué, observateur et consciencieux, les Persévérants représentent 10 % de la population dont 25 % de femmes et 75 % d'hommes.

Le Persévérant s'exprime dans un langage châtié : sévère dans le choix des mots, sensible au raffinement de la langue et attentif au sens profond, voire à l'étymologie de chaque terme utilisé, il compose son texte comme une œuvre d'art.

Il se reconnaît à son vocabulaire coloré d'opinions, de valeurs et de recherche d'absolu qui le différencie du Travaillomane orienté vers les faits. Le « petit lexique de conversation courante » vous donne la « traduction » des expressions usuelles.

PETIT LEXIQUE DE CONVERSATION COURANTE

| **Travaillomane** | **Persévérant** |
|---|---|
| Je pense | Je considère |
| une idée, | une opinion, |
| une option. | un avis. |
| J'observe | Je crois ; |
| un fait. | une croyance. |
| J'analyse | Je juge. |
| une statistique ; | Absolu. |
| un pourcentage. | Jamais ou toujours. |
| C'est une suggestion, | C'est un devoir. |
| une proposition. | Une nécessité. |
| Suit une piste de réflexion. | Poursuit sa ligne de conduite. |
| Se fixe des objectifs concrets. | A une vision idéale. |
| Réfléchit à son expérience. | Fait preuve de sagesse. |
| Communique les informations. | Transmet les vertus. |
| Envisage des options. | Est fidèle à ses convictions. |

Si Persévérant et Travaillomane sont souvent confondus, c'est parce qu'ils ont des points communs, certes, mais surtout parce que la plupart des Persévérants se considèrent également Travaillomanes et que la majorité des Travaillomanes se reconnaissent Persévérants.

Toutefois, l'observation du process montre que les deux dynamiques sont très différentes :

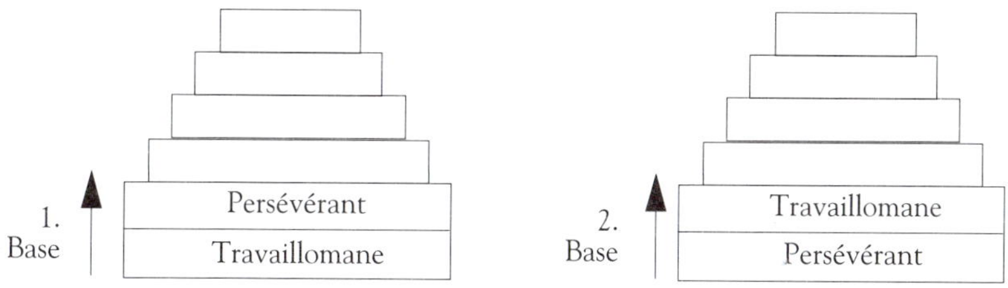


1. Porte d'entrée Travaillomane suivie d'une dynamique Persévérant signifie que la personne commence par chercher objectivement les faits pour se faire ensuite une opinion. De nouveaux faits confirmeront ou infirmeront son opinion : c'est l'analyse des résultats qui détermine l'orientation du travail.
2. Base Persévérant implique que la personne commence par juger, par émettre un avis, par exprimer ses valeurs et, dans un deuxième temps, elle va étayer ses croyances en recherchant dans la réalité ce qui va confirmer ses croyances.

Peter Drucker, considéré comme le « pape du management », dit dans son film *What can I contribute?* : « Ne demandez jamais à un chef d'entreprise quelles sont les informations, demandez-lui toujours quelle est son opinion parce que tout chef d'entreprise est assez intelligent pour trouver dans la réalité les informations qui vont confirmer son opinion. »

Cette dynamique est la clef de sa puissance : il est chef d'entreprise, leader d'opinion et visionnaire. Sa foi soulève des montagnes, bâtit des cathédrales et sauve des populations menacées. Poursuivant sans relâche, parfois au péril de sa propre vie, la mission qu'il s'est juré d'accomplir, le Persévérant ne se laisse pas distraire par la nouveauté, c'est sa force et son piège.

Sa force, parce que s'il devait à chaque moment tout remettre en question à la lumière d'une information récente, il ne pourrait jamais atteindre le sommet, ni trouver un nouveau vaccin, ni guider son peuple jusqu'à la Terre promise.

Il ne peut se laisser distraire de sa mission, de ses opinions ou de ses valeurs. Il aura donc tendance à interpréter les informations pour les rendre compatibles avec sa vision.

Ce mécanisme de « redéfinition de la réalité », lui confère puissance, pouvoir et charisme. Il s'autoalimente et se renforce au point de devenir un piège.

> Un psychologue raconte sa surprise, alors qu'il voulait aider sa fille Fanny à enfiler ses chaussons : « Elle était âgée de deux ans environ mais aurait voulu avoir l'autonomie d'un adulte. Après avoir refusé ma collaboration et vainement tenté de se débrouiller toute seule, elle se redressa fièrement, me regarda droit dans les yeux et me déclara effrontément : "Mais je t'avais dit papa que TU devais mettre mes pantoufles." J'ai compris que l'échec était tellement douloureux pour Fanny qu'elle n'avait pas d'autre solution que de redéfinir sa propre incapacité en une négligence de ma part. Au lieu de me fâcher, j'ai surtout veillé à la rassurer. Si cela s'était passé vingt ans plus tard, je n'aurais sûrement pas fait preuve de la même compassion. »

C'est en effet souvent avec irritation que les cadres racontent qu'une suggestion préalablement refusée par le patron leur était imposée, peu après, par la même personne. « C'est avoir tort qu'avoir raison trop tôt », conclura le Persévérant, à la fois à l'affût de toute information et prétendant souvent n'avoir rien appris de nouveau.

Enseignant convaincu, il exige le maximum de ses élèves, sanctionne la moindre erreur, relève toute faiblesse, attentif au premier signe de relâchement. Inspecteur de la qualité, il ne tolère aucun défaut.

Exemple : contrôle de la qualité par un constructeur de voitures venant inspecter son sous-traitant, fabriquant de pare-brise. Le cahier des charges prévoit, sur certains modèles sport, un cadre formé de petits losanges dont la forme, la taille et la distance sont bien sûr spécifiées. Les inspecteurs viennent vérifier à la loupe si toutes les normes sont respectées et refusent les pare-brise où les losanges extérieurs ne sont pas parfaitement dessinés, tout en sachant que ce bord extérieur sera invisible puisqu'il sera recouvert d'un caoutchouc.

C'est une question de principe : si le Persévérant accepte les défauts sous prétexte que personne ne les voit, il entre dans une spirale de laxisme en contradiction avec ses principes.

Pour la logique des ingénieurs, ce niveau d'exigence est injustifiable, tant sur le plan économique qu'en ce qui concerne la motivation des travailleurs.

J'ai longtemps raconté cette anecdote vécue chez mon client fabricant de pare-brise avant d'apprendre que le non-respect de la distance entre les petits losanges est révélateur d'un vice de fabrication : le Persévérant a de bonnes raisons d'être exigeant.

Par définition, il n'abandonne pas : ce serait faire preuve de lâcheté, d'opportunisme ou d'égoïsme. Si vous pensez qu'il agit par orgueil, goût du pouvoir ou recherche des honneurs, il vous répondra qu'il ne fait que son devoir : respecter et faire respecter la loi.

« Qui aime bien châtie bien. » La sanction est le signe de reconnaissance privilégié du Persévérant : s'il vous critique, c'est la preuve manifeste que vous êtes important à ses yeux, c'est sa manière de vous dire combien il vous apprécie.

## *Le Rebelle*

Représentant 20 % de la population, dont 60 % de femmes pour 40 % d'hommes, le Rebelle est drôle, spontané et créatif. Les « choses figées » l'ennuient : il s'improvise un passé, s'impatiente au présent, s'invente un futur. Joyeusement insouciant, il paraît indiscipliné, insolent, irrespectueux.

Bouffon du roi, il fanfaronne joyeusement pour clamer à haute voix ce dont beaucoup souffrent en silence : abus de pouvoir, injustice ou intrigue. Hyper-sensible à toute tentative de domination, il recherchera le point faible du « prétendu supérieur » pour en caricaturer l'expression.

Un jour, le roi décida la mise à mort de son fou, condamné pour délit d'impertinence aggravé du chef d'arrogance notoire. Sur l'insistance des notables, le roi accepta d'adoucir la sentence sans pour autant la remettre en question :

– « Je maintiens ma décision, mais comme tu m'as beaucoup fait rire, tu peux choisir la manière dont tu vas mourir, par pendaison, guillotine, empoisonnement… »
– « Je souhaite mourir de vieillesse, Majesté », précisa le fou après avoir longuement remercié son suzerain d'exaucer son vœu.

Mimant les gens qui se prennent au sérieux, le Rebelle plagie ceux qui se prennent au tragique et traite avec préciosité ceux qui se prennent au sublime. C'est pourquoi il rencontre quelques difficultés dans ses contacts avec les représentants de l'autorité : parents, enseignants, gardiens de l'ordre et autres patrons.

La maman de Cyril, six ans, lui annonce triomphalement :
– « Pour ton anniversaire, je t'emmène dans le plus grand magasin de jouets de la ville et tu peux choisir ce que tu veux. »
– « Ah ! je sais déjà, répond l'enfant sur le même ton : je prends une autre maman ! » Puis, devant la mine déconfite de sa mère, il se ravise : « Bon, une autre voiture électrique, ça va aussi. »

L'humour s'amuse de l'inacceptable : sortir du cadre conventionnel, tourner en dérision nos intouchables convictions, voire révéler l'absurdité de nos tracas quotidiens. Autant en rire.

Alors que tout le monde s'agite sur le plateau de tournage parce que la neige n'est pas livrée à temps, un technicien suggère : « Et si nous faisions pipi dans le ventilateur ? »

Le Rebelle « s'indéfinit » comme quelqu'un d'imprévisible, insaisissable, incontrôlable : il refuse la chaise et préfère s'asseoir par terre ou sur la table ; il ignore le quart d'heure académique et s'offre 37 minutes d'avance ou de retard ; hostile aux conventions, il noue sa cravate autour de la tête ou de la ceinture lorsqu'il est invité dans un restaurant huppé.

Être différent, faire les choses à sa façon et ne pas passer inaperçu sont les emblèmes embrasant son étendard. La liberté est son empire. Il y règne en despote absolu, protège l'infinité de son territoire contre les échelles de valeurs, la hiérarchie sociale ou les marches militaires. Toute défense doit être abolie, sauf l'interdiction d'interdire. Il sort des sentiers battus, déroute par sa créativité artistique ou publicitaire, par l'extravagance de sa voiture ou de sa coiffure, par l'originalité de son discours ou de son parcours.

Inépuisable quand il s'amuse, le Rebelle malmène la logique du Travaillomane.

Depuis bientôt une heure, Dominique, en bonne Travaillomane responsable, tente de faire apprendre une récitation à son adorable fils, David, alors âgé de huit ans. Animateur boute-en-train, ce dernier s'amuse de la situation : il imite son professeur, improvise quelques nouvelles rimes et raconte les dernières histoires drôles. Il décourage de la sorte la meilleure volonté de sa mère, au point

> que celle-ci, épuisée par la quantité d'énergie déployée pour un minable résultat, me charge de faire preuve d'autorité « afin d'obliger enfin cet enfant à se concentrer ».
>
> Je prends le contre-pied et m'écroule sur la chaise. Meurtri par ce devoir impossible, je dénonce l'injustice des leçons à domicile et critique le choix du texte. Instantanément, David m'interrompt: « Mais Papa, c'est sérieux: je dois connaître ce poème pour demain. » Dix minutes plus tard, il l'avait parfaitement mémorisé.

J'avoue mon plaisir à échanger en séminaire des anecdotes familiales avec les parents ayant un enfant Rebelle en âge scolaire. Continuellement déconcertés, les éducateurs sont souvent tiraillés entre s'irriter ou s'amuser de la situation. « Je reconnais que je dois souvent me retenir de rire avec David », me confiait autrefois son institutrice. S'il est vrai que l'humour n'est pas considéré comme matière principale dans la grande majorité des écoles, sa sanction systématique constitue un handicap sérieux pour le Rebelle qui ne peut apprendre qu'en s'amusant.

> Reconnaissant son incapacité à se faire entendre par un de ses élèves, une jeune institutrice s'en ouvre à son maître de stage, lui demandant un moyen original de faire une remarque qui fasse mouche. Après avoir imaginé quelques options, l'institutrice décida d'écrire son commentaire sur un papier qu'elle plierait en quatre, avant de le remettre à l'enfant, en précisant qu'il s'agissait d'un « message secret ».

Alors que je raconte cette anecdote en séminaire, Jean-Jacques me tend le support qu'il s'est confectionné pour transmettre ses mémos à son patron, modèle exclusif que je reproduis ci-après avec son amicale autorisation.

*JJD à AVH*

. . . . . . . . . . . . . . . . . . . . . . . . . . . . . . . . . . . . . . . . . . . . . . .
. . . . . . . . . . . . . . . . . . . . . . . . . . . . . . . . . . . . . . . . . . . . . . .
. . . . . . . . . . . . . . . . . . . . . . . . . . . . . . . . . . . . . . . . . . . . . . .
. . . . . . . . . . . . . . . . . . . . . . . . . . . . . . . . . . . . . . . . . . . . . . .
. . . . . . . . . . . . . . . . . . . . . . . . . . . . . . . . . . . . . . . . . . . . . . .
. . . . . . . . . . . . . . . . . . . . . . . . . . . . . . . . . . . . . . . . . . . . . . .
. . . . . . . . . . . . . . . . . . . . . . . . . . . . . . . . . . . . . . . . . . . . . . .
. . . . . . . . . . . . . . . . . . . . . . . . . . . . . . . . . . . . . . . . . . . . . . .

Attention : message non autodestructible. Intervention souhaitée dès fin de mission

Toujours prêt à faire la fête, le Rebelle jongle avec les mots, il pirouette avec leurs sens ou les déshabille de leurs syllabes inutiles : formidable devient formi ; extraordinaire, extra ; à plus tard, à plus ; et bon appétit, bon'app !

Son regard pétille de joie, son mode d'expression crépite de légèreté. Comme par magie, *truc, bidule, machin ou chose* sont des jokers capables de remplacer une personne, un lieu, un objet ou une idée, en toute liberté et en toute impunité.

## *Le Promoteur*

Estimé à 5 % de la population dont 60 % d'hommes pour 40 % de femmes, le Promoteur est essentiellement quelqu'un qui s'adapte aux situations pour en tirer le meilleur profit.

J'ai toujours été fasciné par le Promoteur, par son charme, son énergie et son audace. Pendant que je rêvais de conquête féminine, il meublait son tableau de chasse ; alors que j'évaluais la possibilité de créer mon entreprise, il revendait la sienne ; tandis que je retournais sur les bancs de l'école pour maintenir à jour mon niveau de compétence, il signait des contrats sur le terrain de golf pour ne pas perdre son hâle.

« Comme je n'ai pas eu la chance de devenir universitaire, j'ai été obligé de les engager », se vantait un brillant entrepreneur.

Accompagnant un client qui me demande conseil au sujet du rachat d'une société de services, je m'enthousiasme devant la réussite du jeune propriétaire et l'invite à nous raconter son aventure.

> « Au début, je rêvais de travailler comme arbitragiste d'une banque internationale. Le stress, dix téléphones qui sonnent à la fois, répondre immédiatement, je trouvais cette excitation géniale. Mais je n'avais aucune chance parce qu'ils n'engagent que des universitaires. Alors, je suis entré dans une banque comme employé et après six mois, j'ai changé de banque avec une promotion. De nouveau après six mois, j'ai saisi ma chance dans une autre banque et ainsi de suite. Après deux ans, je suis devenu arbitragiste. Puis cela m'a ennuyé : il fallait trop réfléchir ; j'ai cherché autre chose et j'ai vendu de tout pendant deux ans, ce qui m'a permis de me constituer un petit capital. Alors, je me suis demandé dans quel secteur créer une entreprise avec un minimum d'investissement et un maximum de souplesse. C'est ainsi que j'ai créé cette école privée qui tourne toute seule, grâce à la publicité. Elle rapporte beaucoup d'argent – mon comptable vous dira tout ce que vous voulez savoir – mais j'ai envie de changer parce que je m'ennuie. Vous comprenez, tous les jours jouer au tennis ou au golf, à la fin, cela devient lassant. Je suis très bon en marketing et c'est cela que j'ai envie de vendre à d'autres entreprises. »

Considéré comme exceptionnellement doué pour la vente, le Promoteur impressionne son futur employeur par « son sens des affaires, son aptitude à imaginer des montages financiers et sa puissance de conviction ». Subsides de l'État, aides des banques ou combines spécialement réservées aux meilleurs amis, il saisit toute opportunité pour gagner de l'argent.

« J'ai dû me séparer de mon meilleur vendeur. »

Lorsqu'un directeur commercial vous confie cette décision, c'est sûrement un Promoteur qu'il avait engagé, sans s'être assuré qu'il avait le talent et les moyens de le manager efficacement. Le talent, c'est-à-dire la capacité d'être ferme et direct comme son vendeur, très à l'aise dans un style autocratique ; il s'agit de maintenir une forte pression, de poursuivre continuellement de nouveaux défis et de profiter de chaque réussite pour fêter bruyamment la victoire : sauter à l'eau d'un hélicoptère, faire un crochet par Las Vegas ou passer un petit week-end de détente sur la Côte-d'Azur, au volant d'une Maserati. Les moyens financiers doivent être à la hauteur des résultats attendus : si le Promoteur vous convainc ou vous prouve qu'il va vous rapporter un maximum d'argent en un minimum de temps, il désire bien sûr participer à la même logique : « Empocher un maximum de pognon en se fatiguant le moins possible. » Si cette règle ne fait pas partie de notre culture d'entreprise, à nous les petits problèmes.

En réponse à une offre d'emploi, je reçois un jour la candidature d'un vendeur d'ascenseurs. Comme cette expérience est trop éloignée du besoin que j'ai identifié, je pense répondre par une lettre de refus polie lorsqu'un collègue, à qui j'en fais part, s'esclaffe : « Alors lui, sûrement pas ! Je le connais : il n'est absolument pas fiable. Pour te décrire le personnage, c'est lui qui vient au bal du personnel, une starlette à chaque bras, offre du champagne à tire-larigot, fait tomber d'un geste incontrôlé un objet fragile destiné à la tombola et part d'un éclat de rire qui résonne à travers toute la salle. »

Intrigué par cette description, je me dois de le rencontrer et lui mets rapidement le marché entre les mains : « Je désire doubler mon chiffre d'affaires l'année prochaine, c'est-à-dire vendre pour un million d'euros. Dites-moi ce que vous allez faire. »

« C'est très simple, Monsieur Chalude, me répond-il. Je me demanderais simplement quelle est l'entreprise qui va dépenser un million d'euros en formation l'année prochaine et j'irais la prospecter. »

Comme il me voit étonné, il me rassure : « Je vais vous raconter mon expérience des ascenseurs. L'objectif était d'en vendre douze sur l'année, soit un par mois. Dès les premiers jours, mes collègues prospectaient partout, allaient sur les chantiers, rencontraient les architectes, étudiaient les pages jaunes. Moi, je me suis simplement demandé quel est l'entrepreneur qui allais construire douze immeubles sur l'année. Après quelques semaines, j'ai découvert qu'il s'agissait de Louis à Gand et j'obtins un rendez-vous durant le mois de mars. Mon patron m'appelle parce qu'après trois mois, les collègues avaient déjà rentré deux ou trois commandes et moi rien. Mais je lui dis que tout allait très bien puisque mon objectif annuel était atteint.

Louis et moi sommes devenus copains : en mai et en juin nous allions régulièrement jouer au tennis ensemble ou faire une partie de golf avec nos épouses qui étaient devenues amies. Je dois vous avouer, Monsieur Chalude, à l'époque, je n'aimais pas beaucoup travailler mais j'ai fort changé depuis lors.

En septembre, mon patron commence à mettre la pression et m'oblige à poser la question à Louis qui me rappelle sa promesse d'achat. Je réponds donc à mon patron que l'objectif est annuel et qu'il me reste trois mois pour rapporter le bon de commande. Je raccourcis l'histoire pour vous dire comment cela s'est terminé. En décembre, mon patron me lance un ultimatum. Je vais voir Louis et lui dis que s'il ne se décide pas, je perds mon emploi. Il me répond qu'il a deux propositions : la mienne et celle d'un concurrent trois pour cent moins chère. Si mon patron est d'accord d'aligner le prix, j'ai sa préférence.

Mon patron accepte immédiatement mais je lui réponds que je m'y oppose : non seulement je refuse de réduire le prix mais la proposition datant du début de l'année et sa commande étant prise en décembre, je lui ajoute les cinq pour cent d'inflation. Et je l'ai eue cette affaire, Monsieur Chalude, parce que moi, je suis un vendeur. Un vrai. »

Instable, le Promoteur ? Il vous surprendra par sa réponse : « Vous critiquez les gens qui résistent au changement, moi je suis un modèle d'adaptation. Et chaque fois que je quitte une entreprise, c'est après avoir réussi et après avoir fait gagner beaucoup d'argent à mon employeur. »

Dans la vie de l'entreprise, un « pur Promoteur » aura des difficultés à s'intégrer : le manque de réflexion et de respect des besoins d'autrui le conduiront sur la route de l'argent facilement gagné aux dépens de ses victimes, « des coups juteux » parfois proches d'une forme de délinquance, voire de harcèlement moral. Hormis ces cas relevant de la psychopathie, un solide Promoteur ira se battre chez un client pour défendre les intérêts de son entreprise et emportera des marchés qualifiés d'imprenables.

Souvent, le Promoteur considère que l'étude est un handicap à l'action, les séminaires et les réunions de vente une perte de temps, la théorie sans relation avec la pratique.

J'étais surpris autrefois par la manière dont la réunion de vente se déroulait chez un de nos clients.

Les vendeurs avaient reçu chacun un modèle miniature d'une voiture de luxe qu'ils faisaient rouler sur la table centrale en attendant que soit projetée l'évolution des ventes du trimestre écoulé et que soit annoncé le concours du mois. Point d'orgue de la motivation : le vendeur le plus performant gagnerait un mois de location de la voiture, tous frais payés.

L'information chiffrée servait à préciser le plan de bataille, les parts de marché qui devaient être prises à la concurrence, le recul subi par un produit. Une

opération commando s'imposait pour déstabiliser l'ennemi. « Il faut se battre avec plus de punch et la formation va nous donner de nouvelles armes », avait conclu le directeur commercial, dont le discours devait stimuler la dynamique Promoteur.
Sa stratégie était payante : il sélectionnait les hommes forts, éliminait ceux qui ne pouvaient pas suivre le rythme et dominait le marché.

## *Le Rêveur*

Représentant 10 % de la population dont six femmes pour quatre hommes, le Rêveur recherche la sérénité, le calme, la paix intérieure. Il souhaite vivre en harmonie avec l'univers, redécouvrir la beauté de la nature, l'authenticité des choses simples, la présence du silence, la profondeur du souffle. Un projet est d'abord un retour sur soi, une recherche d'équilibre personnel et de relations authentiques avec le monde.

Nul besoin de mots pour se comprendre. Au contraire, les flots de paroles parasitent la communication, c'est le geste qui compte.

Un participant raconte l'étonnement de son frère aîné : « Sachant que notre frère cadet avait des problèmes, il lui a proposé de faire une heure de balade avec lui. À la fin de la promenade durant laquelle aucune parole ne s'était échangée, notre frère cadet a dit en guise de remerciement : « C'est la meilleure conversation que j'ai eue avec quelqu'un depuis longtemps. » Ne comprenant pas le sens de ce commentaire, mon frère aîné m'en a fait part. »

Le geste, c'est à la fois l'esprit et le cœur qui parlent. Dans l'exemple précédent, l'invitation est le message d'une présence active, toute dévouée à l'autre ; le silence est riche de sens, témoin du profond respect pour le frère cadet. En effet, aucun discours ne peut mieux dire à quelqu'un qu'il est important pour vous et que vous êtes avec lui dans sa difficulté, que vous lui donnez votre temps, que vous épousez sa démarche et avez pleinement confiance en sa capacité d'aller de l'avant. « À chacun son expérience, et je ne peux être meilleur guide qu'en te permettant de chercher ta voie. » « Le vrai trésor est en toi. À toi de le découvrir. » Inutile de préciser que vous êtes son frère aîné et qu'à ce titre, vous vous sentez concerné par ses problèmes ; superflus, tous les éternels conseils et recommandations des livres de psychologie.

L'épanouissement consiste à être présent, corps et âme dans toute activité, qu'elle soit intellectuelle ou manuelle. Le bouddhisme zen qualifierait probablement cette démarche de « spiritualité ».

Similaire au mode d'expression privilégié du Rêveur, l'enseignement japonais est fondé sur la reproduction. La calligraphie s'apprend par imitation, copie et recopie. Faire inlassablement les mêmes gestes jusqu'à ce qu'ils soient intégrés, automatisés, totalement naturels. Lenteur et précision sont signes de maîtrise. Le zen confirme ce cadre de référence : toute forme de désir, de volonté ou d'intention entraîne une sorte de crispation dommageable à la perfection du résultat. Les joueurs de golf comme les tireurs à l'arc font le même type d'expérience. Après des heures d'entraînement patient, de correction du mouvement et de vide intérieur, la balle prend naturellement la direction du drapeau, la flèche part toute seule se loger au centre de la cible. De même que la méditation du moine zen, son retrait du monde et son renoncement à tout bien matériel sont parfois interprétés comme des signes de pessimisme, comme le désir d'échapper aux responsabilités ou à la souffrance (voir *The Simple Guide to Zen Buddhism*), de même, le vide intérieur du Rêveur qui suit l'ordre naturel de l'univers et renonce à s'imposer est parfois perçu comme une marque de passivité.

Pour chaque type de personnalité, nous pouvons différencier les aspects positifs des aspects négatifs. Patience, calme, sérénité et capacité de poursuivre une activité où d'autres s'ennuieraient ont une coloration positive. Cependant, absence prolongée, fuite dans l'imaginaire ou passivité sont considérées comme signes de stress. Cette notion est approfondie dans la troisième partie.

SYNTHÈSE **Comment reconnaître votre façon de fonctionner en observant votre façon de vous exprimer**

| **Type de personnalité** | **Mode de fonctionnement**<br>Il recherche : | **Mode d'expression** |
|---|---|---|
| Empathique | la RELATION | Accueille avec le sourire, rencontre chaleureusement, cherche l'intimité émotionnelle, l'harmonie.<br>*Exemples : nous, ensemble, comme vous, harmonie, j'aime, j'éprouve.* |
| Travaillomane | la LOGIQUE | S'informe des faits, précise sa pensée, structure logiquement, réfléchit.<br>*Exemples : heure précise, structure, logique, je pense.* |
| Persévérant | le SENS | Transmet des valeurs, un idéal, une foi. Leader d'opinion.<br>*Exemples : idéal, considération, je considère, je crois, j'ai foi en l'avenir.* |
| Rebelle | l'HUMOUR | Joue avec les mots, les idées et les gadgets, s'amuse avec les amis.<br>*Exemples : j'adore, génial, super, méga, giga.* |
| Promoteur | l'AUDACE | Ose entreprendre, convainc par son charme.<br>*Exemples : chiche, parie si tu oses ! Fonce ! Vas-y !* |
| Rêveur | la SÉRÉNITÉ | Suit calmement les directives, médite.<br>*Exemples : ton calme, silence prolongé, travail répétitif.* |

## EXERCICE :
## DÉCOUVERTE INTUITIVE DE VOTRE PERSONNALITÉ[1]

Quels sont les deux types de personnalité qui vous ressemblent le plus ?
Quels sont les deux types qui vous ressemblent le moins ?
Quels sont les deux qui vous ressemblent moyennement ?

2. Les deux moins :

| |
|---|
| |

3. Les deux moyens :

| |
|---|
| |

1. Les deux plus :

| |
|---|
| |

BASE = Porte d'entrée

1. L'inventaire de personnalité, issu de la théorie de Taibi Kahler, comprend trente-deux questions et permet de répondre plus précisément à cet exercice. Il est disponible à l'adresse reprise en fin d'ouvrage.

# 3

# À LA DÉCOUVERTE DE NOTRE RELATION

*Comment réussir ensemble ;*
*à la découverte de notre relation; comment combiner nos talents pour réussir notre projet*

## *ALLONS-NOUS NOUS ENTENDRE ?*

J'ai peur de la violence. Je garde un goût amer des affrontements et des conflits dont il n'est résulté que méfiance, souffrance ou destruction.

Le coût du « chacun pour soi », le temps perdu en attaques, revanches ainsi que les drames du chantage, de la manipulation ou de la méchanceté ordinaire me font froid dans le dos.

Je n'ai donc pas envie de me lancer dans un projet qui risquerait d'être utilisé négativement: si la diffusion du modèle Process Communication ne sert qu'à confirmer les préjugés, à enrichir le répertoire des insultes ou à sélectionner les gens qui seront exclus de l'entreprise, je préfère renoncer à la rédaction de ce livre.

Bien que je simplifie la théorie pour en faciliter la compréhension ou que je caricature des situations pour en accélérer la mémorisation, je considère indispensable d'éviter au maximum toute dérive. L'absence de déontologie, le manque de respect à l'égard d'autrui et le mépris des valeurs se nourrissent de la simplification à outrance. C'est pourquoi, je consacre ce chapitre à formaliser un « guide de bonne conduite », que d'aucuns trouveront superflu parce qu'évident ou ostentatoire parce que redondant, « mais ce qui va sans le dire va encore mieux en le disant et encore beaucoup mieux en le répétant » m'a enseigné Roger Chouraqui lorsque, jeune formateur, j'avais l'impression d'enfoncer des portes ouvertes.

À ce propos, si vous êtes sensible aux courants d'air, couvrez-vous pour traverser ce chapitre !

*

## *À LA DÉCOUVERTE DE NOTRE RELATION*

Dans le premier chapitre, vous avez fait connaissance des six types de personnalité qui constituent ma pyramide et découvert qui je suis. Ensuite, de plus en plus attentif à votre mode d'expression, vous avez déduit le fonctionnement de votre personnalité et vous avez esquissé votre édifice à la fin du deuxième chapitre.

Nos deux pyramides sont-elles identiques ? Certaines rencontres tiennent du rêve : par toutes les facettes, nous sommes semblables. Miraculeusement, chaque point correspond, nos talents comme nos défauts, ce que nous désirons, autant que ce que nous redoutons, notre façon de nous comporter avec un inconnu, notre complicité avec un ami... Après vingt minutes de conversation, nous avons l'impression de nous connaître depuis toujours.

Inversement, d'autres situations sont de véritables cauchemars : un patron incompréhensible, un client difficile, un enfant insupportable voire nous-même qui avons changé et que nous ne reconnaissons pas.

Comment nous entendre pour communiquer efficacement ou pour réussir ensemble, que pouvons-nous apprendre des autres et inversement, en quoi sommes-nous un bon coach ? Tel est l'objet de la prochaine étape intitulée « vous et votre projet » où nous approfondirons la Process Communication.

Toutefois, avant de poursuivre notre voyage, je vous invite à prendre connaissance du code de la route qui nous permettra de piloter notre relation en toute sécurité.

## *DIX RÈGLES DE BONNE CONDUITE RELATIONNELLE*

### *Règle numéro 1 : Soyez attentif au process*

Comment se fait-il qu'ayant un projet commun, étant sincèrement désireux de le mener à bon port, disposant des moyens, techniques et financiers, des connaissances utiles et des compétences adéquates... comment se fait-il, que malgré tout cela, nous ayons de telles difficultés à collaborer ?

• *Ce contenu et le process*

Souvent, nous sommes d'accord sur l'objectif à atteindre et sur le contenu du projet, mais notre façon de fonctionner diffère.

Prenons, pour exemple, un simple projet éducatif:

> Il est 17 heures 45. Dominique prépare le repas du bébé qui déambule à quatre pattes dans la cuisine sous mon regard attendri. S'arrêtant aux pieds de l'armoire à biscuits, il manifeste bruyamment son désir de friandises, perturbant le bon déroulement de l'activité culinaire.
>
> Soucieux de ramener le calme, j'interviens affectueusement: « Mon grand chéri, mon grand trésor, viens faire un câlin avec Papa pendant que Maman prépare les délicieux légumes… » Refusant énergiquement les bras que je lui tendais, David hurle de plus belle.
>
> Devant ce retentissant échec, Dominique précise: « David, il est six heures moins le quart. Tu vois que Maman te prépare le repas et donc, tu auras à manger dans un quart d'heure. Quand tu auras terminé, tu auras un biscuit et tu sais que tu peux faire confiance à Maman: si je te promets un biscuit après le repas, tu le recevras. »
>
> La clarté de l'explication ne semble pas avoir l'effet attendu et David s'époumone toujours plus fort. Je me résous à appliquer ce que j'enseigne: je m'accroupis à côté de bébé, le regarde droit dans les yeux et imite ses vociférations avec complicité. Aussitôt il éclate de rire et me suit pour jouer dans la pièce voisine en attendant 18 heures.

Bien sûr, Dominique et moi étions d'accord sur l'objectif, mais la manière dont nous sommes spontanément intervenus diffère: j'aborde mon fils avec tendresse, persuadé que tous les enfants ont bien plus grand besoin d'amour que de biscuits. En revanche, Dominique, convaincue que toute manifestation de colère est le signe d'un manque de compréhension de la situation, s'assure de communiquer des informations utiles et précise la logique de sa décision.

Ni elle ni moi ne communiquions sur la bonne longueur d'ondes: la dynamique Empathique, comme l'explication Travaillomane se heurtent à une porte fermée lorsque la base est Rebelle.

« Chassez le naturel, il revient au galop. » Chacun utilise naturellement son mode d'expression privilégié, celui qui lui demande le moins d'effort. En cas d'échec, il risque soit de perdre de vue son objectif, c'est-à-dire donner un biscuit avant le repas pour calmer l'enfant; soit d'adopter un comportement négatif, c'est-à-dire donner une fessée pour « calmer ses nerfs ».

Lorsque nous sommes confrontés à un process différent du nôtre, nous sommes irrités, souvent inconsciemment. Cette difficulté relationnelle est prévisible. Dès lors, nous pouvons expliquer le problème et le résoudre, voire devancer le problème et l'éviter.

Reconnaître le process facilite grandement notre relation au point de transformer un conflit actuel ou potentiel en collaboration. C'est pourquoi, connaître quelqu'un ne consiste pas seulement à retenir ce qui intéresse cette personne, mais également la manière dont cet interlocuteur manifeste son intérêt : le vocabulaire utilisé, le ton de la voix, l'expression corporelle et les mimiques.

Quand David étudiant se déclare capable de « bosser comme un malade » et qu'il est « vachement fier du résultat », il se croit Travaillomane. Sans doute est-il un « bourreau de travail » que d'aucun qualifierait de travaillomane, mais écrit ici avec une minuscule puisqu'il s'agit du langage courant, non d'une théorie psychologique.

Ce n'est ni l'importance que vous accordez au travail, ni le temps que vous consacrez à l'activité que nous prenons en compte : c'est le *process*, en d'autres termes la manière réfléchie, organisée et contrôlée dont le Travaillomane gère son activité. Il établit un plan qu'il suit systématiquement point par point ; il résout les problèmes au fur et à mesure, prend les décisions raisonnées, planifie les actions dans son agenda et en informe les personnes concernées.

Un autre exemple : lorsque ma cousine Marion est qualifiée de la rebelle de la famille parce qu'elle considère inadmissible toute forme de gaspillage et refuse de participer à un cadeau collectif qu'elle juge contraire à ses principes, son opposition n'est pas celle du Rebelle, mais du Persévérant. Même si Marion se décrit, avec raison, « rebelle à tout gaspillage », elle attend d'être respectée pour ses convictions et veut conscientiser chacun de la vraie valeur d'un achat.

Certes, intuitivement, nous savons que le process, la manière dont une personne s'exprime et se comporte, est différent du contenu du message, fond de la pensée et résultat concret du comportement.

Nous le vérifions chaque fois que les paroles ne semblent pas en accord avec l'intention de la personne qui s'exprime.

L'apport de Taibi Kahler est d'avoir systématisé la notion de process, d'en avoir fait un solide outil de travail, de communication et de gestion du stress.

### *Règle numéro 2 : Utilisez la Process Communication comme outil de dialogue*

À dessein j'écris les mots techniques avec une majuscule ou je fais précéder un type de personnalité par le terme « dynamique » : c'est dans le but de rappeler qu'il s'agit d'un *process*, non d'une personne. Les autres process sont également présents; ils peuvent être plus ou moins accessibles, développés et exercés. Pour le statisticien, certaines séquences sont plus fréquentes que d'autres: par exemple, le Travaillomane-Persévérant sera plutôt ludique, dans une phase Rebelle, alors que le Persévérant-Travaillomane sera plus fréquemment chaleureux, dans une phase Empathique. De prochaines études donneront sûrement des précisions sur l'évolution des types de personnalité, mais il s'agit toujours de statistiques, non de personnes. J'insiste sur ce point pour que vous ne vous obligiez pas à faire entrer les personnes dans des schémas préétablis mais que vous utilisiez au contraire la théorie pour dialoguer avec les personnes.

> Lors d'un récent séminaire, un participant calme, s'exprimant lentement et d'une voix paisible, explique la méprise de son patron: « Depuis qu'il a suivi le séminaire, il me prend pour un Rêveur et, sans que je comprenne pourquoi, il entre dans mon bureau et me donne des ordres alors que ce n'est pas du tout mon canal de communication privilégié. La semaine prochaine, je vais lui en parler pour modifier notre relation. »

• *Une théorie est un outil*

La Process Communication est donc avant tout un outil de dialogue, de compréhension et d'échange, non un moyen de manipulation, de contrôle ou d'exercice d'une quelconque supériorité.

Ce n'est pas parce qu'au Carnaval de Binche, les Gilles canardent des oranges que ces succulents fruits doivent être considérés comme une arme offensive à ne délivrer que sur prescription médicale aux personnes carencées en vitamines C ou comme un projectile dangereux, à réserver uniquement aux personnes titulaires d'un brevet de nutritionniste averti. De même, ce n'est pas parce que deux collègues se défoulent et se lancent à la tête: « Espèce de Persévérant à la noix » ou: « Tu n'es qu'un stupide Rebelle », qu'il faut réserver la Process Communication aux seuls professionnels de la santé mentale ou aux communicateurs diplômés.

Certes, nous ne pourrons jamais empêcher quelqu'un d'utiliser négativement quelque théorie ou information que ce soit, mais j'ai pu observer que les gens qui s'intéressaient un minimum à appliquer ces concepts, en retiraient un tel bénéfice professionnel et une telle satisfaction personnelle que je ne peux que vous encourager à en faire l'expérience. La quatrième partie, intitulée « Vous et votre changement », vous servira de guide.

Si les gestionnaires des ressources humaines sont de plus en plus nombreux à utiliser cet outil dans la sélection et l'évaluation du personnel, en raison du haut niveau de précision et de prévisibilité qu'il possède, chacun peut utiliser sa connaissance de la Process Communication comme moyen d'établir le contact, comme cadre de référence pour harmoniser les relations de travail, ou encore comme stratégie de comportement pour résoudre les situations conflictuelles.

Théorie de la personnalité et de la communication, la Process Communication éblouit par son éclairage des situations que nous vivons au quotidien. Toutefois, quelque puissante que puisse être la « révélation » et quelle que soit l'aisance d'un certain nombre de changements que vous pouvez mettre en place, ce livre n'a pas pour objet de remplacer une formation, un coaching ou une psychothérapie; au contraire, il a pour objectif de vous sensibiliser à la valeur des outils psychologiques. Vous avez intérêt à l'utiliser en complément des décisions techniques que vous prenez.

Il dédramatise la façon de dialoguer avec un professionnel du changement: conscients de certains accrocs, tous les types de personnalité peuvent décider d'entreprendre une démarche d'évolution personnelle, en couple, en famille ou en équipe. Si tel est actuellement votre constat, je vous invite à faire appel à un conseiller conjugal, à un thérapeute familial ou à un formateur en équipe de projets, par exemple.

## *Règle numéro 3: Adoptez une vision dynamique de la personnalité*

Pour illustrer, dans l'ordre d'importance, la quantité d'énergie disponible dans chaque mode d'expression, nous avons dessiné notre personnalité sous forme de pyramide. Cette représentation risque d'induire un cliché de comportement figé, immobile, immuable. Or avant d'être un étage de mon immeuble, le process est avant tout une dynamique.

C'est pourquoi je vous propose une nouvelle métaphore: les moyens de communication que nous utilisons pour nous déplacer.

> Le moyen de communication qui me correspond le mieux est le vélo que j'adore.
> Il m'a donné les meilleurs moments de ma jeunesse: sentiment de liberté, plaisir du mouvement, autonomie, aisance du contact et facilité de rencontre. À ce propos, mon ami Camille m'a raconté qu'il avait dragué une sympathique jeune fille en lui faisant le signe de l'auto-stop alors qu'elle passait à bicyclette. Complicité, connivence, souplesse, le vélo respire la santé. La voiture vient en deuxième lieu, me transportant de ville en ville, de travail en vacances, de vie de solitaire à vie de couple, elle est aujourd'hui présente dans tous mes déplacements au point d'avoir effacé le vélo de mon quotidien. En troisième lieu

vient l'avion. Il prit la vedette lors de mon premier voyage aux États-Unis: j'avais acquis un « air pass ». J'utilisais l'avion comme un autobus pour aller de ville en ville, de congrès en stages, d'hôtels de luxe en auberges de parcs naturels, de la montagne à la mer. Quelle excitation ! L'impression de dominer le monde. Vu du ciel, tout semble possible et les tracas du quotidien deviennent insignifiants. Depuis quelques années, et c'est ma dernière découverte, le train rapide Bruxelles-Paris est un bonheur: gain de temps et d'argent, sécurité et confort, vous êtes sur des rails. La communication par Internet sera-t-elle ma prochaine étape ? J'y pense en même temps que j'imagine une société virtuelle où nous fonctionnerions tous en réseaux. Pouvoir être partout, n'importe où, à l'instant même, tout voir, tout savoir, simplement en effleurant une touche d'ordinateur, l'index pointé vers l'objectif désiré, n'est-ce pas synonyme de puissance divine ? D'y penser, j'ai le vertige.
Mais ce vertige n'est rien à côté du mal de mer ! Le bateau, c'est le roulis; la planche à voile, c'est la panique, la croisière, c'est titanesque; déluge d'angoisse, tempête d'inconnu, je me sens noyé de stress.

• *Un process est une dynamique*

Alors que nous représentons ces modes de communication par une pyramide, c'est leur fonctionnement qui nous intéresse et nous aide à progresser

6. Bateau
5. Internet
4. Train
3. Avion
2. Voiture
1. Vélo

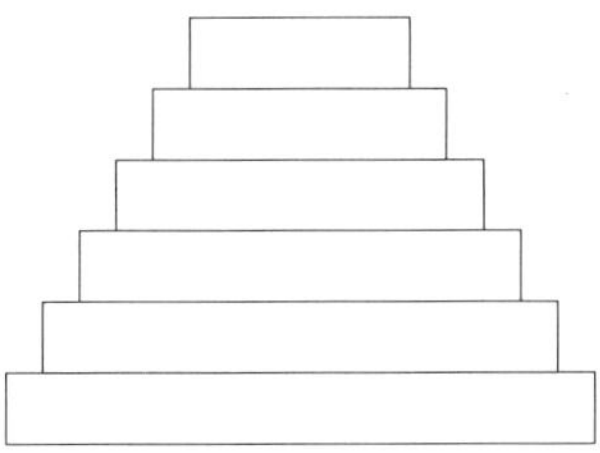

Tous ces modes de communication sont des adaptations. Ils peuvent être valablement utilisés lorsqu'ils sont adéquats à la situation. Malgré des côtés positifs qui justifient leur existence, ils risquent de tomber en panne avec des conséquences plus ou moins désastreuses.

Même si chaque vélo est très différent d'un autre, ceux-ci partagent malgré tout une dynamique plus proche qu'un vélo comparé à une voiture de la même marque. Dès lors, décrire la personnalité de quelqu'un ne consiste donc pas à lui coller une étiquette avant de l'enfermer dans un « dossier confidentiel » : plutôt qu'appliquer un label tel que « intelligent, sensible, disponible, ayant ses idées », la Process Communication explique comment chaque type de personnalité utilise son intelligence, exprime sa sensibilité, se rend disponible ou fait preuve d'originalité.

La connaissance de ce modèle nous apporte donc le moyen de comprendre comment nous fonctionnons, comment nous entrons en relation, comment nous allons de l'avant pour résoudre les problèmes et mener à bien nos projets, en d'autres termes comment réussir ensemble.

## *Règle numéro 4: Empruntez la porte d'entrée offerte par votre interlocuteur*

Quelle est votre personnalité de base, c'est-à-dire la porte d'entrée de votre pyramide?

En début de séminaire, avant de recevoir le résultat de leur inventaire de personnalité, les participants hésitent souvent entre leurs deux dynamiques les plus puissantes: suis-je Travaillomane ou Persévérant, Empathique ou Rebelle? Étant gosse, quel était mon caractère?

- *L'entrée en relation*

Il s'agit bien d'une dynamique, d'une façon d'entrer dans la vie, d'aller vers autrui pour le travail ou le plaisir. Si nous reprenons la dernière métaphore, suis-je d'abord vélo ensuite voiture ou d'abord voiture ensuite vélo? Objectivement, la voiture est le moyen de déplacement que j'utilise le plus et depuis très longtemps mais, si je m'écoute parler, j'utiliserai plus spontanément un vocabulaire de cycliste que des termes de garagiste.

Lorsque je parle de pédalier et de sonnette, si vous me répondez par dynamo, guidon, dérailleur, rayon ou piste cyclable, vous observerez que je suis à l'aise pour poursuivre la relation en tandem avec vous, alors que si vous me demandez la cylindrée de mon moteur, le nombre de soupapes ou le tirant d'eau, vous lirez sur mon visage l'hésitation, l'inquiétude voire le désarroi. Pour entrer en relation, c'est donc le mode d'expression qui correspond au type de personnalité de base de votre interlocuteur que vous avez intérêt à emprunter.

Il y a six types de personnalité et nous avons des talents correspondant à tous les types.

Un des six types semble inné parce qu'observable dès la naissance. Il se révèle par notre mode de communication privilégié et par notre façon de percevoir le monde. Il est considéré comme la *base* de notre personnalité. Les cinq autres types sont des adaptations, dont la puissance et la disponibilité sont variables en fonction des circonstances et de l'entraînement.

Dans un tiers des cas, les gens semblent constants : « Ils sont comme ils sont », sans désir ni envie ni nécessité de changer.

Les deux autres tiers, en revanche, ont développé un ou plusieurs étages. Si la base reste présente dans la communication, ce n'est plus elle, cependant, qui dynamise le comportement : tout se passe comme si la personne avait changé de personnalité après un stress sévère. Ce changement de phase se traduit par des comportements modifiés, de nouveaux centres d'intérêt ou une autre façon de vivre. En particulier, les besoins psychologiques sont différents.

## *Règle numéro 5 : Respectez la différence pour vous ouvrir au monde*

Tout étonnant que puisse paraître notre interlocuteur, il fonctionne dans une dynamique qui fait également partie de notre propre pyramide, fût-ce à 2 ou à 3 % seulement. Pour rester dans la métaphore, si je refuse les croisières, évite les ports de pêche et rejette les sports nautiques, je n'aurai forcément ni intérêt, ni disponibilité, ni expérience de communication maritime. Prendre conscience de la différence, est donc une façon de m'intéresser à moi, de découvrir mon ignorance du bateau et de rester ouvert à un futur apprentissage.

- *Le respect de la différence*

Lorsqu'une dynamique nous semble totalement étrangère, elle est souvent en réalité atrophiée par manque de pratique et par conséquent « non immédiatement accessible ». Avec le temps et l'entraînement, nous développons d'autres attitudes. Dès lors, une personne autre que vous peut être un remarquable coach qui vous permet d'exploiter vos propres ressources, talents, compétences et aptitudes.

Si au lieu de critiquer les internautes ou de ridiculiser les véliplanchistes, j'adopte une attitude d'humilité et d'ouverture, je m'offre la chance d'apprendre à surfer sur Internet et à naviguer en catamaran avec des copains. Ce qui semblait définitivement banni devient une option envisageable, une opportunité qui peut être prise en considération, voire une occasion d'apprentissage, de développement et de joie.

C'est ainsi que j'ai eu la chance de participer à une croisière sur le Nil organisée par mon ami Michel.

## *Règle numéro 6 : Adoptez une vision positive de la personnalité*

Ce qui nous gêne dans une dynamique de comportement, c'est son aspect négatif, souvent caricaturé depuis l'enfance. Comme nous craignons la fragilité, nous rejetons toute sensibilité ; comme nous redoutons l'absence de sérieux, nous rejetons l'humour ; hostiles à l'arnaque, nous nous opposons aux techniques de vente. Or notre sensibilité, notre humour ou notre capacité de convaincre sont des talents qui font partie de notre personnalité. Pourquoi dès lors les enfermer dans un coffre ? Que de richesses inexploitées détenons-nous !

- *Une faiblesse peut dissimuler un talent*

> J'ai toujours été convaincu d'être nul en dessin jusqu'au jour où mon regard a été attiré par l'ouvrage de Betty Edwards, *Dessiner grâce au cerveau droit* (Pierre Mardaga Éditeur). Curieux de cette approche psychologique et intéressé au développement de mon cerveau, j'ai découvert qu'avec l'exercice, la pratique et l'entraînement, je prenais plaisir à réaliser des portraits, au point d'être parfois considéré comme « doué ». De même, ayant longtemps redouté la fréquentation des trop sérieux Persévérants, j'ai un jour constaté que je leur ressemblais : je faisais part de mes sages principes et de mes convictions profondes avec une réelle facilité.

Lorsque vous musclez les différentes dynamiques de comportement, vous augmenterez vos capacités de leader, de vendeur ou d'enseignant, tous trois continuellement confrontés à une large variété de personnes. Dans bien des cas, le seul fait d'adopter une vision positive de la personnalité développera les ressources qui sont en vous et accroîtra votre relation avec ceux qui vous sont proches.

## *Règle numéro 7 : Bâtissez tout projet sur les talents*

Il n'y a pas de jugement dans le modèle Process Communication : vélo, voiture, avion, bateau, train, Internet sont certes parfois des moyens de communication en concurrence, mais ils sont surtout complémentaires ; par définition, tous sont positifs, très utiles, voire indispensables dans certaines occasions : si ce n'était pas le cas, ils auraient été abandonnés depuis de nombreuses générations.

• *Bâtir sur les talents*

Sans établir une hiérarchie de valeurs, nous pouvons toutefois pronostiquer que l'adéquation à une mission sera différente : confier à un vélo le transport de deux cents personnes de l'autre côté de l'Atlantique est aussi aberrant qu'utiliser un Boeing pour faire une sympathique balade en forêt ; avec tout le respect que j'ai pour l'un et pour l'autre, je préfère inverser les demandes, par mesure de sécurité. Cela ne nous empêche pas de combiner les ressources ; par exemple, mettre le vélo dans l'avion pour traverser l'océan et l'enfourcher ensuite pour parcourir la région visitée ; la mobilisation de nos talents et le respect de ceux d'autrui nous rend plus compétents, talentueux et à l'aise avec ces dynamiques de communication. Nous aurons aussi plus de chances de bien nous entendre : que vous m'invitiez à un voyage en avion, une balade à vélo ou un déplacement en voiture, je serai un coéquipier présent, disponible et détendu, prêt à collaborer. Quel beau voyage, la vie !

> En bonne mère de famille ayant pour projet l'égalité des chances, Dominique offre à ses deux enfants, âgés respectivement de 6 et de 4 ans, un déguisement : David, Rebelle, s'empare avec enthousiasme de sa tenue de clown tandis que Laurence, Persévérante, découvre un ravissant accoutrement de coccinelle. Après deux minutes d'observation circonspecte, la petite fille remet avec précaution le vêtement dans la boîte et porte le cadeau à son frère en précisant : « C'est pour toi, David, pour toujours. »
> Quelque peu déçue mais consciente de son erreur, Dominique échange l'habit de coccinelle contre une robe de princesse dont Laurence est très fière.

Dans cet exemple, la méprise était prévisible : un déguisement *mignon, gentil, adorable* sera considéré comme *infantilisant* par Laurence. Cependant, se voir en fée, en reine ou en avocate est nettement plus glorieux. Même si l'ambition de Dominique est justement de prendre le contre-pied de l'attitude résolument sérieuse de l'enfant en stimulant une réaction espiègle, cocasse, joyeuse, la seule façon d'y réussir consiste à prendre appui sur les talents de dignité, de grandeur, de solennité pour ensuite permettre le développement d'un comportement plus spontané, voire carrément puéril. Cette règle qui privilégie les dispositions de chacun est fondamentale dans toute relation de coaching, de formation ou de collaboration.

## *Règle numéro 8 : Rapatrier votre pouvoir (règle des 50-50)*

Tout désir d'entreprendre implique un certain nombre de relations d'autorité, de dépendance, de collaboration ou autres. « Si cela ne tenait qu'à moi, j'aurais terminé ce livre depuis longtemps », ai-je pris l'habitude de répondre à ceux qui s'informent de l'évolution de mon projet, « mais vu la charge de travail de ma secrétaire, la maladie de ma belle-mère et les contraintes de mon métier... Ah, si j'avais les moyens, si j'avais plus de temps, si j'avais la santé, si je pouvais être aidé, si j'étais plus doué, si j'étais seul à décider... »

• *Votre projet est en votre pouvoir*

Que de « si » pour reporter la réalisation d'un changement ou la réussite d'un projet ! Grâce à la Process Communication, ma liste d'excuses s'allonge et un vernis scientifique solidifie mes justifications : « Si j'étais davantage Promoteur, j'aurais eu l'audace d'écrire sans me poser tant de questions ; si ma secrétaire était Travaillomane, elle aurait planifié son activité pour que le livre soit terminé depuis trois mois ; si ma femme était Empathique, elle aurait été heureuse de m'aider... »

Trouver une bonne excuse a longtemps hanté mes préoccupations jusqu'au jour où j'ai accepté la règle dite des 50-50 : tout ce qui s'oppose à mon projet est vrai à 50 %, mais les autres 50 % sont en mon pouvoir.

Ce postulat ne discrédite pas mon raisonnement et ne me contraint pas à prouver que j'ai raison : il m'offre simplement une égalité de chances de résoudre le problème, de réfléchir aux options et de mettre en œuvre les solutions.

Par cette décision, j'active mon pouvoir de m'organiser pour réussir. Concrètement, par exemple, je peux décider de terminer la rédaction de ce livre même si je ne suis pas Travaillomane, même si ma secrétaire est indisponible et même si je n'obtiendrai pas le prix Goncourt. La règle des 50-50 apprise durant ma formation en analyse transactionnelle m'a aidé à sortir de ma passivité sans tomber dans la mégalomanie : je ne suis pas un surhomme et je ne possède pas la méthode qui va changer votre vie.

Dans notre relation, j'utilise mes 50 % de pouvoir pour vous informer, vous faire part de mon expérience et vous offrir des conseils tout en respectant vos 50 % de pouvoir d'ignorer l'idée, de l'accepter, comme de la mettre en œuvre. C'est votre liberté et quelle que soit votre décision, nous pouvons continuer à dialoguer, à négocier ou à collaborer.

Rédiger ce livre est très important pour moi. Et votre succès le crédibiliserait. Mais votre succès, c'est vos 50 % de pouvoir, c'est votre responsabilité. Si vous choisissez d'utiliser ce livre pour mener à bien les projets qui vous tiennent à cœur, je vous inviterais régulièrement à réactualiser vos ambitions en fonction de vos réflexions et des notions théoriques abordées. Je vous conseillerais également de faire des exercices, d'entraîner certains comportements, sachant qu'il s'agit toujours d'une proposition que vous êtes libre d'accepter, si cela vous paraît valable, ou de refuser, si vous considérez que ce n'est pas le bon moment, la bonne personne ou la situation adéquate.

## *Règle numéro 9 : Soyez qui vous êtes*

La Process Communication est un puissant modèle de compréhension de soi et d'autrui qui facilite les relations de travail, l'harmonie familiale et l'épanouissement personnel.

En tant qu'outil relationnel, il permet de résoudre les problèmes ensemble, de communiquer efficacement et de négocier un changement. Tout cela suppose l'application de techniques selon la situation et le choix d'une stratégie en fonction de l'interlocuteur. Par exemple, pour imposer dans l'entreprise une heure calme durant laquelle chacun s'engage à ne pas interrompre le travail des collègues, vous devrez à la fois tenir compte des contraintes extérieures comme les appels téléphoniques des clients et de la personnalité de vos interlocuteurs. Efficacité et gains de temps, arguments de nature à convaincre un patron Travaillomane, n'auront pas le même impact sur un dirigeant Promoteur qui exige une réactivité immédiate de chacun à tout moment.

• *Authenticité et honnêteté*

La nécessité de s'adapter à son interlocuteur risque d'être perçue comme artificielle : les paroles sonnent faux, les comportements maladroits révèlent un rôle emprunté. Le résultat final est le plus souvent désastreux. Une conclusion absurde s'imposerait : le rejet de toute méthode, de tout apprentissage et de tout changement.

C'est pourquoi je vous invite à considérer d'abord la Process Communication comme un moyen de bien vous comprendre, de vous apprécier et de vous respecter.

Je suis convaincu que mieux nous sommes avec nous-mêmes, mieux nous sommes avec notre interlocuteur. En effet, comment partager avec autrui le plaisir de la réalisation, la volonté de résoudre les problèmes ou simplement la joie de vivre si nous nous sentons inadéquats, mal à l'aise voire continuellement stressés ?

## *Règle numéro 10 : Restez curieux*

Un modèle psychologique est inévitablement réducteur de la personnalité : l'être humain est complexe.

De plus, d'une théorie à l'autre, les conseils paraissent contradictoires, chaque auteur semble défendre sa thèse et chaque formateur vendre l'originalité de sa technique. Tous les ans, une nouvelle méthode ravit la vedette au hit-parade des « révolutionnaires best-sellers ». Au moment d'approfondir la Process Communication, vous êtes en droit de vous demander si tout cela n'est pas aujourd'hui déjà dépassé par la programmation neurolinguistique, l'intelligence émotionnelle ou une autre philosophie d'entreprise.

- *La réduction est un vilain défaut*

En matière de réflexion sur soi et sur le sens de la vie, la curiosité ne me paraît pas un vilain défaut, mais au contraire un talent à cultiver.

Loin de fermer la porte à toute recherche ou évolution de la pensée, l'analyse transactionnelle et la Process Communication apportent un cadre de référence qui permet d'intégrer des idées opposées et les situe dans la dynamique appropriée. Ainsi discipline et créativité, par exemple, peuvent parfaitement coexister et s'enrichir mutuellement ; l'approfondissement de l'une ne fait plus ombrage à l'autre. En matière de communication, les types de personnalité sont en vous, comme des touches de piano qui font vibrer des cordes sensibles lorsque vous les activez. Marteler continuellement une même touche risque de vous lasser et d'abrutir votre entourage. Cependant, respecter le process de chacun et improviser autour de votre style pour transmettre un message à votre auditoire, telle est la magie de cette théorie. Dès lors, la Process Communication n'est plus un modèle réducteur, mais l'instrument de musique de l'être humain, qu'il soit soliste, fasse partie d'un duo, d'un trio, d'un quartet... même d'un orchestre symphonique.

SYNTHÈSE **Dix règles du code de bonne conduite**

1. Soyez attentif au *process*.
2. Utilisez la Process Communication comme *outil de dialogue*.
3. Adoptez une *vision dynamique* de la personnalité.
4. Empruntez la *porte d'entrée offerte* par votre interlocuteur.
5. *Respectez la différence* pour vous ouvrir au monde.
6. Adoptez une *vision positive* de la personnalité.
7. *Bâtissez* tout projet *sur les talents*.
8. *Rapatriez votre pouvoir* et reconnaissez celui de votre interlocuteur.
9. *Soyez qui vous êtes*.
10. *Restez curieux*.

## EXERCICE DE CONDUITE RELATIONNELLE CONSTRUCTIVE

Choisissez quelqu'un qui vous est proche (parent, partenaire ou patron par exemple) avec qui le dialogue est parfois difficile.

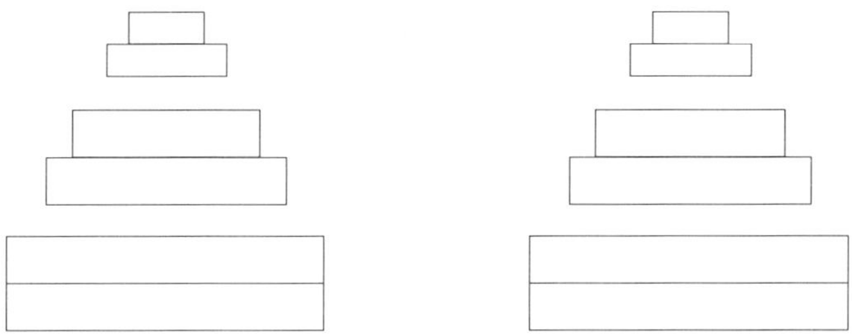

Votre dynamique de base (une ou deux dominantes) — Sa dynamique de base

| **Votre mode de comportement** | **Son mode de comportement** |
| --- | --- |
| Vos attentes : | Ses attentes : |

Comment pouvez-vous faciliter le dialogue ?

–
–
–
–

*Deuxième partie*

# VOUS ET VOTRE PROJET

*Comment bâtir sur ses talents*
*et développer ses ressources*

JE FINIRAI BIEN UN JOUR PAR ÉCRIRE UN LIVRE. Je ne sais pas encore ni quand ni comment, mais, rassurez-vous, cela va se faire. J'y pense souvent. C'est un travail colossal et je n'ai aucune idée par où commencer. Pour l'instant vous pouvez considérer que c'est une velléité parce que je n'ai pas le temps de m'y consacrer avec toute l'énergie nécessaire. Ah, si je pouvais réserver trois mois à ce projet ! Avec les vies professionnelle et familiale auxquelles je tiens beaucoup, c'est bien sûr impossible. De plus, j'ai bien d'autres désirs. Ainsi j'aimerais refaire une exposition de peinture l'année prochaine : cela fait cinq ans que j'y travaille mais je ne me sens toujours pas prêt et comme j'ai décidé la rédaction de ce livre, forcément tout prend du retard. Enfin, bien sûr, je suis obligé d'assurer l'essentiel : mes clients. Il est hors de question de les ignorer pour devenir écrivain ou artiste !

Si j'ai décidé que la publication de ce livre était mon projet et que je n'allais pas en confier la rédaction à quelqu'un d'autre, forcément je vais devoir me ménager du temps : déléguer la gestion de ma comptabilité, le contact téléphonique pour la prise de rendez-vous, l'animation de certains séminaires, par exemple ; je risque également de négliger mes distractions ou des moments privilégiés en famille, cela sans certitude de réussir pour autant. Dès lors, certaines forces me poussent à aller de l'avant : oui j'y crois, oui je vais le faire, oui ce sera un succès, alors que d'autres agissent comme des freins et j'ai parfois l'impression d'écrire tout et n'importe quoi. Comment dominer mon projet ? »

*

Jusqu'ici nous nous sommes focalisés sur le fonctionnement de la personnalité avec l'ambition de progresser ensemble. Dans cette deuxième partie nous mettrons l'accent sur les aspects positifs présents en chacun de nous pour aborder un projet et sur les talents utiles à sa réalisation. L'hypothèse de travail que je vous propose est que ces ressources, innées chez certains individus, peuvent être codifiées en méthodes à acquérir pour les autres. C'est avec cet état d'esprit que je vous invite à mener votre projet.

Le chapitre 4 structure différentes réflexions relatives au chemin à parcourir pour atteindre notre objectif : comment le rendre attractif, comment établir notre itinéraire et qu'emportons-nous comme bagages ? Dès le chapitre 5, nous reviendrons aux six types de personnalité pour approfondir leurs apports spécifiques dans la gestion d'un projet : comment ils y contribuent, comment ils communiquent entre eux et comment ils trouvent leur énergie. Quant au stress, aux pièges, au malaise, aux risques de sabotages ou aux autres modes d'échec, nous les étudierons dans la troisième partie.

Commençons donc par clarifier votre projet.

# 4

# DÉFINITION DE VOTRE PROJET

*Quel est votre projet et quel sera votre contrat ?*

## QUEL EST VOTRE PROJET ?

Voici le moment de penser à quelque chose qui vous tient à cœur. Au cas où votre projet est de lire ce livre jusqu'à la dernière page, je vous remercie de votre intérêt. Je vous suggère d'accompagner votre lecture par un rêve que vous souhaitez réaliser, comme réussir votre vie de couple et l'éducation de vos enfants, trouver un travail épanouissant, créer votre propre entreprise, faire le tour du monde ou apprendre une langue étrangère.

Que vous l'appeliez une ambition, un idéal, un défi, une passion, une mission ou un gag, je vous propose de mettre de l'énergie positive dans la description de votre rêve. Votre projet peut évoluer et des problèmes inattendus risquent de surgir. Notre propos n'est donc pas de nous aveugler par une promesse de réussite miracle, mais d'analyser ensemble notre décision d'atteindre un objectif tout en nous amusant à prendre contact avec des méthodes qui mobilisent nos talents, développent nos capacités et nous guident vers les résultats attendus.

À cette fin, rédiger notre projet est important: nous avons beaucoup d'idées en tête, mais dès le moment où nous nous concentrons sur leur concrétisation, nous nous engageons à formaliser notre ambition sous forme de contrat que nous passons avec nous et avec les autres. *« Quel est mon contrat? » signifie donc « Quel est mon engagement ? ».*

Cette notion constitue un des piliers de la réussite. Le Persévérant insiste sur la volonté. Il met l'accent sur la puissance de la conviction, l'énergie motrice qui nous fait progresser. Le manager Travaillomane définit un objectif clair qui répond à des critères précis; les Analystes Transactionnels utilisent le contrat comme moyen de mesure qui permet de contrôler si nous suivons le chemin que nous nous sommes tracé ou si nous nous en écartons. Tout incident, imaginaire ou réel, nous aide à vérifier la pertinence de notre engagement, sa cohérence avec nos valeurs et son adéquation à notre désir. Ces différentes notions s'éclairent à la lumière de votre projet.

C'est pourquoi je vous invite à l'écrire en vue d'*analyser sa formulation*: la manière dont vous présentez votre projet est-elle garante de succès ou de la mise en place de pièges?

Si vous préférez attendre la fin du livre pour vous prononcer, je vous propose d'imaginer un instant que c'est fait, que vous avez terminé votre lecture, êtes enthousiaste et désireux de jouer le jeu: dans ce cas, à quel projet pensez-vous?

### QUEL EST VOTRE PROJET?

Mon projet consiste à publier un livre qui vous aide à réaliser le vôtre.
À votre tour!
Mon projet est de ..........................................
..................................................
..................................................
..................................................

## *L'ÉCRITURE RÉVÉLATRICE*

Ce matin, face à cette page blanche, je retrouve mon blocage habituel. Pourquoi tant d'efforts? Le jeu en vaut-il la chandelle? Sachant que plus de six mille ouvrages ont été publiés sur les projets, que va changer un livre de plus?

Entre vous et moi, j'avais prévu d'écrire hier une dizaine de pages, comme j'aurais dû le faire avant-hier et le jour précédant également. C'est d'autant plus urgent que ma secrétaire rentre de congé et que je dois être en état de soumettre une centaine de pages à l'éditrice dans une semaine, jour pour jour. Et dans ma naïveté spontanée, je vous raconte mes problèmes, au lieu de consulter les ouvrages de référence et de m'en inspirer pour rédiger quelques pages valables. Je crois entendre mon père faisant la morale à son fainéant de fils.

Bien sûr, j'ai comme toujours des circonstances atténuantes. J'ignore si je suis doué pour les excuses, mais même sans prédisposition aucune, avec des années d'entraînement à justifier mes retards, mon désordre ou mes autres faiblesses, j'ai atteint un excellent niveau de performance qui me permet de dépasser les échéances et de différer la réalisation d'objectifs sans trop de culpabilité.

D'autant moins de culpabilité que je ne suis pas le seul à réagir de la sorte. Combien de fois avez-vous décidé d'entreprendre un régime, d'apprendre une langue étrangère ou d'arrêter de fumer sans mener votre décision à terme ?

D'ailleurs, si je renonce à écrire ce livre, en quoi est-ce un problème ?

*

L'originalité de l'écriture est qu'elle facilite la distanciation, permet une relecture et entretient la dynamique du projet. C'est probablement la raison pour laquelle certaines personnes ont pris l'habitude d'écrire trois pages tous les matins[1], à jeun, comme un médicament homéopathique qui facilite la remise en question et stimule la créativité. En relisant la première ligne, j'y retrouve « mon blocage habituel » comme on retrouve un vieil ami.

Sans vouloir jouer sur les mots, la manière dont je formule « mon blocage » renforce la manière dont je me piège : lorsque j'écris « mon » blocage, « mon » désordre, « mon » retard ou « ma » fainéantise, je m'identifie aux problèmes. Ils font partie intégrante de ma personnalité, comme mes bras, mes jambes, mes yeux, mes oreilles... Êtes-vous prêt à renoncer facilement à votre odorat ou à votre respiration ?

Dès le moment où il s'agit de « perdre vos kilos », de « renoncer à votre paquet de cigarettes » ou d'assimiler une langue « étrangère », je comprends que vous manifestiez quelques signes de malaise : tristesse de perdre ce qui vous appartient, jalousie que d'autres profitent de vos renoncements ou dégoût à l'égard d'une cuisine étrange.

En conséquence, je ne vous parlerai plus de « mes » négatifs et « des » positifs mais de « mon » livre, de « ma » réorganisation, de « ma » gestion du temps et « des » problèmes que je résous pour continuellement améliorer ma manière de fonctionner et de gérer mes projets.

Avant de vous inviter à réécrire positivement votre contrat, je vous propose de vérifier combien le renforcement négatif génère de l'énergie : fierté, culture ou simple occasion de discussion.

1. Cameron J., *Libérez votre créativité*, Ed. Dangles, 1995.

## *LA CHASSE AUX RENFORCEMENTS NÉGATIFS*

J'avais noté la référence du livre citant le chiffre de 6000 ouvrages publiés sur les projets mais je ne la retrouve plus. J'ai beau chercher: impossible de mettre la main sur ce papier. Comme toujours, c'est au moment où je n'y penserai pas que le document refera surface. Je reconnais qu'actuellement, je suis noyé dans la masse de notes éparses, de brouillons griffonnés et d'écrits corrigés. Plonger dans la confusion ne me fait pas peur: nager dans le désordre est un sport où je me sens imbattable. D'ailleurs, un beau désordre est un effet de l'art, selon Jules Renard[1]. Et puis chacun a son sens de l'ordre, l'important est de finir par s'y retrouver!

*

En prolongeant la conversation sur « mon désordre » avec la même tendresse que si je parlais de mon bébé, la même fierté que si j'avais réussi un exploit ou la même indulgence que s'il s'agissait d'un incident sans effet notoire, je renforce inconsciemment et involontairement mon attachement à cette caractéristique qui me joue des tours. Dès lors, quelle que soit ma bonne volonté, il y a peu de chance que je l'abandonne ou que j'y renonce.

Lorsque je répète « mon désordre », je le réapproprie constamment, j'évite tout risque de changer mon organisation, avec pour conséquence de perdre beaucoup de temps et d'énergie, voire de me lasser et d'abandonner la rédaction de ce livre.

Cependant, lorsque je dissocie « le » désordre de « mon organisation », j'avance d'une case: je vais réorganiser mon travail de façon à réduire ou à supprimer le désordre.

Inversement, si je désigne « ce » livre qui aurait pu être « mon livre », je fais un bond en arrière. Signe de modestie qui m'honore, penseront certains; signe de prudent repli face au danger de succès, pronostiqueront d'autres.

## *UN ENGAGEMENT, DONC UN CONTRAT*

*La publication de mon livre sera une des conséquences positives de ma nouvelle organisation.*

---

1. Renard J., *Pensées*, Le Cherche Midi Éditeur.

Voilà apparemment la rédaction d'un slogan positif, tourné vers l'avenir et le changement. Si elle avait conclu le rapport de synthèse d'un groupe de projet, cette phrase aurait certainement satisfait chacun des participants et rassuré la direction sur le bon avancement de la réflexion.

Suite à une déclaration de ce style, le président d'une société s'esclaffa en réunion : « Et maintenant, qu'est-ce que je fais avec cela ? Est-ce que je dois grimper sur mon bureau ? » C'était sa manière imagée de faire remarquer qu'il manquait une référence à l'action : qui fait quoi, pour quand, comment.

En d'autres termes, *« quel est mon contrat ? »*, signifie bien donc, plus spécifiquement, *quel est mon « engagement ? »*.

Bien sûr, cela va de soi : je vais m'organiser de façon à consacrer du temps à la rédaction de mon livre.

Ce qui va sans le dire va mieux en le disant et encore beaucoup mieux en l'écrivant. Détecter les pièges sournois qui minent les bonnes résolutions, tel est l'objectif de la rédaction de votre contrat.

### QUEL EST VOTRE CONTRAT ?

Mon projet est de publier un livre qui vous aide à réaliser le vôtre.
*Mon contrat avec vous et avec moi est le suivant : je m'engage à consacrer en priorité trois heures par jour à la rédaction de* Vous et votre projet.
À votre tour !
Mon projet est de. . . . . . . . . . . . . . . . . . . . . . . . . . . . . . . . . . . . . . . . . .
. . . . . . . . . . . . . . . . . . . . . . . . . . . . . . . . . . . . . . . . . . . . . . . . . . .
. . . . . . . . . . . . . . . . . . . . . . . . . . . . . . . . . . . . . . . . . . . . . . . . . . .
. . . . . . . . . . . . . . . . . . . . . . . . . . . . . . . . . . . . . . . . . . . . . . . . . . .
. . . . . . . . . . . . . . . . . . . . . . . . . . . . . . . . . . . . . . . . . . . . . . . . . . .
Mon contrat avec. . . . . . . . . . . . . . . . . . . . . . . . . . . . . . . . . . . . . . . . .
. . . . . . . . . . . . . . . . . . . . . . . . . . . . . . . . . . . . . . . . . . . . . . . . . . .
. . . . . . . . . . . . . . . . . . . . . . . . . . . . . . . . . . . . . . . . . . . . . . . . . . .
. . . . . . . . . . . . . . . . . . . . . . . . . . . . . . . . . . . . . . . . . . . . . . . . . . .

Par exemple, mon projet est de ranger mon bureau. Mon contrat avec ma secrétaire et avec moi est de passer une demi-heure chaque jour à éliminer les documents inutiles et à classer les autres.

Si j'insiste sur le « avec moi » c'est pour éviter que toute indisponibilité de ma secrétaire soit une merveilleuse excuse pour ne rien ranger.

Bien qu'un projet soit un engagement, sa formulation ne doit pas obligatoirement prendre une forme solennelle, avec prestation de serment dans un décorum grandiose.

« Quand le professeur dicte au journal de classe que “je dois étudier”, je n'en ai déjà plus envie », me confie David. « Mais, si j'écris que “je peux m'amuser à apprendre”, c'est beaucoup plus motivant. »

De même, si au lieu de compléter les encadrés prévus, vous préférez constituer un dossier, écrire sur du papier vert, composer une chanson ou sculpter votre projet, l'important est qu'il soit gravé dans votre attitude, pour votre succès et votre plaisir.

## *UN PROJET VIVANT*

Faire vivre votre projet, sentir sa sympathique présence, lui donner corps, le voir évoluer, le regarder grandir, l'imaginer adulte, devenu autonome, menant sa propre existence…

Le professeur Osterrieth[1] citait un auteur parlant de ses quatre enfants : l'aîné, le cadet et les deux ouvrages qu'il avait publiés. Créer était un véritable accouchement, puisqu'il en naissait une œuvre.

Écrire un projet, le dessiner ou le symboliser par un objet sont autant de façons de lui donner corps, existence et vie. L'exemple qui suit porte sur la conclusion d'un entretien d'embauche et illustre cet aspect :

– « Vous voulez vendre nos produits pour gagner de l'argent », reformule l'inspectrice chargée du recrutement d'une prospectrice, mais concrètement quel est votre projet ? Qu'allez-vous faire avec cet argent, vous offrir un bijou, partir en vacances, acheter un nouvel aspirateur ?
– « J'ai besoin de changer ma chambre à coucher, reconnaît la candidate, et celle dont je rêve dépasse largement mon budget ! »
– « Bravo ! À votre nouvelle chambre à coucher ! » conclut l'inspectrice en nouant le foulard témoin au cou de son interlocutrice. « J'ai l'honneur de vous nommer prospectrice de notre société et je vous aiderai à devenir une professionnelle de la vente de façon à ce que dans trois mois vous puissiez acquérir votre magnifique chambre à coucher. »

Aussi longtemps que le projet est général, vague, indéfini, l'inspectrice a des raisons de douter de l'enthousiasme, de la combativité et de la persévérance de la candidate. En revanche, dès le moment où celle-ci peut se sentir vivre dans sa nouvelle chambre à coucher, toucher le fruit de son travail et visualiser clairement son objectif, l'inspectrice concrétise l'engagement par un foulard brodé aux initiales de la firme. Durant son activité professionnelle, la prospectrice portera toujours le foulard du succès qui symbolise le projet de collaboration.

---

1. Paul Osterrieth fut mon professeur de psychologie à l'Université Libre de Bruxelles.

Ainsi, votre projet, vous le chérissez, lui consacrez le meilleur de votre temps et il vous le rend bien. Il vous suit partout, souriant, chaleureux, complice. Toujours en éveil, il guette la moindre idée et est à l'affût de chaque réflexion. Brillant de votre intelligence, raffiné de votre sensibilité, il concrétise chacun de vos pas, fier et heureux que vous l'ayez choisi.

Pour rendre votre projet vivant, donnez-lui un nom, parlez-en avec enthousiasme autour de vous et célébrez chaque progrès, chaque étape, chaque anniversaire. Bonne fête, projet !

## *UN PROJET MOBILISATEUR*

Rédiger mon livre me demande un maximum d'énergie et me donne un maximum d'énergie. Bien sûr, j'aurais pu commencer par écrire un petit article ou deux, mais c'est plus motivant de m'investir totalement dans un projet mobilisateur, avec la perspective de triompher, que de m'engager prudemment, avec pour seule ambition de « limiter la casse ».

N'étant pas financier, je ne sais si ce principe d'investissement s'applique à toute transaction, mais mes amis banquiers m'ont appris que l'achat de quelques actions par les petits porteurs coûte davantage en frais de banque, de gestion de dossier ou autres, que la plus-value attendue.

Je me souviens des trois années durant lesquelles je me suis formé en Analyse Transactionnelle, années qui furent passionnantes mais constituèrent un lourd investissement : lectures, stages, congrès en Europe et aux États-Unis, supervisions, groupes de travail et examens. Ces sacrifices ne m'ont pas empêché de travailler puisque j'ai multiplié par deux mon chiffre d'affaires auprès des clients. Passion, professionnalisme, crédibilité, chaque réussite en entraîne une autre.

M'investir à 100 % dans notre contrat, c'est donc lui consacrer du temps et de l'énergie. C'est un choix particulièrement rentable en motivation aujourd'hui et peut-être en confort de travail ou de vie demain.

## *UN PROJET IMPORTANT*

Parmi vos désirs, vos souhaits, vos ambitions, il en est que vous pouvez très certainement traduire en objectifs, défis, voire plans d'action. Que votre espoir soit d'obtenir deux places pour un concert exceptionnel qui affiche complet depuis dix jours ou d'immigrer dans le pays de vos amours, il va nécessiter la mise en œuvre d'un certain nombre de comportements : il faut résoudre des problèmes, prendre des décisions, négocier des aménagements, se mettre d'accord avec les autres et avec soi-même.

Quel que soit le changement d'attitude désiré, il sera d'autant plus aisé que le projet sera important.

Supposons par exemple que nous décidions de transformer notre petite entreprise en « société virtuelle » : nous investissons dans les technologies modernes de façon à épargner des mètres carrés de bureau. Pour cela, nous devons tout reconsidérer, mettre en ordre, analyser les frais, apprendre l'informatique, changer l'installation téléphonique, déménager nos locaux... La multiplication de ces tâches, prises isolément, nous épuise, souvent rien que d'y penser. L'accumulation de petits projets paraît une montagne. Toutefois, ces activités deviennent des ressorts dès le moment où nous nous mobilisons pour un réel défi qui a du sens pour nous.

C'est pourquoi les parents insistent et disent que « c'est pour ton avenir » lorsque l'enfant n'a pas envie d'étudier les cinq phases de reproduction des fleurs ; les dirigeants, quant à eux, transmettent leur vision de l'évolution de l'entreprise de façon à mobiliser les employés dont le travail est parcellaire. De même, faire la queue durant trois heures sous la pluie pour visiter une exposition de peinture relève du plus grand délire pour ceux qui ne sont pas particulièrement intéressés par l'art. Comme, la plupart du temps, un projet global est plus désirable que la somme de ses pièces détachées, vous avez intérêt à recadrer votre projet actuel dans un projet plus important : publier ce livre fait partie de mon ambition d'assurer la notoriété de la Process Communication et de développer mon activité de consultant.

## *UN PROJET PRIORITAIRE*

Cette notion de priorité est intéressante. Elle a pris tout son sens pour moi lorsque, jeune psychologue, me formant en kinésithérapie, je donnais des cours de gymnastique à un cadre supérieur d'une entreprise internationale.

> Ayant fixé rendez-vous à 19 heures 30, les mardi et vendredi pour une séance de gymnastique suivie d'un massage, il téléphonait régulièrement de Genève, de Londres ou de Milan pour signaler le retard de son avion et s'assurer de la disponibilité d'un collègue à une heure tardive. Un soir, entre deux exercices, je lui demandai comment il parvenait à suivre une telle régularité de présence alors qu'il était chaque jour aux quatre coins de l'Europe.

« Vous avez raison, aussi longtemps que j'ai considéré que le travail était prioritaire, c'était impossible et inimaginable », me confirma-t-il. « Mon médecin m'ayant imposé ces séances, j'ai décidé que ma santé était prioritaire et depuis lors, je m'organise pour venir deux fois par semaine et s'il le faut bien sûr, je déplace le rendez-vous mais je sens la différence. » Effectivement, dramatiquement bossu, avec pronostic de prostration selon mon collègue, il commençait à se redresser après plusieurs mois de traitement.

Inverser les priorités n'a changé ni la quantité ni la qualité de son travail, mais a quantitativement changé la qualité de sa vie. Les conférenciers de séminaires et les auteurs de manuels consacrés à la gestion du temps ont chacun leur manière d'illustrer que si vous ne décidez pas de « *donner priorité à vos priorités* », vous ne trouverez jamais de temps disponible dans votre agenda.

## *UN PROJET APPRENANT*

Souvent nous abordons un projet avec l'idée « qu'il faudrait d'abord apprendre à... ». Par exemple autrefois, je ne pouvais imaginer voyager aux États-Unis sans d'abord parfaitement maîtriser l'anglais. En réalité, c'est l'inverse: si je décide d'aller me perfectionner en Californie, je ferai ce qu'il faut pour dominer la langue: lectures, conversations, films américains en version originale, télévision anglaise...

Tout projet est également censé nous enseigner quelque chose, sur nous, sur autrui, sur la vie.

Je me retiens toujours de parler de pédagogie parce que ce terme ravive des souvenirs d'enfance parfois désagréables. Même l'expression de « pédagogie des adultes » ne peut se défaire d'une aura scolaire, perçue par beaucoup comme infantilisante et symbolisant la dépendance.

Or nous sommes confrontés chaque jour à cette nécessité d'apprendre... à tout âge. « Je suis trop vieux pour changer » a rejoint le musée d'histoires anciennes. Les personnes âgées apprennent l'informatique avec leurs petits-enfants ou, plus simplement, manient le clavier dans les agences bancaires pour transférer et retirer de l'argent.

Voilà de quoi me motiver à remettre en question quelques idées fixes, telles que:

– je terminerai ma carrière professionnelle sans devoir apprendre à utiliser un ordinateur;
– cela prend beaucoup trop de temps de taper avec un doigt, je préfère écrire à la plume;
– mon talent, mon expérience et mon plaisir consistent à animer un groupe; je suis incapable d'écrire...

Ces préjugés sont comme des boulets que je transporte dans mes bagages. En les abandonnant, je libère de la place et me réjouis de tout ce que je vais acquérir à l'occasion de ce projet.

## *UN PROJET INTÉGRANT*

« Vous et votre projet » signifie que nous partons de vous pour aller à votre projet. Alors que les changements nous sont de plus en plus souvent imposés par l'extérieur, n'est-ce pas démagogique ? N'est-ce pas une façon de vous faire avaler une nouvelle technologie, une fusion d'entreprise ou un règlement politique totalement en opposition avec votre plan de vie ? Au lieu de les subir, vous vous efforcez de croire que c'est vous qui l'avez demandé !

> Par exemple, écrire ce livre m'a souvent été conseillé par des collègues, des patrons ou des clients. Même la conclusion d'une étude marketing sur les possibilités d'évolution de mon entreprise comportait cette recommandation. Pourtant, d'année en année, j'ai rejeté l'idée, j'ai reporté le projet, j'ai refusé de plier aux demandes extérieures. Comment absorber aujourd'hui ce qui m'est toujours apparu indigeste ?

Seule une « vue hélicoptère », manière de prendre du recul et d'élever le débat, permet de nous extraire des conflits d'intérêt immédiats pour voir comment notre projet intègre les mentalités particulières et s'intègre dans l'évolution actuelle. Illustrons ce critère :

> Madame et Monsieur se disputent, l'un désire passer les vacances à la mer, l'autre privilégie la montagne. Un projet de couple intégrera les deux désirs, louer un bord de lac en montagne, par exemple.

Une attitude qui consiste à intégrer au lieu d'exclure cimente le projet. Celui-ci sera négocié avec les autres et en particulier avec les différentes facettes de la personnalité.

> Aussi longtemps que j'étais en opposition avec mon patron parce que je privilégiais le professionnalisme et lui la rentabilité, nous mettions, inconsciemment, beaucoup d'énergie à échouer. Dès le moment où j'ai intégré la rentabilité comme un des moyens de mesure de mon professionnalisme, nous avons de mieux en mieux réussi ensemble.

L'intégration consiste donc à modifier votre relation avec vous-même et avec les autres : transformer une relation qui vous bloque, vous inhibe, vous frustre en une dynamique de coopération, qui vous enthousiasme et vous mène au succès.

## *UN PROJET QUE VOUS ALLEZ MENER À TERME OU CONCLURE SUR UN SUCCÈS*

Ce matin, je fis part à mon médecin de mon étonnement qu'elle se chargeât elle-même des prises de sang. « Je pique tous les jours pour ne pas perdre la main », me confia-t-elle. « C'est comme cela que j'ai payé mes études de médecine et je veux rester capable de réaliser une série d'actes techniques, comme les prises de sang. Je me souviens, la première fois, c'était un médecin âgé qui avait comme vous de belles veines, mais j'ai dû m'y reprendre à huit fois avant de réussir. J'étais désespérée et j'aurais définitivement abandonné sans ses encouragements à persévérer. » « Ne jamais terminer sur un échec », ai-je conclu. Encouragée par mon écoute, elle poursuivit : « À cette époque, le psychiatre qui me soignait pour une profonde dépression, m'imposa de réussir ma deuxième candidature au jury d'état avant de changer d'orientation si telle était ma décision. J'ai réussi et j'ai poursuivi mes études : je lui dois ma profession. ».

Votre projet est vivant : il naît, il évolue… et il meurt. Mais si vous renoncez, échouez, changez d'intérêt ou d'orientation, veillez à terminer sur un succès et à utiliser tous vos acquis comme tremplin vers une prochaine réussite.

## *UN PROJET QUI VOUS CORRESPONDE*

Le choix du projet et surtout la manière de l'aborder doit être le reflet de votre personnalité, faute de quoi votre démarche sera hésitante et vos déclarations sonneront faux. Cela ne signifie nullement que nous ne puissions pas acquérir des méthodes de travail des autres types de personnalité, mais le niveau d'énergie nécessaire étant plus élevé, mieux vaut nous assurer une bonne compatibilité au point de départ. Rappelons donc comment chaque type de personnalité clarifie un projet.

L'Empathique s'intéresse aux gens, veille à leur confort et met leurs talents en valeur. C'est également ce qu'il attend des autres : être apprécié pour ses qualités humaines. Clarifier un projet consiste donc à partir des talents et du potentiel de chacun pour décider ensemble quel est le projet qui nous correspond vraiment et comment nous allons réussir en équipe. Un projet relationnel est celui qui lui convient le mieux.

Le Travaillomane s'intéresse aux objectifs parce que c'est la seule façon d'atteindre les résultats souhaités. Clarifier un projet consiste donc à spécifier les objectifs, à planifier le temps et à gérer les ressources, qu'elles soient techniques, financières ou humaines. Un projet précis est celui qui lui convient le mieux.

Le Persévérant s'intéresse aux valeurs, parce qu'un projet n'a de sens que si le chef est capable d'inspirer sa foi en la réussite. Clarifier un projet consiste donc à transmettre sa vision, à communiquer ses convictions et à fixer les règles. Un projet d'avenir est celui qui lui convient le mieux.

Le Rebelle s'intéresse au changement. Fuir des compétences conservatrices et éviter les experts incapables de se remettre en question, forment son point de départ. Par définition, un projet est original et demande de la créativité. Clarifier un projet consiste à trouver des idées, à sortir du cadre et à réinventer les méthodes de travail. Un projet innovant est celui qui lui convient le mieux.

Le Promoteur s'intéresse à l'impossible, parce qu'il se convainc qu'« impossible n'est pas français ». Par définition, un projet est un défi. Clarifier un projet consiste donc à se dépasser, à ignorer les dangers et à oser entreprendre. Un projet risqué est celui qui lui convient le mieux.

Le Rêveur s'intéresse aux choses, parce qu'à force de se réunir et de parler de projets, il n'y a plus personne qui travaille. Or un projet exige de la maîtrise : une activité régulière, systématique et sans distraction. Clarifier un projet consiste donc à détailler les tâches à exécuter. Un projet concret est celui qui lui convient le mieux.

SYNTHÈSE

| | OUI | NON |
|---|---|---|
| • Avez-vous écrit votre projet « mot à mot » ? | | |
| • Avez-vous fait la chasse aux renforcements négatifs ? | | |
| • Avez-vous trouvé comment donner vie à votre projet ? | | |
| • Vous mobilisez-vous pour votre projet ? | | |
| • Avez-vous une vision globale de l'importance de votre projet ? | | |
| • Avez-vous décidé de donner priorité à votre projet ? | | |
| • Pensez-vous que votre projet soit une source d'apprentissage ? | | |
| • Pouvez-vous expliquer comment votre projet s'intègre à votre évolution et intègre des contraintes et oppositions ? | | |
| • Avez-vous décidé de mener votre projet à terme ? | | |
| • Votre projet est-il le reflet de votre personnalité ? | | |

## EXERCICE : QUEL EST VOTRE PROJET ?

À la lumière de vos réponses au questionnaire-synthèse, considérez-vous que votre projet a un maximum de chances d'aboutir ? Dans le cas inverse, comment allez-vous le transformer ?
*Exemple* : mon projet consiste à publier un livre qui vous donne envie de réaliser ce qui est important pour vous. J'ai décidé qu'il était prioritaire : je vis avec lui, je m'endors en pensant à lui et me réveille avec l'envie de le nourrir en priorité. Je ne le considère plus comme une charge supplémentaire mais comme le moteur de mon activité et le miroir de ma personnalité : je me reconnais à chaque page ! Je vous imagine déjà le lisant et suis impatient d'entendre vos réactions et de fêter votre succès.

À vous maintenant :

..........................................................................

..........................................................................

..........................................................................

..........................................................................

..........................................................................

..........................................................................

..........................................................................

..........................................................................

# 5

# VOTRE MÉTHODE DE TRAVAIL

*Votre participation à un projet ;*
*comment chaque type de personnalité s'engage ;*
*organisation et climat de travail ;*
*les techniques privilégiées par chacun*

## COMMENT RÉUSSIR VOTRE PROJET

Si je réfléchis à ce projet qui me tient à cœur, je peux retrouver différentes périodes où j'y ai pensé, sans jamais le réaliser. Devenir écrivain faisait partie de mes rêves d'adolescent. Mais concrètement, qu'ai-je publié jusqu'à aujourd'hui ? Mis à part deux sonnets dans une revue de poésie et un article de vulgarisation sur l'Analyse Transactionnelle, la réponse est claire : rien !

Dès lors, ce livre que j'imagine dans vos mains et que recouvre actuellement ma plume, pourquoi réussirais-je à l'écrire alors que je n'ai aucune expérience ? de quel droit ? avec quel talent ? quelle énergie ? quel temps ?

Aurais-je enfin trouvé une méthode miracle qui transforme le rêve en réalité ?

Avant d'exercer le métier de conseiller en relations humaines, j'étais passionné par la gymnastique et à l'affût de tout ce qui favorisait l'épanouissement psychophysique. « *Mens sana in corpore sano* » disaient les Anciens. Combiner ma formation de psychologue à des études de kiné, des cours de relaxation, de yoga, de danse, de judo, d'athlétisme, de sport et d'expression corporelle, devait me permettre de découvrir la meilleure approche, la technique idéale, infaillible, irrésistible. Je caressais la secrète ambition d'être l'auteur et l'unique dépositaire d'une méthode originale, qui intègrerait l'ensemble des bénéfices recherchés pour être bien dans sa peau. Rapidement j'ai déchanté : toute idée, dont j'étais fier de pouvoir faire étalage, rencontrait des déçus (« avec moi, ça n'a pas marché »), des renégats (« intéressant, mais c'est dépassé aujourd'hui ») ou autres sceptiques (« à chacun sa vérité »)

Chaque méthode a ses adeptes et ses détracteurs ; à la mode aujourd'hui, elle sera balayée par la nouveauté demain ; remise à l'honneur grâce à une célébrité médiatisée, elle est récupérée par le marketing pour vendre des vêtements, des crèmes de beauté ou des ouvrages de vulgarisation.

Devenu incrédule à l'égard de LA méthode et critique face à toute nouvelle théorie, j'ai constaté que chaque technique convenait à certaines personnes, à une certaine période de leur évolution, que tout le reste n'était que mode, effet médiatique, lutte de pouvoir ou conquêtes de marchés et cette conclusion me désolait autant qu'elle me révoltait.

Si LA méthode n'existe pas en dehors de moi, existerait-elle en moi ?

J'avais renoncé à découvrir LA méthode, lorsque je fis la connaissance de Marc. Moment privilégié, rêvé, extraordinaire où après quelques minutes de conversation, j'ai eu l'impression que nous nous connaissions depuis toujours. Les questions que je me posais à l'égard de mon métier, les expériences vécues, les réactions, tout m'était renvoyé en miroir, avec le sens que je leur attribuais. J'avais la sensation d'être vraiment compris, l'impression que je pouvais m'exprimer spontanément, sans crainte du moindre jugement ; j'avais le temps de penser à moi sans devoir guetter chez mon interlocuteur ces signes d'impatience qui nous disent : « N'exagères-tu pas un peu ? », ou : « Crois-tu être le seul à vivre cela ? »

C'est lui qui me conseille de me recentrer sur moi, d'être à l'écoute de mes besoins, de me donner de l'espace pour m'exprimer et la permission de m'écouter... plutôt que de courir les solutions.

Ni jugement, ni interprétation, ni influence, ni exploration forcée, ni questions suggestives, ni conseils avisés, seulement du temps et un espace pour moi. C'est également le point de départ que je vous propose : vous centrer sur vous plutôt que sur la méthode.

Qu'est-ce que je fais de ma vie ? Qu'est-ce que je désire en faire ? Qu'est-ce que je recherche, tant au niveau personnel qu'en ce qui concerne mes relations à autrui ou mon activité professionnelle ? En résumé, qu'ai-je appris jusqu'à ce jour et qu'est-ce que je désire apprendre ?

*

Ingénieur pétrolier, expatrié par vocation, mon ami Philippe que je rencontre en moyenne trois fois par an me pose rituellement la question: « Alors, quelle est la méthode actuelle? » Est-il curieux de connaître le dernier best-seller sorti de presse, les recherches menées dans les laboratoires universitaires ou la demande actuelle des entreprises? Désire-t-il résoudre un problème professionnel concret? Ou encore veut-il me démontrer qu'une fois de plus, entre la théorie et la pratique, le fossé est profond?

Quelle est la méthode? Cette question m'obsède. Je ne pense pas qu'il y ait une méthode, encore moins que je sois dépositaire de LA méthode. Comme vous, je l'ai cherchée et la cherche continuellement.

Plutôt qu'une méthode structurée avec ses classiques cinq, sept ou dix points à suivre, c'est un parcours que je vous invite à emprunter: analyser votre façon de réussir et d'échouer (cf. exercice p. 94).

Si malgré tout, vous recherchez des trucs, des techniques ou des procédures, soyez rassurés: vous en trouverez durant votre lecture. Toutefois, je suis convaincu que vous les connaissez déjà, comme je l'ai découvert en faisant l'exercice qui suit. Quant aux méthodes de travail privilégiées par chaque type de personnalité, elles sont décrites dans la suite de ce chapitre.

## *LES MÉTHODES DE TRAVAIL*

Si, en observant la manière dont une personne parle de son activité, vous pouvez en déduire sa dynamique de personnalité, l'inverse est vrai également: lorsque vous connaissez la personnalité de votre interlocuteur, ou la vôtre, vous pouvez prévoir comment il aborde un projet, ce qu'il y cherche et ce qu'il y apporte. Ces différents comportements sont structurés selon deux dimensions: l'axe horizontal différencie les personnes intéressées par le résultat de leur travail de celles qui sont davantage attentives au climat dans lequel l'activité se déroule; l'axe vertical met l'accent sur l'attitude privilégiée à l'égard d'un problème: prendre l'initiative de le résoudre ou attendre que les choses s'arrangent[1].

1. Taibi Kahler place sur l'axe horizontal de droite les personnalités « en retrait » (celles orientées vers la tâche, introverties); sur l'axe horizontal de gauche les personnalités « engagées » (celles orientées vers le groupe, extraverties). Sur l'axe vertical, il différencie en haut les personnalités « actives » (qui prennent l'initiative et sont auto-motivées) et en bas les personnalités « passives » (qui sont motivées par autrui).

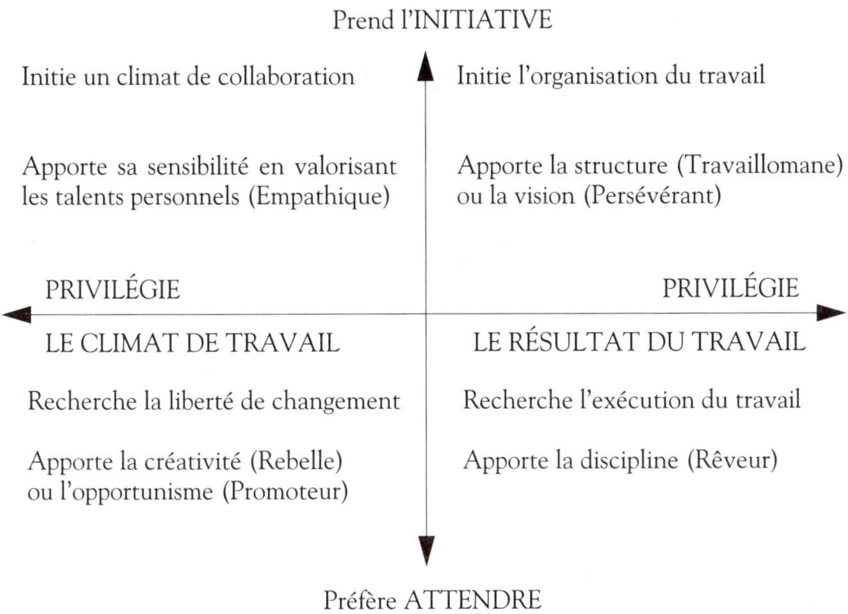


L'opposition des flèches sur l'axe horizontal ne signifie nullement qu'à droite se trouvent les travailleurs et à gauche les fainéants : tous les types de personnalité peuvent apprécier ou critiquer leur activité professionnelle, être très motivés à réussir ou totalement démotivés, avoir envie d'étudier ou préférer être en congé.

*Une fois de plus, c'est le process que nous mettons en évidence : comment chacun aborde le travail.*

Travaillomanes, Persévérants et Rêveurs vont tout de suite se concentrer sur le contenu du travail, tandis qu'Empathiques, Rebelles et Promoteurs donneront priorité au climat de travail. Alors que les premiers considèrent que c'est par le travail que les relations s'établissent, les deuxièmes sont convaincus que si le climat n'est pas adéquat, le travail perd tout intérêt : en l'absence de permissivité, la créativité étouffe ; lorsque la contestation n'a pas de place, les travaux inutiles se multiplient ; sans harmonie des relations, les fausses notes perturbent la réflexion.

Quant à l'opposition sur l'axe vertical, elle met en évidence les types de personnalité qui vont spontanément prendre l'initiative, pour favoriser un climat harmonieux ou pour stimuler le travail, par rapport à ceux qui commencent par attendre, avant de déterminer la façon de réagir, de saisir les opportunités ou de suivre les instructions.

## Exercice : Votre méthode performante

Pensez à deux projets que vous avez menés à bien et à deux projets où vous avez échoué. Comparez votre méthode performante à votre méthode inefficace.

*Exemple personnel :*

| **Deux projets que j'ai menés à bien** | **Deux projets où j'ai échoué** |
|---|---|
| 1. *Apprendre à dessiner* | 1. *Apprendre l'informatique* |
| 2. *Construire un puzzle de 1000 pièces* | 2. *Organiser mon bureau* |
| **Ma méthode performante** | **Ma méthode inefficace** |
| *Inscription à un cours régulier durant sept années et à plusieurs stages durant les vacances.*<br>*Méthode de travail suivie :*<br>*– dessiner régulièrement chaque jour malgré le travail ou les contraintes*<br>*– acheter chaque mois un livre traitant d'histoire de l'art, d'anatomie ou de croquis.*<br>*– entraînement avec collègues*<br>... | *Inscription à une journée de démonstration sans frais*<br>*Méthode de travail suivie :*<br>*– noter superficiellement chaque étape et égarer les feuilles*<br>*– aucun suivi*<br>*– reporter la décision de m'y mettre sérieusement*<br>... |
| **Deux projets que vous avez menés à bien** | **Deux projets où vous avez échoué** |
| 1. | 1. |
| 2. | 2. |
| **Votre méthode performante**<br>........................<br>........................ | **Votre méthode inefficace**<br>........................<br>........................ |

En conclusion de cet exercice, Pascale, ma secrétaire, me signale son désaccord : les projets où j'ai échoué sont en réalité des rêves que je n'ai pas encore réalisés. Je partage son avis : l'objectif de cet exercice consiste à faire passer les projets de la colonne de droite dans celle de gauche par l'application de « ma méthode performante ». J'ai compris que si je veux réussir l'apprentissage de l'informatique, j'ai intérêt à m'inspirer de la façon dont j'ai appris à dessiner. De même pour l'organisation de mon bureau : c'est un véritable puzzle... de plus de 1000 pièces !

Quelle est votre conclusion ?

Comme tout chef de projet, le médecin, l'enseignant ou l'éducateur a intérêt à reconnaître les dynamiques individuelles, non seulement pour aller de l'avant ensemble, mais surtout pour obtenir l'implication optimale de chacun. Examinons donc ces six attitudes, avec les avantages et les pièges qu'elles suscitent.

## *L'EMPATHIQUE*

L'Empathique prend l'initiative de créer un climat harmonieux: il va spontanément à la rencontre d'autrui, arbore un chaleureux sourire d'accueil, puis s'intéresse aux talents ou aux soucis de son interlocuteur.

Attentif aux qualités de la personne, il permet à chacun de se sentir unique et important, voire indispensable dans le groupe.

Il privilégie dès lors la complémentarité, la communication et la solidarité aux dépens de la compétition ou des conflits.

> À tous les cocktails, Évelyne ne peut s'empêcher de faire des relations publiques: « Je te présente mon grand ami, le professeur Untel qui est un merveilleux conférencier, spécialiste du droit romain qu'il enseigne avec passion. Je suis sûre que tu t'entendras admirablement avec lui, toi qui es toujours à la recherche d'orateurs pour tes congrès. »

Sensible au moindre malaise, il s'efforce d'en minimiser les effets négatifs: il rassure que tout va bien et prépare l'entourage afin d'éviter une dispute.

> « Papa est très préoccupé parce qu'il a peur de perdre son travail », prévient la mère de famille. « Vous savez combien il vous adore et ne veut pas vous inquiéter. C'est pour cela qu'il refuse d'en parler, mais nous pouvons être compréhensifs lorsqu'il est en colère. S' il est fâché sans raison, c'est uniquement parce que son problème le préoccupe. Vous n'avez donc aucune raison de vous sentir coupables et vous n'avez pas besoin de vous justifier. »

S'il vibre au premier signe d'inconfort, en revanche, il s'enthousiasme tout autant au premier indice de talent, comme une mère attendrie par chaque progrès de son enfant.

> Invité à une partie de golf en couple par un client américain, je joue plutôt lamentablement les cinq premiers trous, lorsque, par miracle, ma balle semble téléguidée au départ du sixième trou.
>
> « *Nice shot* », me complimente froidement le mari, appréciant la trajectoire prise par le mobile.
>
> « *Oh Michael, that's the real you!* » admire chaleureusement son épouse, comme éblouie par un talent que je lui avais caché jusque-là.

Cet investissement dans les capacités de chacun est particulièrement sécurisant pour le malade préoccupé de guérir, l'élève doutant de ses capacités, le travailleur inquiet de son avenir ou le joueur de golf soucieux de ne pas ralentir la partie… surtout s'ils sont Empathiques.

## *LE TRAVAILLOMANE*

Continuellement en activité, le Travaillomane est par définition concerné par le travail : c'est sa façon de se ressourcer, c'est sa détente favorite. Toute autre distraction provoque du stress.

> Jeune marié, impressionné par le mal que se donne son épouse à préparer un grand dîner en l'honneur d'un ami et admiratif de sa parfaite organisation, Charles lui effleure le dos pour lui donner du courage. Surpris par la réaction hostile de la brillante maîtresse de maison, il s'explique :
>
> – « Je voulais te faire un massage pour te détendre ! »
>
> – « Tu me stresses ! Je me détends parfaitement en faisant la cuisine. Ton massage me perturbe : ce n'est pas le moment ! »

Le Travaillomane prend spontanément l'initiative : prévision, gestion ou évaluation, tout est soumis à réflexion. Après avoir défini son objectif et recherché les renseignements utiles, il confie à chacun une tâche à exécuter, une responsabilité à assumer.

Comme il donne les explications nécessaires, avec la clarté qui le caractérise, il s'attend à ce que tout soit précisément et correctement réalisé.

Si éviter les erreurs qui font perdre du temps et qui coûtent de l'argent est prioritaire pour lui, son comportement risque de nuire à la communication : devant un tel niveau de précision, certains trouvent superflu de poser des questions et inutile d'informer de l'évolution du projet, avec pour conséquence l'apparition d'erreurs, de malentendus.

Dès lors, deux options s'offrent à lui : soit il décide de ne plus déléguer parce que devoir passer du temps à expliquer, à encourager, à former, à contrôler, à corriger pour obtenir un résultat si peu satisfaisant l'oblige, en fin de compte, à recommencer lui-même le travail ; soit il remet en question sa méthode de délégation et s'intéresse aux techniques de communication, de motivation, de coaching et d'évaluation. Il accepte l'idée que tout le monde ne fonctionne pas comme lui et s'intéresse à l'aspect humain, devient attentif aux techniques qui intègrent cette nouvelle dimension. En effet, il a besoin d'un système pour comprendre les faits, les informations mais également les personnes.

En toute situation, il commence par chercher ses points de repère : devant un paysage, où est la ligne d'horizon ; face à une personne, quelle est son intention ; suite à une panne, qui a le mode d'emploi ; avant une réunion, combien de temps est prévu ; en cuisine, que précise la recette… ?

Dans l'inconnu, il s'organise avec ordre et méthode :

1. Quel est l'objectif?
2. Quel est le problème à résoudre ?
3. Quelles sont les informations dont nous disposons ?
4. Quelles sont les options ?
5. Quels sont les critères d'évaluation ?
6. Quelle est la décision ?
7. Quelle est l'action prioritaire ?
8. Quand et comment contrôler son efficacité ?

La gestion d'un projet implique une définition claire de l'objectif à atteindre dans le cadre de spécifications précises, dont le temps et l'argent : combien de pages dois-je rédiger, quelle est la longueur moyenne d'un chapitre, quel est le public concerné, quelle est la date limite de remise du manuscrit, quel est le mode de rémunération, quelles sont les pénalités de retard, quelles sont les ressources disponibles, quels sont les auteurs de référence… ? Évaluer la « faisabilité » nécessite une vue réaliste des obstacles à surmonter : quel est le degré de complexité du travail, quelles sont les exigences particulières de l'éditrice, quels sont les risques, quelles sont mes disponibilités et celles d'une secrétaire ?

Au courant des exigences quantitatives, qualitatives et des ressources disponibles, il planifie : il note chaque jour dans l'agenda les périodes de temps réservées à la réalisation du projet, les étapes de contrôle intermédiaire et les marges de sécurité.

Dans la logique du Travaillomane, l'absence de réponse à toutes ces questions est signe « d'amateurisme » et d'improvisation. Elle annonce des problèmes, des erreurs, des retards voire des échecs. Inversement, la réponse précise à ces questions est interprétée comme signe de compétence et de sérieux. Elle garantit donc le succès du projet.

## *LE PERSÉVÉRANT*

Proche du Travaillomane par son intérêt pour les réalisations, mais plus soucieux d'être un guide éclairé qu'un gestionnaire, le Persévérant part d'un idéal social, politique, moral, religieux, économique, culturel ou autre, auquel il désire rallier son interlocuteur. « La foi soulève les montagnes » indique qu'il est convaincu que rien n'est impossible à celui qui croit en sa réussite. Alors que le Travaillomane se concentre sur la réalité, mesure les difficultés, pèse le pour et le contre, compare le bénéfice attendu au prix à payer pour l'obtenir, le Persévérant voit au-delà des contraintes immédiates, se dit prêt à tous les sacrifices pour faire triompher ses valeurs. Il se dévoue souvent corps et âme au service des principes qu'il défend.

> En ce week-end de l'Ascension, un voisin se présente avec sa petite fille pour me faire signer une pétition qui porte sur le renforcement de la sécurité des enfants par une diminution de la vitesse dans la rue.

Liberté, égalité, fraternité, justice, sécurité sont des idéaux auxquels toute personne aspire et que le Persévérant formalise dans des règles, des lois ou des procédures. L'écart entre ce qui EST et ce qui DEVRAIT ÊTRE constitue le problème à résoudre. Il en fait un devoir, s'investit d'une mission et se bat au quotidien pour défendre ses positions.

Homme de loi, il veille au respect du droit : il assure la sécurité du citoyen et la protection du travailleur.

Homme de procédures, il est le gardien du bon fonctionnement : il assure la survie de l'entreprise et la protection de son organisation.

Homme de la qualité, il certifie le produit conforme à des normes établies : il assure la sécurité et la protection de l'acheteur.

Homme de la morale, il défend le respect de la déontologie : il assure la sécurité des relations et la protection des idées.

Homme de la recherche, il poursuit inlassablement la conquête de la vérité : il assure la sécurité des connaissances et la protection de la science.

Longtemps j'ai été heurté par cette perception de la dynamique Persévérante, avec son côté conservateur qui semble à première vue étouffer la créativité, résister au changement, empêcher l'évolution et s'opposer à toute négociation : un strict respect de la loi s'impose ; tout écart est sanctionné. En séminaire également, nombreuses sont les réactions négatives :

- L'Empathique, attentif au lien, souffre d'une loi insensible aux problèmes personnels et au vécu de chacun.
- Le Rebelle s'oppose à une procédure en clamant un point faible, une contradiction ou une incohérence.
- Le Travaillomane est frustré par l'absence de logique.
- Quant au Promoteur, il se met au défi de contourner la règle.
- Même un Persévérant déclara un jour : « Ces gens-là, il faudrait les tuer. Ce sont des gens qui marcheraient sur des cadavres pour arriver à leur fin. Ils n'ont aucune sensibilité à l'humain. »

Aujourd'hui, alors que je développe une phase Persévérante, je suis confronté à une nécessité interne : comment l'Empathique, le Rebelle et le Travaillomane en moi peuvent-ils donner une place privilégiée au Persévérant ?

Pour répondre à cette question, je suis prêt à « plaider la défense du Persévérant ». Je me concentre sur les aspects positifs et réserve l'analyse des comportements négatifs pour la troisième partie du livre.

Partons d'un exemple de procédure :

> À l'armée, nous étions obligés d'enlever nos sandales de gymnastique pour mettre nos bottines, parcourir deux cents mètres jusqu'au gymnase où nous devions enlever nos bottines pour remettre nos sandales, le temps de faire quelques exercices au sol ou de participer à un jeu de ballon. Après une demi-heure, retirer les sandales, nouer les bottines pour retraverser la cour jusqu'à la chambrée où, tout naturellement, nous devions enlever nos bottines pour chausser nos sandales.
>
> Incompréhensibles pour les soldats que nous étions, ces grandes manœuvres avaient un sens évident pour notre officier : l'hygiène et la propreté du gymnase. L'explication lui paraissait d'autant plus évidente qu'elle avait été acceptée sans réaction dans les cinq groupes précédents et par conséquent, il avait jugé inutile de la répéter.
>
> Faire précéder le comment faire (la procédure) du pourquoi le faire (sa raison d'être) est source de crédibilité et de motivation.

Plusieurs conclusions s'imposent :

- *La règle a sa logique* : à la base d'une règle, il y a une explication logique issue de la réalité, de l'expérience et de l'observation. La règle participe à une logique actuelle, ou ancienne, dans le cas des traditions.
- *La règle libère* : avant de nous focaliser sur les aspects contraignants de la loi, reconnaissons que les procédures, comme les habitudes, facilitent la vie. Par exemple, si l'adjudant avait suivi la procédure stipulant qu'à chaque groupe, il doit donner « l'instruction sandale », obligatoirement suivie de « l'explication hygiène », il se serait épargné un trouble au sein de son peloton. Gain d'énergie, de temps ou d'argent pour nous concentrer sur les situations problématiques, prévoir les développements futurs et… maintenir continuellement les procédures à jour.
- *La règle protège* : par définition, les règles de sécurité sont conçues pour nous protéger d'un danger : que ce soit le port du casque sur le chantier, de la ceinture en voiture ou du préservatif dans l'intimité, c'est chaque fois de notre vie et de notre santé que nous sommes invités à prendre soin.
- *La règle contraint* : dès le moment où la règle existe, elle s'impose et impose le respect. S'il faut porter la ceinture de sécurité, c'est tous les jours et pas seulement les jours pairs ; si chacun s'engage à la confidentialité dans un groupe, ce n'est pas limité à la durée de la formation.

> Que j'interdise à mon enfant de se pencher à la fenêtre n'est lié ni à ma bonne ni à ma mauvaise humeur.

Par définition, la règle ne peut être souple, flexible ou négociable sans perdre sa raison d'être, c'est-à-dire assurer la meilleure production et la plus grande sécurité.

Sachant que tel est le cadre de référence du Persévérant, nous pouvons comprendre la logique de sa rigidité : elle constitue une solide barrière de protection qui sécurise.

Lorsqu'une personne est dans sa dynamique Persévérante, ce n'est donc pas le moment de négocier, de contredire ou de critiquer parce que le résultat sera inverse à l'effet souhaité : le Persévérant va inévitablement durcir sa position.

Conclusion : en matière de projets, la contrainte de la règle doit être vue de manière positive, même par les Rebelles ou les Empathiques. Nous ne souffrons pas d'un règlement mais de l'absence de compréhension à notre égard, indépendamment de la règle.

## *LE REBELLE*

Situé dans le cadran ATTENDRE-CLIMAT (voir figure p. 93), le Rebelle réagit et est spontanément plus sensible au climat de travail qu'impliqué dans l'organisation. Parce qu'il réagit, nous le plaçons dans le cadran inférieur gauche, mais lorsque David, enfant, se déguise tous les soirs pour nous faire rire, n'est-ce pas la plus belle preuve qu'il prend également des initiatives ?

Le Rebelle va faire ce qui l'amuse : il est même capable de se concentrer longtemps sur un jeu électronique et persévérer jusqu'à connaître tous les passages secrets, les raccourcis ou autres dédales du « Château hanté ».

Lorsque nous considérons que le Rebelle attend, c'est parce que face à un problème, il commence par souhaiter que quelqu'un d'autre prenne l'initiative de le résoudre ou que « le hasard fasse bien les choses ».

> Toutes deux à la recherche d'un nouveau logement, Dominique et sa cousine critiquent l'appartement qu'elles viennent de visiter. Dominique consulte son agenda et propose un prochain rendez-vous, trois jours plus tard, à 14 heures, pour continuer leurs démarches. La conversation se poursuit gentiment à l'entrée d'un building en cours de rénovation et, après avoir remis l'agenda dans son sac, Dominique suggère : « Pourquoi ne pas nous voir une heure plus tôt et déjeuner ensemble : il y a une sympathique pizzeria à trente-cinq mètres du building ? » « Et bien, cela fait une demi-heure que j'attendais que tu me le proposes », répond sa cousine enthousiaste.

Dans la logique Travaillomane, si quelqu'un a envie de vous voir, il vous invite et n'attend pas que vous l'invitiez.

Dans la logique Rebelle, si vous êtes important pour quelqu'un, il le manifeste. S'il ne manifeste rien, c'est la preuve que vous n'existez pas pour lui.

Intriguée par l'absence de réciprocité, ma jeune épouse Travaillomane m'interroge : « Cela fait trois fois que nous invitons tes amis graphistes et ils ne nous renvoient pas l'ascenseur. Or, tu m'as dit que tu les voyais tout le temps avant notre mariage : comment faisais-tu ? »
Ma réponse est simple : « C'est toujours moi qui prenais l'initiative de leur proposer de passer un moment ensemble le week-end. S'ils étaient libres, ils m'accueillaient dans leur maison de campagne, dont je garde d'excellents souvenirs. Pour être invitée, c'est à toi de leur téléphoner ».

Je raconte souvent cette histoire en séminaire. Sans doute est-ce la raison pour laquelle mon sympathique client Lieven insinuait récemment en guise d'au revoir : « N'oublie pas que c'est moi le Rebelle ! » Il me rappelait de la sorte qu'il comptait sur moi pour reprendre le contact avec lui.

Que ce soit en privé ou dans le travail, le Rebelle est très impliqué et donne le meilleur de lui-même lorsque son humour, sa créativité et sa joie de vivre sont valorisés, comme nous le verrons à propos de la motivation.

Mais je ne peux terminer ce chapitre sans vous parler des chefs : ce n'est pas parce que le Rebelle est difficile à manager qu'il ne peut occuper de place supérieure dans une entreprise ou une organisation. Soit il a réussi des concours pour monter de grade, soit il a trouvé une idée géniale et a obtenu le pouvoir et les moyens de la réaliser ; soit encore il occupe un poste de direction pour son talent de négociateur.

Ayant en tête l'image classique du patron Persévérant, mon collègue Jacques était continuellement dérouté par le comportement de son patron Rebelle.
En tant que Travaillomane, Jacques était irrité par l'impossibilité de communiquer sérieusement, de traiter les problèmes prioritaires et de planifier systématiquement. Bien qu'il s'en fût plaint pendant tout le séminaire comme s'il s'agissait d'un problème insoluble, mon collègue m'invita quelques mois plus tard à présenter notre modèle au président de la société, en présence de deux cadres supérieurs, dont son chef.
Après avoir écouté avec intérêt un exposé synthétique, le président demande si les gens changent après une telle formation.
Relayant la question du président, le patron de Jacques lui demande :
– « Vous qui avez suivi ce séminaire, avez-vous vu les gens changer ? Avez-vous perçu une évolution entre le début et la fin de cet enseignement ? »
Pour toute réponse, Jacques retourne la question : « Depuis que j'ai suivi ce séminaire, avez-vous l'impression que notre relation est différente ? »
– « Oui » conclut son patron.

Dès le moment où Jacques pense s'investir dans le climat relationnel avant d'aborder l'organisation du travail, la communication devient à la fois beaucoup plus aisée et beaucoup plus efficace. Et c'est ainsi que j'ai obtenu mon premier contrat de formation portant sur le modèle Process Communication.

## *LE PROMOTEUR*

Pour le Promoteur, oser est prioritaire.

C'est par l'action qu'il apprend. Avec trois mots de vocabulaire, il parle une langue étrangère ; avec deux bouts de ficelle, il se sort d'une situation périlleuse ; avec une indication, il se lance dans l'aventure.

Ayant reçu une guitare, il en joue sans étudier le solfège ; ayant reçu un filon, il est le premier à l'exploiter. Un vrai pionnier.

C'est par le culot qu'il réussit. Il refuse les théories tissées par les intellectuels et dans lesquelles ceux-ci se réfugient. Il ignore les conseils de prudence dispensés par les sages, est sur le qui-vive, observe les stratégies autour de lui, attentif à tout indice qui lui permet de bondir sur une opportunité.

Vendeur de talent, il a un sens inné des affaires. Gagner de l'argent est à la fois un sport et un art, comme la drague d'ailleurs.

> Mon collègue américain me raconte que son fils, ayant été pris en délit d'excès de vitesse, lui demande de lui prêter l'argent de l'amende. Devant son refus éducatif, il s'adresse à sa tante, lui promet de la rembourser rapidement. À cette fin, il écrit sur un panneau sa mésaventure, s'assied à l'entrée du campus, dépose un chapeau par terre et, supplie ses amies du collège de l'aider, en échange d'un baiser. Il obtient ainsi deux fois le montant de la contravention !

Entreprenant et débrouillard, le Promoteur réussit par son énergie, son charme et sa capacité d'adaptation. C'est sans doute la raison pour laquelle Taibi Kahler a commencé par le situer au centre du graphique avant de l'annexer au Rebelle, dans le cadran ATTENDRE-CLIMAT (voir figure p. 93).

« Climat » parce que l'excitation que lui procure l'activité est plus importante que le résultat. Après avoir gagné au casino, il défie le sort en tentant le quitte ou double, sans tenir compte des probabilités d'échec, simplement pour l'intensité du suspens liée au risque.

« En attente » parce que, contrairement au Travaillomane qui a déterminé un objectif et au Persévérant qui poursuit un idéal, le Promoteur attend l'occasion à saisir, le bon moment pour conclure ou l'épuisement de l'adversaire à battre.

Administrateur délégué d'une société nouvellement rachetée par un groupe italien, Giuseppe a complété l'inventaire de personnalité, mais n'ayant pu participer au séminaire, il n'a pas eu connaissance du résultat. Après avoir obtenu un rendez-vous, je lui explique le fonctionnement de sa base Travaillomane et de son étape Persévérante avant d'hésiter à détailler sa phase Promoteur qui ne semblait pas correspondre à l'attitude réfléchie et concentrée de l'ingénieur prudent qui notait attentivement mes commentaires. Un moment, il déposa sa plume, se croisa les bras et me regardant fixement dans les yeux, précisa : « Vous avez tout à fait raison, Monsieur Chalude, plus il y a de la bagarre, mieux je me porte. Je vais vous expliquer comment j'organise mes réunions avec mon équipe en Italie. Je commence le soir à 20 heures. Nous travaillons toute la nuit et continuons les discussions toute la journée ; puis le soir, quand ils sont crevés, moi je suis en pleine forme et mes idées entrent comme dans du beurre. »

Fascinant Promoteur qui semble électrifier son entourage, entraîne son équipe à se dépasser, pour gagner la médaille d'or aux jeux olympiques ou hypnotise ses coéquipiers qui le suivent aveuglément, contre vents et marées.

## *LE RÊVEUR*

Parce qu'il privilégie le travail et qu'il s'attend à recevoir des directives claires, le Rêveur est situé dans le cadran ATTENDRE-TRAVAIL (voir figure p. 93).

Ayant suggéré depuis une demi-heure à ma nouvelle secrétaire de contacter l'éditrice pour vérifier si le rendez-vous du lendemain est confirmé, je m'impatiente :
– « Avez-vous appelé l'éditrice ? »
– « Oui. »
– « Le rendez-vous est-il confirmé ? »
– « Oui. »
– « Pourquoi ne me l'avez-vous pas dit plus tôt ? »
– « Vous ne me l'avez pas demandé. »

C'est ainsi que j'ai appris que les diplômes, les talents, les capacités et la meilleure volonté n'étaient pas automatiquement synonymes de prise d'initiatives. Lorsque j'explique cela en séminaire, certains cadres comprennent leur erreur et modifient leur style de management.

Alors qu'il était déçu par la passivité de son adjoint à qui il avait donné « carte blanche », un directeur raconte le changement : « J'ai resserré les boulons, précisé point par point tout ce que j'attendais de lui et depuis, non seulement il fonctionne bien, mais, à ma grande surprise, maintenant, il prend des initiatives ! »

Un travail d'exécution routinier, répétitif, ritualisé n'est pas de nature à déplaire au Rêveur : pendant qu'il exécute des gestes précis, calmement, systématiquement, il peut se retrouver dans son monde, sans y être dérangé par l'animation extérieure ni perturbé par quelque préoccupation personnelle.

> N'ayant pas trouvé son équilibre dans l'enseignement, un professeur fut heureux de travailler à la chaîne de restauration d'une compagnie aérienne: « Pendant que je déposais machinalement le beurre ou la confiture sur les plateaux-repas, je m'imaginais voyager vers des pays lointains. »

Si le rêve peut paraître un refuge pour échapper à la réalité stressante, la dynamique Rêveur se nourrit d'une recherche profonde. Le retour à la nature, dans le cas du politicien qui refuse les honneurs sociaux pour élever des moutons dans la montagne en est un exemple; la quête de la lumière pour le peintre en est un autre:

> Yves est entré dans le dessin comme d'autres entrent en religion. Parce que la lumière qui éclaire l'objet appartient à la Lumière divine qui fait vibrer l'univers, Yves l'aborde avec humilité, comme une vérité qui s'impose à lui et qu'il a pour mission de traduire respectueusement sur le papier.
> Le projet d'Yves n'est pas de faire fortune ni d'être un peintre à la mode, ni de passer à la postérité. C'est avant tout une démarche personnelle qui surprend et irrite: son père est fâché qu'il ne rentabilise pas la coûteuse formation qu'il lui a payée; son comptable est inquiet des prix modiques qu'il réclame pour ses œuvres.
> Content d'avoir des commandes régulières qu'il attribue au bouche à oreille des clients satisfaits de la qualité de son travail, Yves participe rarement à des actions de promotion personnelle et uniquement s'il y est contraint par des organisateurs.

En tant que patron, le Rêveur donne l'impression de freiner l'esprit d'entreprise, de bloquer la communication et de résister au changement. Apparemment réfugié dans un train-train quotidien aux allures de perfectionnisme de la prestation, il est trop soucieux de pouvoir maîtriser la situation pour oser prendre le risque de se lancer dans l'inconnu. En revanche, si vous lui présentez un projet spécifique avec les outils adéquats et une programmation précise, il vous fera pleinement confiance.

## *CONCLUSION*

Bien que le fait de travailler soit une valeur partagée par une majorité d'individus, la façon de vivre son activité n'est pas indifférente. Trois types de personnalité vont privilégier le résultat: le Travaillomane concentré sur son objectif, le Persévérant mobilisé par sa vision et le Rêveur artisan de son œuvre. Pour les autres types de personnalité le travail n'est pas une fin en soi : c'est un moyen d'établir des relations et de vivre une expérience de groupe, selon l'Empathique ; c'est une manière de faire preuve d'originalité et de s'amuser avec les collègues, selon le Rebelle ; c'est un lieu de compétition, de défi et de risque selon le Promoteur.

Certes chacune des descriptions qui précèdent paraît restrictive mais leur combinaison au sein d'une personne et surtout leur association au cœur d'une équipe détermine la façon d'assurer la réussite du projet. C'est pourquoi nous consacrerons les prochains chapitres à la communication : dans le rôle de gestionnaire de projets, d'animateur de groupes ou de chef d'équipe, quel est le meilleur style à adopter ?

SYNTHÈSE

**Ce que chaque type de personnalité apporte au projet**

- L'*Empathique* part des PERSONNES et bâtit sur les talents. Il redoute le gaspillage du potentiel humain.
- Le *Travaillomane* part d'un OBJECTIF et s'organise pour l'atteindre, systématisant la gestion. Il redoute les gaspillages d'énergie, de temps et d'argent.
- Le *Persévérant* part d'un IDÉAL. Il transmet sa vision, inspire et motive ses collaborateurs. Il redoute la moquerie.
- Le *Promoteur* attend l'OPPORTUNITÉ et saisit sa chance. Il bouscule les habitudes et redoute l'immobilisme.
- Le *Rebelle* attend la SUGGESTION et en dénonce le point faible. Créatif, il sort du cadre et redoute le pouvoir.
- Le *Rêveur* attend la DIRECTIVE et exécute l'ordre. Discipliné, il redoute la confusion.

### EXERCICE

Pour résoudre un problème, chaque type de personnalité privilégie une démarche :

Le . . . . . . . . . . . . assume son devoir.
Le . . . . . . . . . . . . progresse sereinement pas à pas.
Le . . . . . . . . . . . . s'entoure d'amis compétents.
Le . . . . . . . . . . . . réfléchit aux options.
Le . . . . . . . . . . . . force la solution.
Le . . . . . . . . . . . . délègue à sa bonne étoile.

Corrigé en fin d'ouvrage.

# 6

# CONSIDÉRER VOS RESSOURCES

## *S'IL TE PLAÎT, DESSINE-MOI UN PROJET !*

Écrire, c'est génial ! J'adore imaginer que vous vous amusez en lisant mes histoires. Création – Récréation – Procréation. Mais quel beau bébé que je vous livre là ! Je n'ai pas envie d'accoucher d'un cours de morale ni besoin de vous expliquer comment on fabrique des projets. Mon intuition me dit que les grandes découvertes arrivent par hasard, par chance, suite à une erreur. Alors un peu d'humilité, que diable !

À la place des sages du comité de lecture, je jugerais cet humour plutôt mal à propos, voire parfaitement inadapté au sérieux du sujet que je suis censé développer. Inadmissible, intolérable, incongru. Tout le monde sait que sans vision, sans foi en la réussite et sans procédures, il n'est point de talent. Comme toute œuvre digne de ce nom, un livre répond à des règles précises que le lecteur est en droit d'attendre d'un écrit de qualité, inspiré d'un enseignement de haute valeur. N'oublions pas que la fierté de l'éditrice repose sur la publication d'ouvrages de références. Je considère donc normal qu'elle privilégie des auteurs de renommée internationale, qui sont des experts en la matière traitée, plutôt qu'un psychologue inconnu qui raconte sa vie et son travail quotidien.

Sans avoir la prétention d'être particulièrement cultivé, je pense objectivement avoir appris durant mes études à formuler les idées de manière scientifique, à synthétiser des notions éparses, à comparer différentes prises de position, à raisonner sur les faits, les valeurs ou les émotions ; j'ai étudié les théories traitant des besoins psychologiques et les méthodes de motivation au travail ; j'ai pris conscience de l'influence des conditions expérimentales sur les résultats observés. Exercices de logique, de réflexion, de compréhension. J'en ai déduit que toute conclusion était relative et que la recherche consistait en une continuelle remise en question des certitudes antérieures.

Sans avoir la prétention d'innover mais d'humblement reproduire ce que des femmes et des hommes de science ont découvert et d'y intégrer mon expérience professionnelle, j'ai l'impression d'être un artisan de l'écriture. Je recopie patiemment l'enseignement de mes maîtres, me conforme aux exigences de mon éditrice ou de quelque autorité éclairée. Comme un bon élève adapté au système dominant, je tiens à être reconnu par mes collègues. Discipliné, soumis, obéissant. Parfois pris de colère, je maudis les gens qui se prennent pour des professeurs. Coupeurs de cheveux en quatre, ils m'imposent des journées de travail sans utilité réelle, des contraintes bêtes et méchantes, inévitablement infantilisantes. Opposition, refus, contestation. J'en ai ras-le-bol de ce projet dont la paternité m'échappe.

Lorsque je partage avec vous mon expérience, vous laisse choisir les idées qui vous conviennent et vous offre la possibilité de tracer votre itinéraire, je vous accompagne mentalement dans votre démarche. C'est comme un voyage que je vous invite à vivre ensemble. Chacun de vous est détenteur d'une mine de talents inexploités: c'est cette richesse que vous explorez à la lumière de votre projet. Bienvenue, prenez bien soin de vous et soyez comblés de bonheur par la réussite de vos projets.

*

## *LE CONTENU DE NOS BAGAGES*

Nous savons comment chaque type de personnalité fonctionne. Maintenant je vous propose d'examiner ce que nous avons en tête, ce qui nous pousse à entreprendre ou à abandonner nos projets.

> « Je pense que chaque enfant naît avec un sac sur le dos », philosophe Martine, responsable de la crèche, pendant que ses petits bambins font la sieste. Certains ont l'air tellement crispés par le poids des exigences familiales que j'ai envie de leur dire: « Dépose ton sac et libère-toi de ton fardeau. »

Pour Éric Berne, notre équipement comporte trois bagages[1] où nous rangeons nos comportements familiers, inspirés par nos convictions, notre réflexion et nos sentiments.

Avec trois cercles, nous pouvons visualiser notre dialogue interne comme nos échanges. C'est simple, sans être simpliste. Ludique, logique et de grande valeur, tant pour nous comprendre que pour communiquer.

1. Éric Berne parle d'analyse structurale à propos du contenu de nos bagages et d'analyse transactionnelle lorsqu'il s'agit de la communication.

Activés dans toute décision, négociation ou délégation, ces trois cercles représentent les états du moi : le Parent, l'Adulte et l'Enfant.

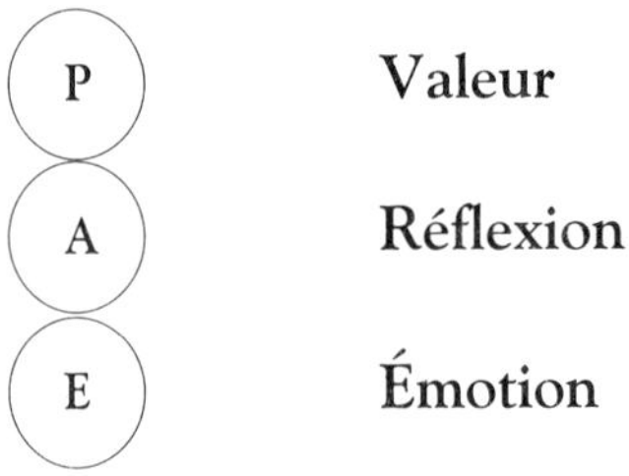


L'Analyse Transactionnelle offre cette grille de lecture permettant de détailler vos ressources. Ainsi, lorsque vous vous exprimez, tout se passe comme si vous puisiez dans trois bagages, à savoir votre Parent, votre Adulte et votre Enfant. Prendre conscience de ces trois états du moi, présents à tout moment chez chacun de nous, facilite tant la définition et la gestion de notre projet que notre communication en général. En effet, chaque bagage contient une ou plusieurs poches qui permettent de moduler notre style d'expression : le Parent se manifeste par des normes, des règles ou par le réconfort, le chaleureux encouragement ; l'Enfant se manifeste par la spontanéité ou par l'adaptation. Examinons cela plus en détails.

**Mes trois bagages** **et** **mes six poches**

***Les trois états du moi*** ***et*** ***la façon dont ils se manifestent***

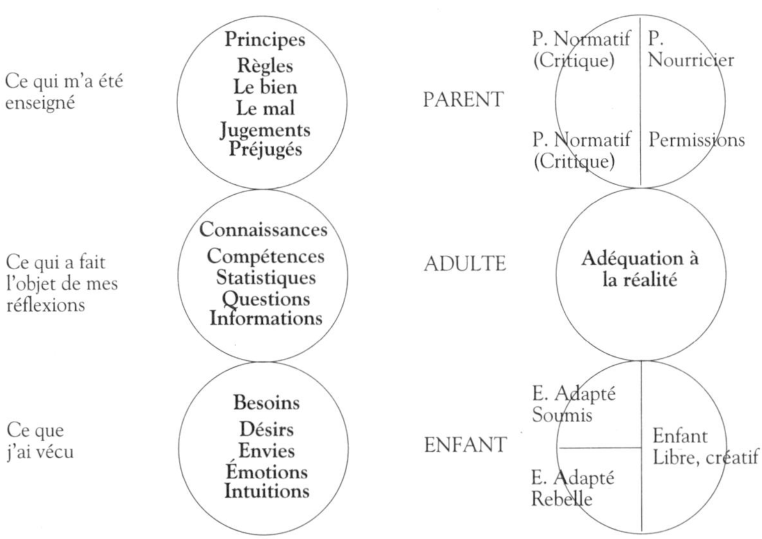

Le plus vieux bagage enveloppe nos besoins, désirs, envies, émotions. C'est le plus ancien puisque présent chez chacun dès la naissance, voire dès la conception. Considéré dès lors comme archaïque, il est appelé archéopsyché ou Enfant. Il est toujours actif lorsque nous mangeons, dormons, respirons, dansons, rigolons, paniquons, pleurons… peu importe notre âge. L'Enfant se manifeste par sa spontanéité. C'est l'Enfant libre, réactif, créatif, ludique. Intuitif, il perçoit les humeurs et les attentes de ceux dont il dépend, soit pour se conformer et développer l'Enfant Adapté Soumis, soit pour s'y opposer, et devenir Enfant Adapté Rebelle.

L'Enfant est le moteur de la personnalité, le lieu de la motivation, le réceptacle des besoins psychologiques. Centre de l'intuition, il devine et il est sensible à des indices qui échappent à la logique. Qu'il ait raison ou tort, il se croit infaillible. Il s'imagine aussi irrésistible et immortel.

> François raconte qu'étant gosse, il avait assisté à un enterrement. En réponse à ses questions, il apprit que la personne qui était décédée était présente dans le ciel et observait tout ce qui se passait. « J'aimerais aussi mourir, avait-il conclu, pour voir si maman et papa seront très tristes à mon enterrement. »

Prenant à la lettre ce qui lui est enseigné, l'Enfant absorbe tout type d'information : sentiments, observations, expressions de son entourage.

> Chercheur de renommée internationale, détenteur d'un diplôme attestant un exceptionnel quotient intellectuel, Taibi raconte qu'au collège il avait été sélectionné avec un camarade surdoué pour passer des tests. Or durant son enfance, il avait été la risée de son oncle qui se moquait de toute maladresse par un « Mais qu'il est stupide ! » suivi d'un gros éclat de rire. Il crut dès lors que le directeur du collège l'avait désigné pour bien mettre en évidence l'écart entre son brillant camarade et lui-même, représentant la médiocrité.

C'est avec toutes ces influences, non analysées, non réfléchies, non confrontées à la réalité statistique que l'Enfant décide qui il est et que sera sa vie. Les Analystes Transactionnels disent que l'Enfant écrit son scénario de vie.

Nous approfondirons cette notion de scénario dans la troisième partie consacrée aux pièges. La psychothérapie est souvent indispensable pour retrouver les émotions profondément enfouies, insupportables à vivre lorsque nous sommes petits, que la guerre, la famine, la mort ou tout autre invincible dragon nous guettent. Trente ans plus tard, le fantôme du désespoir terrassé hante toujours nos projets.

Le bagage Enfant contient donc l'enregistrement de ce que nous avons vécu dans l'enfance et confirmé depuis. Il fait aujourd'hui partie de la structure de notre personnalité. Analysé en psychothérapie, il nous intéresse dans la gestion de nos projets pour les trois façons dont il se manifeste: Enfant Adapté Soumis, Enfant Adapté Rebelle et Enfant Libre.

## *VOTRE PARENT*

Le Parent définit la réalité: il fixe les règles, transmet les valeurs, fait respecter les lois, codifie les procédures. Il juge si l'idée est bonne ou mauvaise, en fonction d'une expérience passée:

> Depuis un an, directeur du personnel dans une usine traditionnelle du nord du pays, Lieven affronte la résistance au changement lors de ses négociations avec le comité des ouvriers. Récemment son idée a été spontanément acceptée par les sages « parce qu'autrefois, on faisait aussi comme cela ».

Le Parent impose une ligne de conduite de protection, souvent transmise par l'autorité parentale. Les dictons en sont des exemples: « L'habit ne fait pas le moine » nous met en garde contre l'apparence des gens. Mais la sagesse populaire a aussi prévu l'inverse: « Les belles plumes font les beaux oiseaux. » Deux valeurs Parents, deux principes contradictoires, également respectables. Il en est de même dans la gestion de mon projet: mon éditrice juge que c'est une bonne idée d'impliquer le lecteur et de le faire participer, mais elle me met en garde d'éviter de transformer un livre en cahier d'exercices.

Consciemment ou non, chacun cherche à connaître les règles du jeu, ce qui sera bien ou mal considéré. Dois-je adopter un style académique, l'humour est-il admis, quelles sont les fautes de langage à éviter?

Dans les relations de travail comme dans les relations de couple, la communauté de valeurs est un critère de confiance, en particulier lors de la délégation d'une tâche ou d'une responsabilité. D'où l'intérêt d'être au clair sur nos valeurs respectives. Quelles sont-elles? Comment réussir ensemble si nos valeurs sont différentes?

### *Faire l'entretien périodique du Parent*

Remettre périodiquement la règle en question fait partie d'une indispensable hygiène mentale, surtout lorsqu'il s'agit d'une règle de vie!

> L'exemple classiquement cité par les Analystes Transactionnels est celui de la dame coupant traditionnellement la première et la dernière tranche de son jambon avant de le mettre au four. Ne pouvant pas expliquer la logique de son acte, mais ayant toujours vu sa mère accomplir ce rituel, elle l'interrogea. Même réponse: « J'ai toujours vu ma mère faire comme cela. » Ensemble, elles

posèrent la question à la grand-mère qui précisa qu'autrefois, le four étant petit, la découpe permettait d'ajuster la taille du jambon à celle du four, mais que depuis longtemps, elle possédait un four lui permettant de cuire le jambon entier.

Nous pouvons être indifférents à la façon dont un jambon est accommodé, mais l'avenir de notre société, de notre profession, de notre famille, sans oublier le nôtre, méritent que nous réfléchissions à nos convictions et à nos automatismes.

« Il faut au minimum vingt ans d'expérience pour écrire un livre », ai-je retenu de l'enseignement d'un gourou des relations humaines et « publier un livre nécrose la pensée » répétait ma collègue Gisèle. Avec ces deux vérités révélées pour bouclier, j'ai été longtemps insensible aux exhortations de mes clients et aux conseils de mes amis.

De telles idées – convictions, préjugés – sont des bagages encombrants, des « boulets » freinant la réussite de nos projets lorsqu'ils ne contrecarrent pas nos initiatives.

À VOTRE TOUR D'EXAMINER VOS CONVICTIONS !

Mes convictions relatives à mon projet, à savoir :

.........................................................................

.........................................................................

Le nourrissent-elles ou font-elles obstacle à sa réalisation ?

## *Remplacement des pièces usées*

Comment remplacer en toute sécurité un préjugé, une idée fausse ou un conseil périmé ?

« Critiquer la personne stupide que j'ai été durant toutes ces années » n'est pas une stratégie particulièrement enthousiasmante et je ne vous la recommande pas. Au contraire, je vous suggère d'apprécier d'abord le positif : reconnaître en quoi cette croyance vous a été utile, les avantages que vous en avez tirés, les bénéfices positifs et négatifs, la valeur que cela avait autrefois, l'ancienne adéquation à la réalité.

Ensuite vient le rangement : répertorier la pièce dans le musée de vos souvenirs. Jeter un comportement ou proscrire une sagesse peut être dommageable. Plutôt que perdre la foi, autant la ranger dans la trousse de secours. Renier ce que vous avez adoré, brûler vos erreurs ou gommer votre passé risquent de vous couper de vos racines, de votre alimentation et de votre apprentissage.

Pouvoir transmettre votre mémoire constitue un patrimoine. Cela ne vous empêche pas de remplacer une idée ancienne par une nouvelle vision de la réalité.

Par exemple, le fait de changer de métier ou d'entreprise était autrefois considéré comme une preuve d'instabilité alors qu'aujourd'hui, c'est un signe d'adaptation.

## *LE CIRCUIT ROUGE, DIALOGUE INTERNE PARALYSANT*

Avant d'aborder l'Adulte, votre plus jeune état du moi, voyons comment se sont établies certaines relations privilégiées entre votre Parent et votre Enfant.

Dès notre plus jeune âge, nous assimilons les règles de bonne conduite, nous apprenons ce qui est bien et ce qui est mal. Être poli, manger proprement et dormir la nuit, c'est bien. Inversement, désobéir, lécher son assiette ou piquer une colère au milieu de la chaussée, c'est mal. Pour bien mémoriser l'inadéquation de tels comportements, nous leur avons associé des sentiments de malaise, de culpabilité ou de peur de la sanction. Ce lien entre la règle et l'émotion fait partie de notre éducation : nous intériorisons les messages de nos parents en y associant les sentiments.

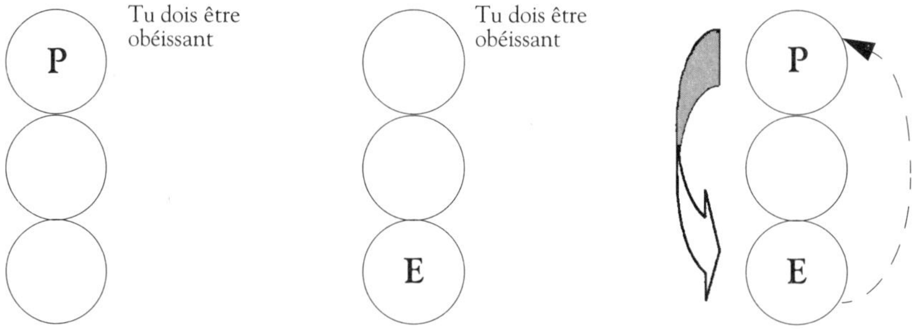


Les messages des parents aux enfants sont intériorisés comme messages du Parent à l'Enfant

Ainsi l'enfant est prié de se sentir bien quand il est gentil et d'éviter les comportements négatifs, sources de malaise. Avec le temps, cette connexion interne prend le pas sur la relation externe et l'enfant privilégie son Parent :

> Alors que la grand-mère permet à son petit-fils de manger en fonction de sa faim, l'enfant sanglote : « Il faut toujours vider son assiette, sinon c'est mal. »

Après des années, ce dialogue interne continue à influencer notre comportement, comme le confie une participante à un séminaire.

> Samedi dernier, nous sommes passés chez des amis. Il faisait chaud et j'avais fort soif mais je n'ai pas pu m'empêcher de refuser un verre. Comme mon mari me faisait remarquer que je me comportais comme une sage petite fille, je me suis souvenue du précepte de ma mère : « Un enfant bien élevé n'accepte jamais à boire. »

Même lorsqu'il s'oppose à nos désirs légitimes et qu'il est en contradiction par rapport à la réalité, ce dialogue interne fonctionne comme un circuit fermé que nous qualifierons de circuit rouge.

*Exemple :*

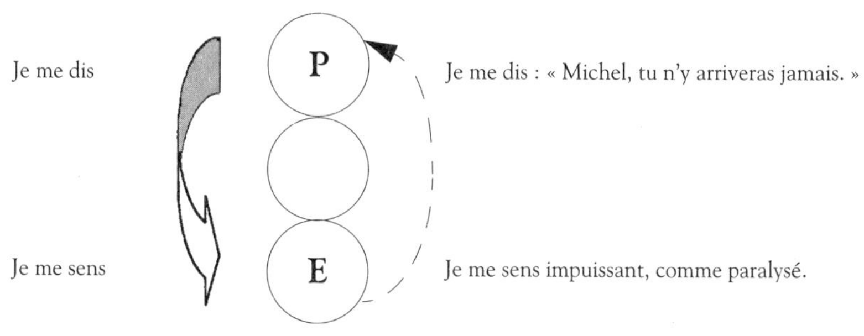


> Aujourd'hui, j'ai l'impression que mon projet n'avance pas. Je me sens coller aux mots, freinant ma plume au gré des critiques qui se bousculent dans ma tête. Quelqu'un en moi me répète inlassablement les mêmes phrases : « Tout ce que tu écris n'intéresse personne. Si au moins tu avais publié tout cela il y a dix ans. Quel dommage de gaspiller du si beau papier pour un si piètre résultat. »

L'impression de ne pas être à la hauteur de mes ambitions m'a-t-elle été enseignée ou fait-elle partie de mon patrimoine génétique ? Et dans un cas comme dans l'autre que faire de cette reproduction de malaise ?

> Je pense que c'est inné, que cela ne se change pas. D'ailleurs je m'en veux d'être si négatif. Je suis conscient que cela ne m'aide pas à progresser mais je ne peux pas m'empêcher d'être critique à mon égard. C'est plus fort que moi, j'ai toujours été comme ça, c'est ma nature. J'ai beau me raisonner, me dire que j'ai tort, que j'exagère, que certains publient des ouvrages nettement plus critiquables, rien ne me permet de redevenir positif. Je me sens épuisé.

Plus je creuse le problème, plus je m'enfonce.

Dans le circuit rouge, tout se passe comme si je m'adaptais à un Parent. La liaison Parent Critique-Enfant Adapté fonctionne en circuit fermé, sans analyse de la réalité, sans conscience Adulte. Représenté parfois par un téléphone rouge, ce circuit est parasitaire et a pour caractéristique de s'auto-alimenter dans le négatif: plus je critique mon comportement, plus je m'enferme dans un mécanisme dont je voulais sortir.

À moins d'explorer les méandres souterrains de notre personnalité comme le propose l'expérience psychanalytique, approfondir le malaise intensifie le sentiment d'échec, d'impuissance et de désespoir. L'issue salvatrice serait-elle le passage par l'Adulte ?

## *VOTRE ADULTE*

Poste d'observation de la réalité, réservoir d'informations, organisme de mesure objectif et indépendant, l'Adulte réfléchit en termes d'options. Il recherche la logique des enchaînements, se pose des questions telles que :

– comment structurer les idées de façon cohérente ?

– quel est l'objectif de ce chapitre ?

ou encore :

– quel est le problème à résoudre ?

Froid, détaché de tout préjugé et imperméable aux émotions, l'Adulte est-il le pilote privilégié de votre projet ? Certes, à condition qu'il tienne compte de la réalité extérieure sans négliger la réalité intérieure: quels sont les informations, les objectifs, les contraintes, les moyens, mais aussi quels sont vos valeurs, vos sentiments, vos besoins?

L'Adulte met l'accent sur l'importance du but à atteindre et sur l'utilisation optimale des ressources. Il est le bagage privilégié du Travaillomane: la gestion par les objectifs, la définition des priorités, la structure du temps, le planning sont autant d'outils, indispensables à la conduite de votre projet.

## *L'Adulte réfléchit en fonction du résultat attendu*

La démarche Adulte consiste à « repartir de l'objectif »: votre objectif est-il clair, c'est-à-dire pouvez-vous visualiser le résultat que vous recherchez?

Par exemple, en écrivant ce livre, mon but est « d'améliorer la notoriété de la Process Communication ». Cette déclaration d'intention est abstraite, comparée à un résultat souhaité tel que: « En écrivant ce livre, mon but est d'être lu par dix mille personnes dans les trois à cinq ans qui suivent sa publication. »

- *Un résultat mesurable, réaliste*

Ce résultat est-il positif, concret, observable, tangible?

Est-il important, motivant, désirable?

Chiffrer la taille du résultat permet de mesurer la distance qui nous sépare de l'objectif et de contrôler les écarts.

> Objectivement, je devrais vous dire que le nombre de lecteurs est impossible à prévoir, peut-être trois cents, peut-être trois mille. Cette déclaration d'impuissance est sûrement plus sensée que jeter un chiffre au hasard. En tout cas, elle me met à l'abri de vos quolibets si je ne dépasse pas mille lecteurs et fait de moi un héros si j'atteins cinq mille lecteurs dès la première année. Mais cette façon de me protéger de l'échec ne déclenche pas mon enthousiasme à aller de l'avant: la « technique du parapluie » n'a jamais donné d'ailes à ses experts. Si j'évalue à cinq cents par an le nombre de personnes qui assistent à mes séminaires et si j'imagine que chaque participant est un lecteur potentiel, je peux espérer que sans effort supplémentaire, mon premier tirage de mille exemplaires sera épuisé en deux ans. Quels sont les effets de la publicité, du bouche à oreille, de la presse, du travail de mon éditrice, de l'intérêt du libraire? Je n'ai aujourd'hui aucune expérience de ces chiffres, je ne peux dès lors faire appel qu'à mon désir.

- *Un résultat désirable*

Un objectif élevé, mais réaliste, demande un dépassement de soi avec un risque d'échec. C'est plus mobilisateur que le train-train quotidien. Le zeste de défi et le piment du danger stimulent notre énergie à résoudre les problèmes et notre vigilance à éviter les pièges.

## *L'Adulte émet des hypothèses*

À supposer que grâce à la publication du livre, je multiplie par deux ou trois le nombre de conférences, que mes confrères en conseillent la lecture et que mon éditrice le fasse traduire en espagnol ou en allemand, combien de personnes pourrais-je intéresser ? Ignorant du monde de l'édition, je maintiens pour l'instant mon objectif : dix mille lecteurs dans les trois à cinq ans. Ce chiffre sera réestimé avec l'expérience de mon éditrice et corrigé par les faits. Il rassure le côté Travaillomane et stimule ma dynamique Promoteur par le défi que je me lance. Toutefois, mon Persévérant est actuellement plus préoccupé par la qualité du livre que par la quantité de lecteurs. Quant à ma base Empathique, son seul objectif est que vous, ami lecteur, réalisiez votre projet. Enfin, mon Rebelle s'amuse à délirer de mon succès pendant que mon Rêveur aligne patiemment les mots.

> Mon projet est de publier un livre qui vous est consacré ainsi qu'à votre projet. Mon objectif est d'être lu par dix mille personnes dans les trois à cinq ans.
>
> Quel est votre projet ?
>
> .......................................................................
>
> .......................................................................
>
> Quel est votre objectif ?
>
> .......................................................................
>
> .......................................................................

SYNTHÈSE

**Le raisonnement logique au service de votre projet**

Chaque état du moi possède sa:

LOGIQUE

Une décision logique est de les considérer tous les trois.

Quel est le système de VALEURS du PARENT, quelles sont ses OPINIONS?

Quelle est l'analyse de l'ADULTE, quels sont ses OBJECTIFS?

Quelle est l'intuition de l'ENFANT, quelles sont ses MOTIVATIONS?

## EXERCICE

À titre d'exercice, je vous invite à vous familiariser avec les sous-états du moi et à les retrouver dans le paragraphe introductif intitulé « S'il te plaît, dessine-moi un projet ».
À moins que vous ne l'ayez déjà fait mentalement dès la première lecture, je vous suggère de noter les caractéristiques dans le tableau qui suit.

| |
|---|
| Enfant Libre, exemple: génial… |
| Enfant Adapté Soumis, exemple: obéissant |
| Enfant Adapté Rebelle, exemple: opposition |
| Parent Critique, exemple: juge |
| Parent Nourricier, exemple: permettre |
| Adulte, exemple: logique |

Corrigé en fin d'ouvrage.

# 7

# VOTRE COMMUNICATION

## *Le style à adopter avec chaque type de personnalité*

### *LA RELECTURE*

Avant de transmettre le manuscrit à l'éditrice, je le fais lire aux personnes qui me sont proches. Dès que je suis fier d'un paragraphe, je m'empresse de le communiquer à Dominique, mon épouse. Son enthousiasme est ma source journalière de réconfort : il m'encourage à poursuivre le travail. Lorsque j'hésite sur un mot ou sur une tournure de phrase, elle m'offre la solution.

De Laurence, ma fille âgée de 15 ans, j'attends les critiques avec beaucoup d'amour et un peu d'appréhension. « *Think négatif* ! » est sa devise : « Quand je dis que je suis nulle, je réussis. Si je pense que cela va bien aller, je rate. » J'avais décrit les effets néfastes de la pensée négative dans un autre chapitre mais comme cela ne s'intégrait pas dans la suite logique du discours et que je craignais de heurter la sensibilité de Laurence, je l'ai retiré. Disposant déjà de trop de pages par rapport à mon contrat, j'ai décidé de supprimer également ce chapitre sur la communication.

J'en fais part à Laurence au moment où ses remarques portent sur un jeu introductif au présent chapitre.

– « Ce jeu est stupide » juge Laurence de façon lapidaire.

– « Je suis d'accord. D'ailleurs, j'ai retiré tout le chapitre. »

– « Tu as tort, parce que c'est utile ; j'ai noté que la synthèse est très intéressante », conclut Laurence en tournant la page.

Même si je suis de son avis, je n'aime pas son commentaire : il m'oblige à rédiger une nouvelle introduction. Encore du travail !

Après une nuit de réflexion, je prends conscience que cela n'a pas de sens de demander des avis si c'est pour les ignorer : Laurence a pris la peine de lire attentivement, de noter des remarques que je considère justifiées et lorsqu'elle m'en informe, je les refuse par paresse et donne l'impression de mépriser son travail.

Ce matin, j'annonce à Laurence le fruit de mes pensées :

– « Tu as raison, je vais garder le chapitre relatif à la communication et remplacer le jeu introductif par une anecdote vécue. »

– « J'ai toujours raison », précise-t-elle.

– « Je vais d'ailleurs écrire que c'est toi qui as sauvé ce chapitre. »

– « Alors, si ça ne plaît pas aux lecteurs, ce sera de ma faute et c'est à moi qu'ils en voudront », décrète-t-elle avec une pointe d'inquiétude.

C'est vrai, Laurence, que penser de façon négative te permet de ne pas souffrir de quelques critiques : tu les as déjà imaginées. En vérité, de même que le Rebelle en moi n'a pas envie de recommencer cette page, le Persévérant en toi a peur de recevoir une remarque négative. Je te remercie pour ton commentaire : grâce à lui, je maintiens ce chapitre.

*

Comme vous le voyez, cher lecteur, « communiquer efficacement » est un projet en soi. En séminaire, tel directeur introverti prend conscience qu'il a trop longtemps privilégié les réalisations de son entreprise aux dépens des aspects humains, et demande l'aide d'un consultant pour faire face au climat de mécontentement et éviter les démissions ; telle femme d'affaires, négociatrice, ne parvient plus à dialoguer avec ses associés ; tel département accumule du retard dans la concrétisation de ses objectifs par manque d'esprit d'équipe.

Dans le stress du travail, nous avons parfois l'impression que le temps consacré au dialogue est un gaspillage d'énergie. Or c'est habituellement l'inverse. Une relation de qualité favorise un travail de qualité. Quant au temps passé dans notre échange, il aura épargné corrections, sentiments de frustration et coûts engendrés par les malentendus.

La difficulté de la communication bilatérale est que nous devons dialoguer avec quelqu'un dont la personnalité est différente de la nôtre. C'est pourquoi je vous invite à être attentif à votre style relationnel et à celui de vos partenaires.

## *LES STYLES ET LES MODES DE COMMUNICATION BILATÉRALE*

Alors que les stages de communication ont habituellement pour objectif de nous sensibiliser à l'importance de la bilatéralité de l'échange, la Process Communication précise que chaque type de personnalité a son style privilégié, que ce soit pour diriger son équipe, pour guider ses enfants ou pour parler à son client.

Que vous soyez dans le rôle d'émetteur ou de récepteur, le présent chapitre a pour objectif de faciliter la relation avec votre interlocuteur et d'éviter erreurs, frustrations et pertes de temps qui minent vos projets.

Quatre styles relationnels sont classiquement pris en considération: les styles autocratique, bienveillant, participatif et laisser-faire.

### *Style autocratique*

Le style autocratique domine la culture militaire. Il s'appuie sur l'obéissance à l'ordre.

> Le lieutenant chargé de notre instruction a longuement expliqué pourquoi et comment cette discipline sauvait des vies humaines: s'il hurle « couché » au moment où une bombe tombe, ceux qui souhaitent mieux comprendre la situation avant de se laisser tomber à plat ventre, risquent d'être portés disparus sans avoir eu l'occasion de poser leur question!

Dans toute situation d'urgence, où le danger est imminent et la survie en jeu, le style autocratique se justifie pleinement. Reposant entièrement sur le chef, il implique sa compétence. Stratège militaire, entraîneur sportif, chirurgien opérant ou aîné de famille, ils utilisent leur autorité pour faire régner l'ordre et la discipline, assurent la cohésion du groupe et la sécurité de chacun. Si ce style est privilégié dans une situation de crise, il n'est apprécié que par environ 15 % de la population. Ainsi peuvent s'expliquer les revendications estudiantines de Mai 68. Elles portaient sur le dialogue, la participation et la négociation, principaux constituants du style démocratique.

Pour la Process Communication, le style autocratique est positif lorsqu'il implique une communication bilatérale, un accord qui favorise la résolution de problèmes. Deux des six types de personnalité fonctionnent efficacement dans un environnement autocratique: le Rêveur qui attend des directives claires et le Promoteur qui défie les limites.

• *Le Rêveur*

Le mode de communication utilisé par le Rêveur est direct, économe en paroles, réduit à l'essentiel et orienté vers le concret. Ne prenant pas spontanément l'initiative du contact, le Rêveur apprécie le style autocratique, qu'il vienne de son chef, de son collègue, voire de son subordonné.

« Je donne des ordres à mon patron, nous surprend Jean-Pierre, responsable de la formation dans une société multinationale. Nous en avons parlé ensemble : il est conscient d'apprécier ce mode de communication et entièrement d'accord que je l'utilise à son égard. Il n'en reste pas moins mon patron avec toute son autorité, son expérience et son pouvoir de décision que je respecte entièrement. Si je me contente d'attendre, les projets ne progressent pas ; en revanche, lorsque je lui présente différentes alternatives et lui dis : « Dites-moi la solution que vous privilégiez », il répond clairement à ma demande. »

Contrairement à d'autres types de personnalité qui réagissent mal à l'impératif, le Rêveur s'ouvre au dialogue.

Étudiante en psychologie, Valérie raconte son étonnement. D'habitude, lorsque je retrouve mon ami le soir, je lui pose la question : « Ta journée s'est-elle bien passée ? » et il me répond simplement : « Oui », alors que je m'attends à un peu plus d'explications. Hier soir, après le séminaire, je lui ai dis : « Raconte-moi ta journée » et j'ai été fort surprise : j'avais l'impression qu'il ne parvenait plus à s'arrêter de parler.

• *Le Promoteur*

Si le Rêveur aime recevoir des directives, en revanche donner des ordres est le mode de communication privilégié du Promoteur.

Ayant invité au séminaire Robert, mon ami peintre qui s'est chargé de l'illustration d'une brochure de présentation s'y rapportant, je découvre que l'inventaire de personnalité le décrit comme Promoteur alors que je l'imaginais artiste Rebelle. Plus attentif à son style de communication durant la formation que je ne le suis dans la vie courante, je me rends compte que toutes ses phrases commencent par « Dis Michel,… » suivi d'une demande d'explications. « Dis Michel », un mode impératif qui avait jusque-là totalement échappé à ma conscience tant ma vigilance est naturellement orientée sur le contenu de la communication plutôt que sur sa forme. Fort de cette observation, quelque temps plus tard je me suis concentré sur la manière dont un autre Promoteur conclut sa participation à un stage de ventes : « Écoute Michel,… ».

Pour le Promoteur, l'ordre traduit l'action : il lui permet de décider, d'entreprendre, d'avancer. L'analyse, la clarification, la maturation du problème, la recherche d'options ayant peu de place dans l'urgence, l'excitation ou le défi, le Promoteur n'aime pas s'embarrasser d'explications théoriques ni de démonstrations raffinées : il préfère un conseil impératif.

> Alors que j'expliquais cela en séminaire, un consultant en informatique m'interrompit. « J'ai fait une erreur » comprit-il. « J'ai un client, homme d'affaires. Seul avec deux secrétaires, il possède 95 % du marché dans son secteur d'activité. Il m'a appelé l'an passé pour un problème informatique classique et je lui ai dit ce qu'il devait faire. Très satisfait, il m'a consulté pour une question plus complexe. Je lui ai envoyé une proposition avec trois options en précisant chaque fois les avantages et les inconvénients. J'ai attendu sa décision, l'ai déjà rappelé deux fois mais chaque fois, il me répond qu'il n'a pas eu le temps d'y réfléchir. J'ai compris mon erreur. »
>
> Vous devinez ce que le consultant a fait : il a rajouté à sa proposition un post-scriptum précisant que sa préférence allait à la deuxième solution, l'a faxée à son client et dans l'heure, il reçut la réponse OK !

Oser entreprendre pendant que d'autres analysent, agir en déléguant la réflexion, attendre les problèmes pour trouver les solutions plutôt que prévoir tous les incidents possibles avec leurs conséquences multiples et la gamme de précautions à mettre en place ; telle est la dynamique Promoteur, avec ses avantages et ses inconvénients.

> Directeur d'un laboratoire pharmaceutique, Serge raconte l'histoire d'un Promoteur inscrit à un stage dans le cadre d'une formation à la création d'entreprises. Embarrassé par l'absence de connaissances scientifiques du stagiaire, Serge lui propose de contacter un hôpital où le médicament n'est pas accepté, malgré un important travail de recherche et de nombreuses démarches à la fois marketing et scientifiques. La mission du stagiaire est d'aller interviewer un maximum de personnes, de comprendre pourquoi le médicament n'est pas accepté et de contribuer ainsi à une éventuelle amélioration de la communication. Résultat : le stagiaire rentre au laboratoire avec une commande ! N'ayant aucune connaissance de la formule chimique du produit, il focalise toute l'attention sur une formule de vente « choc », image l'utilité du médicament et convainc les décisionnaires.

Alors que les professionnels de la vente sont avides de connaissance du produit, sont fiers de maîtriser l'explication de sa technicité et ont l'impression de perdre toute crédibilité si le client leur pose une question dont ils ignorent la réponse, en revanche le Promoteur n'aime pas s'embarrasser de toute cette étude : il préfère l'action à l'explication ou à la gestion administrative.

Il est donc excellent pour ouvrir des marchés, mais sitôt l'affaire conclue, il doit passer la main aux spécialistes.

Que vous soyez ou non friand du mode directif, les règles qui suivent sont de nature à faciliter votre communication.

• *Trois règles à propos des ordres*

• *Un ordre s'adresse à la réflexion*: puisque la ressource Adulte traite l'information, c'est elle qui est mobilisée par la directive. Culturellement, nous sommes habitués à considérer qu'un ordre ne souffre aucune discussion. Or, l'impératif est un mode de communication; dès lors, le feed-back s'impose comme une réponse à une question.

Notre patron doit être Promoteur, réfléchit Ariane, chargée de recherche dans un laboratoire pharmaceutique. Il nous a réunis la semaine dernière pour nous donner ses instructions et en fonction du style autoritaire qu'il a adopté, personne n'est intervenu alors qu'apparemment, il attendait notre réaction puisqu'il a brisé le silence par: « Et bien dites-moi ce que vous en pensez! »

• *Un ordre se négocie*: en dehors de situations exceptionnelles tels un danger ou une urgence, la gamme d'interactions est large: à un ordre je peux répondre par un oui, un non, une question, une suggestion,… Si je me contente d'acquiescer, je limite les options de solutions. Par exemple, si mon chef me dit « Va représenter notre société cet après-midi à la conférence de presse », je peux l'informer de ce que j'avais déjà planifié, prévoir le retard que ce changement va occasionner et proposer différentes alternatives. Faute de cette négociation, je risque d'installer un piège: mon patron me reprochera plus tard de ne pas lui avoir expliqué mes contraintes de gestion du temps. « Fais ce que je te dis et tais-toi! » n'est pas un ordre mais une attaque. Dès le moment où la directive est une marque de supériorité, de mépris, d'humiliation ou d'infantilisation, nous quittons le domaine de la communication pour entrer dans celui du malaise, de la mécommunication, que nous explorons au cours de la troisième étape.

• *Éviter le style autocratique*:

– « Alors Jo, dis-moi ce que je dois faire maintenant! »
– « Planque-toi en face du garage et guette le moindre mouvement! »
– « OK Boss. Reçu cinq sur cinq. »

Si dans certains feuilletons télévisés le style autocratique pimente le suspens, la majorité des individus sont toutefois allergiques aux commandements du genre: « Ferme la porte!, Donne-moi le dictionnaire! ou Prépare-moi mon costume! ».

C'est pourquoi, en dehors d'un contrat clair, qu'il soit militaire, sportif, pédagogique ou autre, une directive qui porte sur l'action est souvent mal reçue et la réaction risque de vous surprendre: « Fais-le toi-même, je ne suis pas ton esclave! » Dans l'intimité du couple, la douce invitation formulée dans un mode directif, « Viens faire l'amour, mon chéri! » peut conduire le désir à l'impuissance…

C'est pourquoi il est préférable de limiter l'utilisation des ordres aux personnes qui l'apprécient et aux situations qui l'exigent. Sa généralisation génère du stress.

## *Style participatif*

Souvent appelé style démocratique parce qu'il permet à chacun de s'impliquer, le style participatif est recherché par les Persévérants et les Travaillomanes, les premiers prompts à donner leur avis, les seconds prêts à réfléchir ensemble à la résolution des problèmes. Tous deux particulièrement concernés par le résultat du travail, ils constituent une ressource privilégiée pour la direction, tant dans la prise de décision qu'en ce qui concerne le relais de l'information. Mis à la mode après Mai 1968, il est considéré comme le moyen d'obtenir un changement optimal avec un niveau de motivation élevé. En effet, depuis la Seconde Guerre mondiale, les expériences menées sur la dynamique des groupes restreints ont démontré la pertinence d'une approche favorisant l'implication des personnes les plus directement concernées.

Le mode privilégié du style participatif est la communication interrogative.

### • *La communication interrogative : poser des questions*

La première règle de la communication bilatérale est qu'il faut poser des questions, celles-ci étant soit ouvertes, soit fermées. Les questions ouvertes favorisent la « découverte » dans la mesure où l'interlocuteur va révéler ses motivations, ses valeurs, son mode de pensée et sa façon de vivre, comme dans l'illustration qui suit.

> – « Pourquoi insistez-vous sur les questions ? »
>
> – « J'ai souvent observé que les personnes qui n'avaient pas le réflexe de poser des questions se plaignaient de leur difficulté d'établir le contact ou de poursuivre un dialogue. Je me souviens d'ailleurs qu'avant d'exercer le métier de vendeur, je me sentais souvent bloqué. J'attribuais à ma timidité mon manque d'aisance sociale. Plus je pensais que j'étais timide, moins j'avais d'énergie pour aller vers l'autre. Un jour, j'ai lu cette recommandation : si vous avez peur d'aborder un inconnu pour lui vendre un produit, commencez par demander l'heure à la première personne que vous croisez. En effet, le fait d'initier une relation, de formuler une demande et de recevoir une réponse génère un état d'esprit qui favorise la relation. Plus tard, j'ai enseigné cette technique à des chômeurs qui souffraient de leur situation au point de "raser les murs" »

À l'inverse, les questions fermées incitent à préciser la pensée et risquent de clore le dialogue ou du moins, de provoquer un silence.

– « Quand avez-vous formé les chômeurs ? »
– « En 1970. »
– « Combien de temps a duré votre expérience ? »
– « Deux années. »
– « Combien étaient-ils ? »
– « Deux groupes de douze personnes. »
– « Aimeriez-vous renouveler cette expérience aujourd'hui ? »
– « Oui. »

Si ces deux exemples illustrent la théorie, nous avons tous vécu des situations atypiques : lorsque l'interlocuteur n'a pas envie de se livrer ou n'est pas disponible, il répondra de façon précise à une question ouverte et inversement quand il a envie de poursuivre la relation, il sera intarissable au départ d'une question fermée.

– « Pourquoi insistez-vous sur ces questions ? »
– « Parce que les questions sont les outils de la communication »
– « Quand avez-vous formé des chômeurs »
– « Oh, je vous remercie de me poser cette question. Vous savez, j'ai adoré cette expérience visant à la réinsertion sociale des chômeurs. Pour répondre précisément à votre question, je dois vous raconter ma démarche professionnelle. J'ai cherché un travail relationnel qui me permettrait de gagner ma vie et c'est ainsi que j'ai appris le métier de vendeur. Grâce à cette expérience de terrain, j'ai obtenu, par l'intermédiaire d'un ami, un poste de formateur à l'Office National de l'Emploi. C'était un contrat de trois mois qui a été renouvelé deux fois, avec des groupes différents. Il comprenait deux semaines de stage pour les participants. Si j'insiste sur ce stage pratique, c'est parce que vous serez sûrement intéressé de savoir que… »

Peut-être était-ce le ton, les gestes et la mimique accompagnant la question : « Quand avez-vous formé des chômeurs ? » qui signifiait en fait : « J'aimerais que vous nous parliez de votre expérience avec les chômeurs en illustrant votre professionnalisme, de sorte que je puisse défendre votre dossier auprès de ma direction. »

La communication interrogative est privilégiée par deux types de personnalité : le Travaillomane et le Persévérant

• *Le Travaillomane*

Le Travaillomane désire comprendre la logique. Il participe à la discussion ; il recherche et donne des informations. Il pose donc des questions précises : dates, durée, nombre d'habitants, chiffre d'affaires, etc. Il situe les réponses dans un cadre logique, chronologique, par exemple ; il interprète l'absence d'information comme un signe de stress : dès le moment où l'interlocuteur ne répond pas précisément, il est sûr que la solution du problème sera faussée. Pour éviter toute erreur, le Travaillomane contrôle l'exactitude des données.

En réponse à une question précise, il attend une réponse précise. Dans le cas inverse, quel stress !

– « Quand avez-vous formé des chômeurs ? »

– « Oh, je vous remercie de me poser cette question. Vous savez, j'ai adoré cette expérience visant à la réinsertion sociale des chômeurs. »

– (*Interrompant*) « Cette expérience, quand a-t-elle commencé exactement ? »

– « Oui, j'y arrive, parce qu'après mes études, j'ai exercé la profession de vendeur de façon à... »

– (*Interrompant*) « Durant combien de temps avez-vous été vendeur, sachant que vos études se terminent fin juin 1969 ? »

– « J'ai d'abord vendu des disques dans le magasin de mon oncle où je travaillais deux jours par semaine, puis j'ai complété mon horaire en diffusant des ouvrages d'art pour les bibliothèques et des clients particuliers. »

– « De quand à quand situez-vous cette double expérience ? »

Tout se passe comme si pour la personne interviewée, peu importe la précision historique, c'est la richesse de son expérience qu'elle a envie de transmettre alors que l'intervieweur cherche à situer chronologiquement l'expérience afin de pouvoir « ouvrir le dossier à la bonne place » : c'est seulement dans un deuxième temps qu'il pourra s'enthousiasmer pour le contenu de la réponse.

En conclusion, les relations avec le Travaillomane sont conditionnées par :

– la *précision des données* : documentez votre exposé avec les faits précis pour répondre aux questions d'un Travaillomane. Pensez aussi que si votre interlocuteur n'est pas attentif à ces « détails », son chef risque de l'être ;

– leur *contrôle* : comprenez le contrôle comme le signe que votre interlocuteur manque de points de repère et donnez-lui les informations utiles au lieu d'interpréter le contrôle comme un manque d'intérêt, de la méfiance ou de l'incompréhension.

• *Le Persévérant*

Le Persévérant désire faire part de son opinion. Comme le Travaillomane, le Persévérant aime échanger des idées, mais son registre privilégié étant celui des opinions, il prend un réel plaisir à la conversation.

Alors que le Travaillomane mesure ses mots et limite le temps qu'il consacre à la communication, le Persévérant pèse ses mots et communique le poids de son message ; il se dit prêt à consacrer au triomphe de la Vérité, son temps, sa fortune voire sa vie.

Cette différence s'observe régulièrement en réunions, qu'il s'agisse d'une réunion de travail ou d'une conférence.

Le Travaillomane pose une question afin d'obtenir l'information manquante à la compréhension logique.

> Question Travaillomane : « Vous avez dit que le Travaillomane et le Persévérant privilégient le style participatif. Faites-vous une différence selon la position qu'ils occupent, soit de supérieur hiérarchique, soit de subordonné ? »
> Réponse : « Non, je ne fais pas de différence : quelle que soit leur position hiérarchique, ils apprécient l'échange d'idées et sont attentifs à la transmission d'information. En revanche, en situation de stress, par exemple dans l'urgence, ils adoptent très probablement un style autocratique. »

Le Persévérant pose une question pour faire part de son opinion.

> Question Persévérant : « Vous parlez maintenant du stress et de l'urgence qui comme chacun le sait, font partie de notre quotidien : il n'est plus aujourd'hui concevable d'occuper un poste à responsabilité sans faire l'expérience d'une permanente mise sous pression. Dès lors ma question est la suivante : ne considérez-vous pas, Monsieur l'Orateur, qu'en dépit de l'intérêt du style participatif, dont vous avez si brillamment convaincu l'auditoire, la réalité nous impose de prendre des décisions toujours urgentes, sans avoir ni le temps, ni les moyens de nous entourer de tous les avis compétents ? En conséquence, avons-nous un autre choix que de nous comporter en autocrate, et idéalement en autocrate éclairé ? »
> Réponse : « Merci de nous avoir fait part de votre opinion et de votre expérience. »

La question que pose le Persévérant renferme parfois la réponse : il semble moins désireux de vous écouter que d'attirer votre attention sur l'intérêt de sa réponse. Classiquement qualifiée de question suggestive, cette forme d'interaction est différemment perçue : les vendeurs la considèrent comme une technique de conclusion servant à obtenir l'accord du client tandis que certaines personnes ont l'impression d'être infantilisées. Par exemple :

> Ne trouvez-vous pas que cet ouvrage mérite de figurer dans la bibliothèque de toutes les écoles ?
> Ne trouvez-vous pas que vous devriez éviter ce type de question dans le travail ?

## *Le style bienveillant*

Diriger une équipe ne signifie pas seulement donner des ordres à exécuter : faire participer à la recherche de solutions enrichit la qualité des décisions prises et augmente sensiblement leur niveau d'acceptation. Probablement, est-il souvent plus enthousiasmant de réaliser un projet dont nous sommes l'auteur que d'exécuter les directives ?

Dès le moment où le leader s'intéresse à ce qui motive la personne à évoluer, il porte son attention au climat émotionnel favorable au changement : faire en sorte que chacun se sente bien dans la réalisation de son travail, ait envie de collaborer au succès commun et donne le meilleur de lui-même. Lorsque cette dimension humaine prend le pas sur des aspects purement techniques, le style de commandement adopté est qualifié de « bienveillant », style privilégié par l'Empathique. Celui-ci est en effet persuadé que le bonheur de réussir est plus important que le niveau de la performance et que réussir ensemble est plus efficace. Cette conviction révèle sa propre dynamique : l'Empathique est d'autant plus actif au travail qu'il se sent aimé et intégré à l'équipe.

• *L'Empathique*

La communication accueillante est le mode privilégié par l'Empathique. Pour lui, la communication sert essentiellement à établir un lien ou à le renforcer.

Il ne s'agit donc pas seulement d'écouter l'idée mais surtout d'accueillir la personne :

> Communication Empathique : « Je suis heureux de travailler avec toi et je me sens très épanoui dans l'équipe, Michel. Tu es un homme brillant et chacun apprécie la sensibilité avec laquelle tu facilites la communication dans l'équipe. »
> Réponsessst : « Merci. »

Dans les entreprises, la culture encourage rarement les manifestations de tendresse ou les comportements chaleureux : un compliment est souvent interprété comme cachant quelque chose, lorsqu'il n'est pas qualifié de harcèlement sexuel. Or, pour l'Empathique, l'intimité n'est ni manipulation, ni érotisation du contact : c'est sa façon préférée d'être en relation. Même en dehors du monde du travail, par pudeur, nous n'ouvrons pas spontanément notre cœur mais réservons ce mode de communication à des moments privilégiés tels que discours de mariage, déclaration d'adieu ou lettre d'anniversaire.

> Bonjour ma sœur chérie. Je suis heureux d'avoir reçu de tes nouvelles et suis impressionné par ton succès. Si nos parents étaient toujours vivants, je suis sûr qu'ils seraient particulièrement fiers de toi. Nous souffrons de ton absence : lorsqu'entre amis, nous évoquons ton magnifique sourire ou ta gentillesse légendaire, nous ressentons combien l'éloignement nous pèse.
> En ce jour de ton anniversaire, je t'adresse mes vœux de bonheur et attends avec impatience la joie de te serrer dans mes bras.

Prends bien soin de toi. Je t'embrasse.
Ton frère qui t'aime.

## *Style laisser-faire*

Si les styles participatif et directif ont droit de cité dans les sociétés et si le style bienveillant y est toléré pour ses relents paternalistes qui assimilent l'entreprise à une grande famille, en revanche le style laisser-faire y est redouté pour son laxisme: liberté et créativité semblent rimer avec danger.

Pourtant les créatifs réclament et obtiennent souvent un statut privilégié, indispensable à la pratique de leur art. En effet, être original consiste à sortir du cadre. Il paraît donc logique que les artistes fassent autre chose, autrement et à un autre moment que tout ce qui est codifié, standardisé ou programmé.

Le style laisser-faire convient dès lors particulièrement bien au Rebelle dont la créativité jaillit aux détours d'une idée, stimulée par le hasard, encadrée par l'inattendu.

Que des personnes puissent faire n'importe quoi, n'importe quand et n'importe comment, est-ce la hantise des dirigeants ou la jalousie des travailleurs qui la condamnent? Lorsque la performance ne se mesure pas en heures de travail, il est compliqué de la rémunérer avec équité, sans soupçonner le privilège ou l'arnaque. L'histoire qui suit en est une illustration.

> Un ingénieur-conseil appelé pour le dépannage d'une installation sophistiquée donne un petit coup de marteau et facture 1 000 dollars pour les trois minutes de son intervention. Au directeur des achats qui lui demande de détailler le montant de ses honoraires en plusieurs postes, il précise:

| | |
|---|---|
| Coup de marteau: | 1 dollar |
| Savoir où donner le coup de marteau: | 999 dollars |
| Total de l'intervention: | 1 000 dollars |

Avoir l'idée de donner le petit coup de marteau à tel endroit ne devait pas être si banal puisqu'avant l'intervention du consultant, personne n'y avait pensé.

Trouver une idée originale ou une façon originale de présenter une idée, tel est le talent du Rebelle. Adopter envers lui le style laisser-faire ne signifie pas pour autant lui laisser faire n'importe quoi, à n'importe quel prix, mais l'encourager à réussir à sa façon, et accepter sa créativité, voire la valoriser.

- *Le Rebelle*

La communication ludique est le mode privilégié par le Rebelle. Son mode de communication préféré est le jeu: ses règles d'orthographe ou de syntaxe sont la spontanéité, son vocabulaire privilégié est l'humour. Si vous lui demandez d'illustrer en quelques mots ce chapitre, sans sortir du cadre traité, le résultat risque de vous surprendre : selon votre type d'humour, vous vous amuserez ou serez irrité par la manière dont il occupe l'espace que vous lui réservez (voir Espace de jeux de mots).

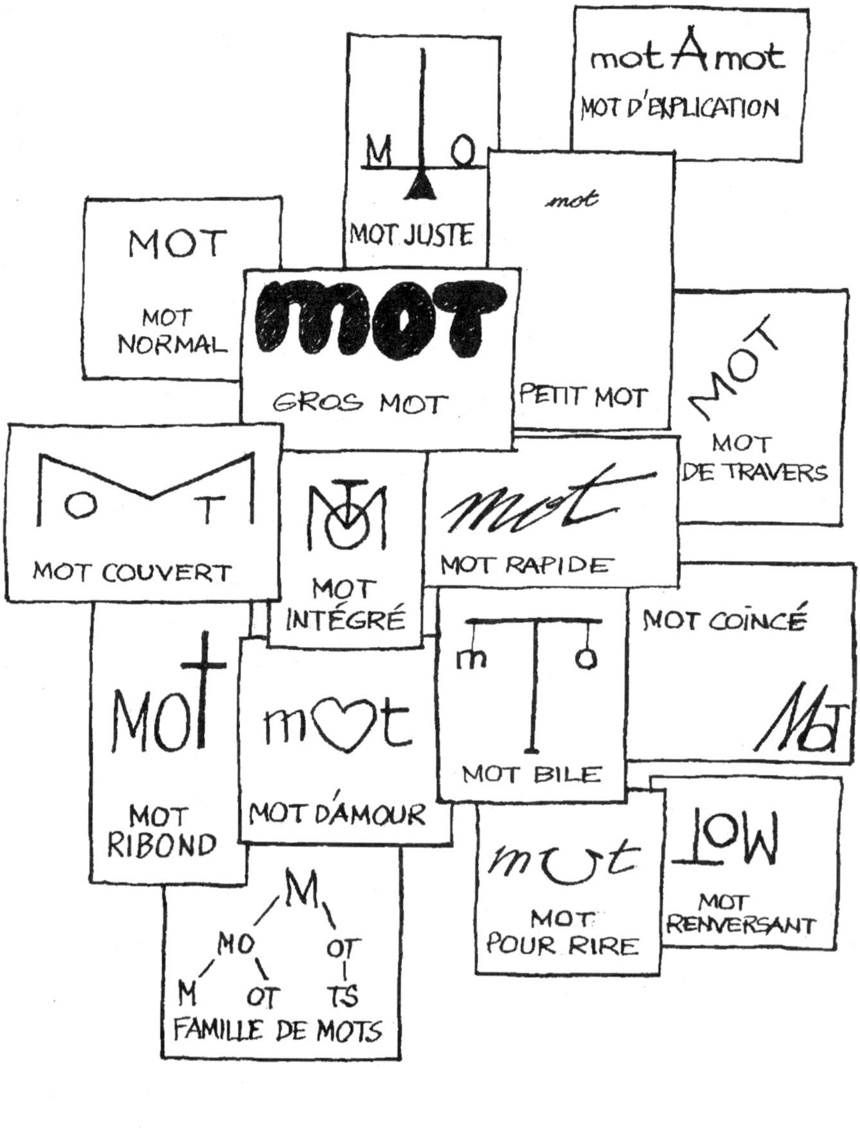


Espace de jeux de mots

SYNTHÈSE

**Style et communication à adopter avec chaque type de personnalitét**

| Type de personnalité | Style relationnel | Mode de communication |
|---|---|---|
| Travaillomane | Participatif | Interrogatif = échange d'informations sur les faits |
| Persévérant | Participatif | Interrogatif = échange d'informations ou d'opinions |
| Promoteur | Autocratique | Directif = donne des ordres à exécuter. Attend la fermeté |
| Rêveur | Autocratique | Directif = attend des directives claires |
| Empathique | Bienveillant | Nourricier = échange de compliments et d'encouragements |
| Rebelle | Laisser-faire | Ludique = joue avec mots, échange spontané de clins d'yeux, fait preuve d'humour. |

## EXERCICE : QUEL EST VOTRE STYLE RELATIONNEL FAVORI ?

Compléter le style correspondant à chacune des phrases suivantes :

1.................. : Notez, dans l'espace prévu, le style correspondant au mode de communication et classez ensuite les quatre styles par ordre de préférence.

2.................. : Nous sommes sensibles au style relationnel de notre interlocuteur. Comme vous le vivez dans la présente expérience, vous pouvez reconnaître les quatre styles avant de les classer selon votre préférence.

3.................. : Voici un jeu pour débusquer le style préféré de chacun.

4.................. : Le présent exercice consiste à identifier le style utilisé et à établir ensuite le classement par ordre de préférence.

Votre ordre de préférence :

– ... Autocratique – ... Bienveillant

– ... Participatif – ... Laisser-faire

Corrigé en fin d'ouvrage.

# 8

# VOTRE MOTIVATION

*Comment chaque type de personnalité recharge ses batteries positives et entretient l'énergie nécessaire à la réalisation de ses projets ; comment prendre soin de vos besoins psychologiques et comment motiver vos proches*

## *RECHARGER LES BATTERIES*

Écrire ce livre me demande beaucoup d'énergie. Parfois, je me sens prêt à travailler pendant des heures sans m'arrêter, à fournir un effort intense, avec l'impression que je suis infatigable. À d'autres moments, chaque mot pèse une tonne. Je me sens épuisé avant de commencer. J'aurais sérieusement besoin de recharger mes batteries.

Comment faisons-nous pour retrouver notre énergie ? Nous avons chacun notre truc ou notre méthode. Quel est le vôtre ? En avez-vous plusieurs ? Cette question me trotte en tête depuis longtemps. Au moins depuis « La chevauchée fantastique du formateur débutant » que je vous raconte ici.

Lundi matin, 6 heures 30. La cavalcade. Cent kilomètres de route, de trac, de répétition mentale. De 8 à 16 heures, premier jour d'un séminaire de communication pour les agents d'un ministère.

16 heures 30. Au galop pour le séminaire du soir : quarante-cinq minutes de voiture, trente minutes d'installation, quinze minutes de révision du programme, trop rapidement interrompues par l'accueil des premiers commerciaux d'une grande banque. 22 heures 30, réenfourcher la monture après avoir englouti le verre de l'amitié. Décompresser durant le voyage de retour. Moment privilégié pour mémoriser le nom

des participants, visualiser leurs attentes, découvrir de nouvelles pistes de dialogue, rebondir élégamment sur les objections.

Mardi, de 8 à 16 heures, deuxième jour de communication. Tous les agents sont présents et plus motivés que la veille. Le soir, dans la troisième ville, de 18 à 22 heures, première séance de vente pour le groupe de commerciaux bancaires.

Mercredi…

D'accord, je n'insiste pas : autres lieux à découvrir, nouveaux groupes à intéresser, même rodéo de jour en jour, y compris un séminaire de vente le samedi après-midi.

Il arriva qu'un séminaire du soir fut annulé et j'en profitai pour me rendre au bureau, prendre le matériel didactique à distribuer aux participants et frapper à la porte d'Éric, mon patron.

– « Quel est ton problème ? », s'enquit-il après les rituelles salutations.

– « Aucun problème, répondis-je avec étonnement. Je vais très bien : animer des séminaires est passionnant et les évaluations sont excellentes. »

– « Alors, que veux-tu ? », insiste-t-il avec une pointe de méfiance.

– « Rien. Simplement te voir. Je suis absent de la société depuis plus de deux semaines et donc je veux savoir ce qui s'y passe, parler un quart d'heure avec toi. En séminaire, j'ai l'impression d'être pompé toute la journée. J'investis dans la relation pour que chaque participant retire le maximum de la formation. À la fin de la journée, je me sens vidé. Je viens simplement recharger mes batteries : je veux te raconter comment se passe le travail. Et inversement, je suis curieux d'avoir des nouvelles de l'entreprise, de savoir ce qui s'y passe, s'il y a des nouveaux chantiers en perspective, quelles sont tes préoccupations. »

– « Très intéressant, cette idée de batterie, reprend-il d'un air songeur, tu devrais écrire un article à ce sujet », me suggère-t-il avant de poursuivre la conversation sur l'évolution des projets en cours.

Je n'ai jamais écrit d'article sur les batteries. J'ai découvert plus tard, avec l'Analyse Transactionnelle et la Process Communication, toute la richesse de cette idée, de sorte qu'aujourd'hui, Éric, je te dédie ce chapitre.

*

Portant sur l'énergie que nous investissons dans la réalisation de nos projets et celle générée par notre activité, ce chapitre comporte trois aspects : la motivation, le besoin de *strokes* et les besoins psychologiques selon Taibi Kahler :

– la *motivation* : parmi les multiples théories consacrées à la motivation, celle de Maslow est la plus célèbre et la plus enseignée. Dénombrant cinq besoins – les besoins physiologiques, le besoin de sécurité, les besoins sociaux, le besoin d'estime de soi et le besoin d'épanouissement – ce modèle d'explication du comportement fait partie de la culture générale des cadres et des outils relationnels privilégiés par les vendeurs ;
– le *besoin de strokes*[1], ou besoin de contacts, est considéré comme fondamental par les Analystes Transactionnels. Aussi indispensables à la vie que l'air ou l'eau, les strokes sont des unités d'énergie qui, à la fois, alimentent nos comportements ou nos projets et sont générés par ceux-ci. Ils sont un moyen de mesure de notre bien-être ;
– les motivations liées aux six types de personnalité définis par Taibi Kahler sont un enrichissement de ce qui précède : nous y retrouvons les besoins sélectionnés par Maslow, adaptés à la dynamique de chacun et à sa façon de communiquer. Huit *besoins psychologiques*, se manifestant de façon positive ou négative, expliquent la raison du choix de nos projets et la manière dont nous les gérons.

Dans le modèle Process Communication, la connaissance des motivations est un levier particulièrement important pour connaître le fonctionnement de notre personnalité et de notre interlocuteur. La communication permet de déterminer la porte d'entrée de notre pyramide, c'est-à-dire la base. Cependant, la motivation détermine dans quel étage de notre pyramide nous rechargeons nos batteries, en d'autres termes la phase de notre personnalité.

Explorons ces trois aspects.

## *LA MOTIVATION*

Pourquoi écrire ce livre ? Quel est le moteur de mon comportement ? Quelle force me pousse à entreprendre et à mener à bien ce projet ?

Inversement, la compréhension de votre motivation peut-elle vous convaincre de réaliser vos projets ou de collaborer aux miens ?

La motivation passionne le psychologue et intéresse tout particulièrement le vendeur soucieux de persuader son client : s'il sait comment donner envie d'acheter le produit ou le service, il augmente ses ventes. Le manager, évalué sur sa capacité de « motiver son équipe », est dési-

1. Le mot anglais *strokes* est habituellement traduit par « caresses, contacts, stimulations ».

reux de créer un climat à haut niveau d'énergie, où chaque collaborateur travaille avec un maximum de rendement et de satisfaction. Pour les parents et les enseignants, la motivation de l'enfant est jaugée en fonction du niveau de plaisir manifesté lors de l'apprentissage d'une matière ou d'un nouveau comportement. Psychologues, managers, vendeurs, parents et enseignants aimeraient tous savoir sur « quel bouton pousser pour que l'interlocuteur aille avec joie dans la bonne direction ».

Réponse classiquement étudiée en séminaire, la théorie de Maslow, avec ses applications dans la vente et le management constitue la première partie de ce chapitre.

## *Le cycle de la motivation*

Au départ du cycle de la motivation, nous avons un besoin. C'est une hypothèse : en effet, comme l'enseignait le professeur Paul Osterrieth, ni vous ni moi n'avons jamais vu un besoin. Ce besoin non satisfait nous pose un problème que nous allons résoudre par un comportement adapté. Le besoin satisfait laissera place à un nouveau besoin qui engendre d'autres problèmes que nous voudrons résoudre et ainsi de suite, comme l'illustre le schéma qui suit.

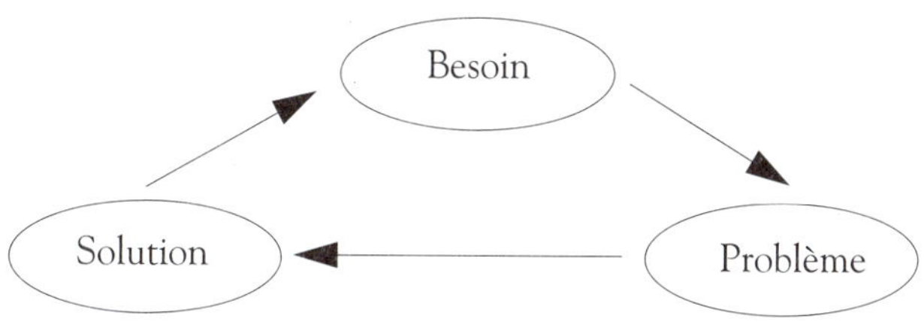


**La théorie de Maslow**
**Schéma de la motivation**

Il est 12 heures, j'ai faim, aussi vais-je interrompre la rédaction de cette page pour vous inviter à déjeuner dans un restaurant que je connais bien et qui m'a toujours réservé de bonnes surprises. Pour accompagner notre délicieux repas, je serai peut-être conquis par une bonne bouteille de vin qui étanchera ma soif en même temps que mon orgueil de fin gourmet. Une bouteille que je partagerai avec vous, à la fois par sympathie et par désir de rester en état de poursuivre la rédaction de chapitre.

Abraham Maslow a synthétisé sous la forme d'une pyramide les dizaines ou centaines de besoins identifiés par d'autres chercheurs.

À la base de cette pyramide, Maslow regroupe les besoins physiologiques : le besoin de boisson, de nourriture, de repos, d'air, de mouvement ou de sexualité.

Manger, dormir, respirer ou bouger sont indispensables à la vie. Les besoins physiologiques constituent donc un passage obligé pour accéder aux autres besoins.

Vient ensuite le besoin de sécurité : m'assurer que demain je pourrai également satisfaire mon besoin de survie. Le besoin de sécurité fait partie des besoins de base et explique les comportements de protection contre le danger, qu'il soit réel ou imaginaire : peur de perdre mon emploi, peur d'un accident de la route, peur d'un tremblement de terre ou peur d'une agression. Dans les usines, les mesures de sécurité répondent à ce besoin, par exemple le port du casque ou des lunettes. Les règles de protection visent à éviter les accidents ou à en réduire les effets dramatiques : au volant, attacher la ceinture ou limiter la vitesse, mettre les produits toxiques et les objets dangereux hors de la portée des enfants…

> Vous inviter dans un restaurant que je connais bien et dont l'hygiène est garantie sont des signes de mon besoin de sécurité : je privilégie la bonne santé. Alors que si je vous avais convié dans un nouveau restaurant, si je vous avais convaincu de choisir des mets exotiques et si j'étais fier de vivre dangereusement, mes besoins psychologiques l'auraient emporté sur les besoins de base.

Ces besoins psychologiques sont au nombre de trois : l'amour, l'orgueil et l'autoréalisation.

Faire partie d'un groupe, d'une famille ou d'une équipe, être intégré dans la société sont des manifestations de notre besoin social : nous sommes comme les autres et avec eux.

À l'opposé, le besoin d'estime de soi se traduit par la recherche du pouvoir, des honneurs ou de tout autre signe qui nous distingue des autres.

Enfin, l'autoréalisation se caractérise par l'épanouissement du moi dans la réalisation d'un projet, qu'il soit personnel, familial, social ou professionnel.

## *Déboucher les soupapes*

Barnes propose un modèle intéressant parce qu'il montre la dynamique de la pyramide de Maslow dans les relations professionnelles.

Il présente le travailleur sous la forme d'une marmite en ébullition. À la base, les besoins physiologiques et le besoin de sécurité doivent être satisfaits: ils sont liés à la survie de la personne. Viennent ensuite trois besoins présentés comme soupapes: le besoin d'affiliation, le besoin de reconnaissance et le besoin d'initiative.

Lorsque, mise sous pression, la personne se sent en sécurité, aimée de ses collègues (affiliation), appréciée par l'autorité (reconnaissance) et dispose d'une marge d'autonomie (initiative), son énergie est à un niveau optimal et elle s'épanouit dans la réussite de son projet.

Supposons que le travailleur exécute une besogne sans possibilité d'initiative et ne soit pas reconnu par son chef, dans ce cas, ces deux soupapes sont obstruées et, dès lors, sa sécurité est menacée: l'énergie qui n'est pas évacuée exerce une pression interne sur le sentiment de sécurité. De plus, le besoin d'affiliation est exagérément stimulé: anxieuse, la personne cherche à retrouver son équilibre et va, par exemple, s'affilier à un syndicat, organiser des réunions de protestation ou se laisser enivrer par les promesses d'amour d'une secte.

> Lors d'une intervention sur la sécurité dans les chemins de fer, l'instructeur me confia son désespoir de voir que les jeunes formés étaient convaincus de la nécessité du casque mais qu'ils en abandonnaient le port dès leur premier contact avec les anciens: accueillis par des quolibets du style « Visez un peu le beau casque du bleu! », ils optaient pour la sécurité psychologique de reconnaissance et d'intégration aux dépens de leur sécurité physique.

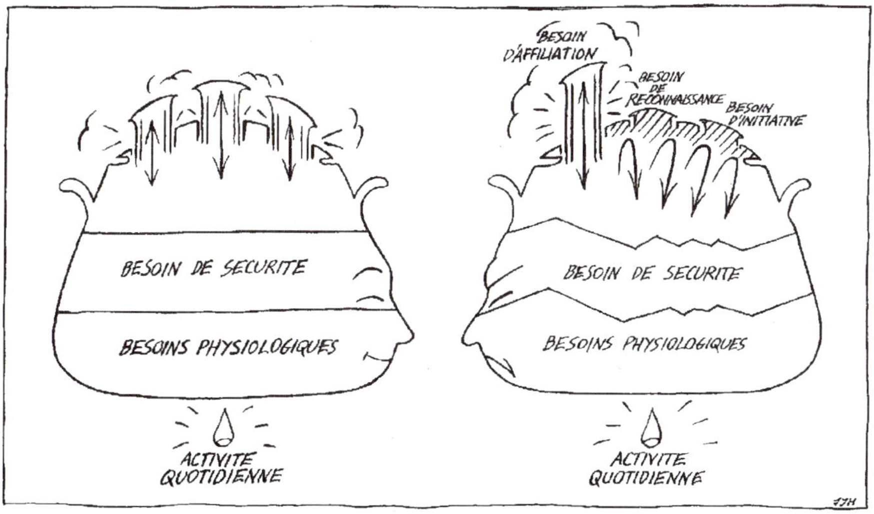


**La marmite**

## *LE BESOIN DE CONTACTS (STROKES)*

### *Les strokes et la vie*

14 août 1978, 16e congrès annuel de l'ITAA, *International Transactional Analysis Association* (San Francisco).

Hall de l'hôtel international Sheraton de Montréal. Deux hommes se font l'accolade. Une femme masse consciencieusement les épaules d'un impressionnant barbu bardé d'une cocarde « orateur ». Plus loin, deux personnes prolongent une tendre étreinte. Tous ces gens ne peuvent-ils pas se serrer la main ou se faire la bise « normalement » ? « Quel manque de pudeur et quel exemple de la part de psychothérapeutes », aurait jugé mon père.

Timidement, je m'adresse à une dame pour lui demander où se trouve le bureau d'accueil du congrès. Elle me propose de m'y emmener et exerce quelques pressions sur ma colonne vertébrale durant le parcours. J'éprouve un profond sentiment de bien-être, comme si tout le stress lié à mon voyage, toutes les tensions accumulées depuis quelques heures faisaient place à une nouvelle disponibilité à aller de l'avant. Un sentiment de bien-être furtif car nous voilà arrivés au comptoir d'enregistrement.

Pour les Analystes Transactionnels, le besoin de contacts est le premier et le plus important que nous cherchons à satisfaire, aussi indispensable à la vie que boire ou manger.

L'expérience habituellement citée pour valider cette hypothèse porte sur des petits mammifères, des souris par exemple, soumis à trois conditions expérimentales :

– première condition, les animaux sont isolés, chacun dans sa cage, « nourris, logés et blanchis », mais en plus, ils reçoivent régulièrement des contacts positifs de la part de l'expérimentateur : câlins, caresses, massages, comme tout animal domestique ;
– deuxième condition, les animaux sont toujours isolés, logés, nourris et blanchis et ont droit à des petits chocs électriques, douloureux, mais nullement dangereux ;
– troisième condition, les animaux sont isolés, toujours logés, nourris et blanchis mais cette fois, ils ne subissent aucun contact, ni positif (les caresses) ni négatif (les chocs électriques).

À votre avis, comment se développent les animaux dans ces trois cas ?

Quel est votre pronostic ? Prendre le temps de répondre, avant de lire la suite, est l'occasion de vous rendre compte de l'image que vous avez des caresses, au départ de votre intuition. Sans vous donner plus de détails ni d'explications ni de précisions, je vous propose de noter ici votre impression spontanée :

| Expérience | Votre réponse concernant l'effet des contacts |
|---|---|
| **Premier groupe**<br>Contacts positifs, caresses, massages… | |
| **Deuxième groupe**<br>Contacts négatifs, chocs électriques légers… | |
| **Troisième groupe**<br>Absence de contacts, isolement | |

En séminaire, les réponses varient selon la culture de l'équipe. Certains groupes estiment que les contacts négatifs stimulent la réaction énergique alors que les *strokes* positifs ont un effet soporifique. D'autres personnes supposent que les caresses négatives développent l'agressivité alors que les caresses positives sont sources d'épanouissement ; quant à la troisième condition expérimentale, elle semble laisser indifférent la plupart des managers interrogés : ils considèrent que l'animal réagit « naturellement » puisqu'il n'est pas perturbé, ni positivement, ni négativement.

D'aucuns sont même convaincus que l'animal du troisième groupe est en pleine forme… alors que l'expérience démontre qu'il meurt.

Si les scientifiques refusent de vérifier cette expérience sur des êtres humains, les observations et les témoignages confirment les conséquences dramatiques de l'absence de *strokes*.

Dans des situations d'enfants isolés ou d'adultes soumis à l'absence de stimulation, les constatations confirment que le besoin de contact est indispensable à notre survie et à notre équilibre.

Je me souviens d'une émission radiophonique où l'orateur invité décrivait la mise en quarantaine comme châtiment suprême dans une tribu : elle consiste à ignorer le condamné. Il ne lui est fait aucun mal et il continue à disposer de tout son avoir, logement, nourriture, liberté, que sais-je. Seule différence avec le passé : pour les membres de la tribu, il est devenu transparent, inexistant. Châtiment suprême parce que le condamné devient fou et finit par mourir.

Sans devoir rechercher les cas extrêmes, les illustrations ne manquent pas dans la vie quotidienne.

Prenons le cas du nourrisson que vous choyez, bercez, lavez changez et nourrissez de vos meilleures caresses : il se développe très bien et

grandit. Le voilà donc, quelques années plus tard, debout à vos côtés, faisant la file dans un bureau de poste.
– « Maman, je peux venir dans tes bras ? »
– « Chéri, Maman porte des paquets dans les bras. Tu vois bien que ce n'est pas le moment. »
– « Maman, je peux venir dans tes bras ? »
– « Je viens de te répondre que ce n'est pas le moment. »
– « Maman, je peux venir dans tes bras ? »

Je vous laisse deviner la forme que prend la caresse négative, cris, colère, fessée ou autre. Ce qu'il est intéressant de comprendre dans les larmes de l'enfant est qu'il vous dit: « Merci Maman, tu t'es occupée de moi; je me sentais en manque de contacts, j'avais l'impression d'avoir cessé d'exister à tes yeux, je me sentais en danger de mort; merci, tu m'as sauvé la vie; je savais que je pouvais compter sur toi, que tu n'étais pas indifférente ».

Si cette scène se reproduit plusieurs fois par jour, la nourriture privilégiée de l'enfant sera dorénavant les caresses négatives, soit qu'il ait décidé que les coups avaient sa préférence, soit que les caresses positives manquent au rayon éducatif de la culture familiale.

Cela s'explique par des croyances telles que :

- « Les baisers et les caresses, ce n'est pas pour les hommes. »
- « C'est par la peur que les enfants obéissent. »
- « Pour devenir un homme, il faut s'endurcir. »
- « Quand il aura reçu suffisamment de fessées, il finira par changer. »

Lorsqu'il ne s'agit pas d'un malheureux rejet: « Je n'ai jamais voulu cet enfant. »

Fixons un instant l'image de ce petit garçon qui reçoit une fessée lorsqu'il demande un câlin. Que va-t-il en conclure ?

Nous pouvons imaginer différentes options, telles que :

- Il ne faut jamais rien demander à personne.
- Avant de demander, il faut réfléchir et s'assurer que Maman est de bonne humeur.
- Je n'ai droit qu'à des fessées parce que je suis mauvais.
- Quand on aime quelqu'un on lui fait mal.
- Personne ne m'aimera jamais.

Restons un instant encore sur la scène de la fessée et imaginons la décision que prend notre petit héros :

- Dorénavant, je ne demanderai plus rien. Plutôt mourir qu'appeler à l'aide.
- Dorénavant, je ne prendrai que des fessées. Seules les personnes qui donnent des fessées sont dignes de confiance.

## *Les strokes dans la vie*

Ces décisions que nous prenons dans l'enfance influencent notre vie et celle de notre entourage.

> Appelé par la directrice d'une importante enseigne de confection pour l'enfant, je l'écoute se plaindre des vendeuses qui manquent de compréhension et de chaleur à l'égard des clientes : un sourire d'accueil, un bonjour personnalisé et un intérêt pour autrui font dramatiquement défaut, ce qui justifie l'organisation d'un séminaire qui développerait la fibre commerciale.
> Après avoir pris note de la demande et d'autres informations utiles, je prends congé de la directrice, je la remercie de sa confiance, lui exprime mon plaisir de collaborer avec une maison de renom et la félicite pour la qualité du magasin.
> « Je suis mal à l'aise avec ce que vous me dites, Monsieur Chalude, me confie-t-elle embarrassée. Je préfère une franche critique plutôt qu'un compliment. »
> Intéressante conclusion, cette phrase résume la culture de l'entreprise. Après avoir sélectionné les franches critiques et éliminé les compliments encombrants, la directrice les transmet à ses chefs de secteur qui à leur tour ont pris l'habitude de communiquer aux chefs de rayon des franches critiques plutôt que des compliments. Ces derniers ayant formé leurs collaboratrices à recevoir de franches critiques ne doivent pas s'étonner si leurs vendeuses sont avares de compliments, mais riches en franches critiques à l'égard des clients.

Bonne nouvelle : ces décisions prises dans l'enfance, nous pouvons les changer aujourd'hui, à la lumière de nouvelles informations.

Dans l'exemple précédent, insister sur le moindre défaut plutôt qu'apprécier le succès avait permis à l'entreprise d'acquérir une renommée de qualité et d'être « Fournisseur de la Cour ». En revanche, le refus de compliments sélectionnait inévitablement vendeuses et clientes préférant se nourrir de critiques.

En conclusion, si les caresses sont, comme boire et manger, indispensables à notre survie, et si les décisions prises dans l'enfance influencent notre comportement journalier, l'importance que nous accordons à ce chapitre se justifie aujourd'hui pour que vous preniez conscience des *strokes* dont vous avez besoin pour mener à bien les projets qui vous tiennent à cœur (le type, la quantité, la fréquence...).

## *Votre gestion des strokes*

Les *strokes* sont habituellement classés en :
– physiques (poignée de main, sourire, massage...) ou verbaux (compliment, critique, remerciement) ;
– positifs (embrasser, complimenter) ou négatifs (gifler, réprimander) ;
– personnels (entre moi et moi) ou relationnels (entre vous et moi) ;

– conditionnels (ce que la personne FAIT) ou inconditionnels (ce qu'EST la personne) ;

Par exemple, lorsque je me dis « bonne idée », « beau travail » ou que « j'ai le droit d'être fier du résultat » : il s'agit d'un signe de reconnaissance conditionnel. J'apprécie ce que j'ai FAIT.

Vous me dites « quel bonheur de te revoir », « sois le bienvenu parmi nous » ou « quoi que tu décides, tu restes mon ami » : il s'agit d'un signe de reconnaissance inconditionnel. Vous appréciez la personne que je SUIS.

Les *strokes* sont considérés comme l'unité de mesure dans les échanges.

Ainsi le rituel matinal du style :

Collègue A : « Bonjour. »
Collègue B : « Bonjour. »
Collègue A : « Est-ce que cela va ? »
Collègue B : « Oui, ça va. »
est un échange de quatre unités de contact. Chacun donne et reçoit deux signes de reconnaissance.

La qualité du *stroke*, son intensité, son investissement sont différents selon que vous lancez négligemment : « Salut, ça va » ou que vous me tendez les bras en vous exclamant : « Bonjour, Michel. Je suis heureux de te revoir. Comment vas-tu ? »

La « juste mesure » varie d'une personne à l'autre.

Savoir de quels *strokes* vous avez besoin (« ce qui vous motive »), en quelle quantité, de qui, en quelles circonstances est aussi important que savoir si votre voiture a besoin d'eau, d'essence, de gas-oil, de gaz ou d'huile… Cela permet d'éviter les pannes, les méchantes surprises ou la mauvaise humeur.

À titre d'exercice, je vous invite à observer comment les caresses positives et négatives sont distribuées dans votre entourage et, pour faciliter votre observation, voici quelques questions plus personnelles :

Quelles sont les formes de caresses positives que vous aimez recevoir ?. . . . .
. . . . . . . . . . . . . . . . . . . . . . . . . . . . . . . . . . . . . . . . . . . . . . . .

Quelles sont les formes de caresses positives que vous n'aimez pas recevoir ?
. . . . . . . . . . . . . . . . . . . . . . . . . . . . . . . . . . . . . . . . . . . . . . . .

Quelles sont les formes de caresses positives qui vous laissent indifférent ?. .
. . . . . . . . . . . . . . . . . . . . . . . . . . . . . . . . . . . . . . . . . . . . . . . .

Quelles sont les formes de caresses négatives que vous recevez ?. . . . . . . . . .
. . . . . . . . . . . . . . . . . . . . . . . . . . . . . . . . . . . . . . . . . . . . . . . .

Quelles sont les formes de caresses négatives que vous donnez ?. . . . . . . . . .
. . . . . . . . . . . . . . . . . . . . . . . . . . . . . . . . . . . . . . . . . . . . . . . .

Si vous êtes à court d'idées, si vous souhaitez plus d'exemples ou si vous désirez découvrir concrètement comment vous fonctionnez, je vous invite à formuler votre réaction ici même. C'est une façon de prendre votre place et de vérifier que la suite du livre répond à vos questions. De plus, la matière que vous apportez enrichit la théorie que vous étudiez.

| |
|---|
| Ma réaction :........................................................ |
| ............................................................. |
| ............................................................. |
| ............................................................. |
| ............................................................. |
| ............................................................. |

Actuellement, nous avons émis l'hypothèse que l'être humain avait besoin de caresses, de contacts, de relations, de stimulations pour être et rester en bonne santé, que ces signes de reconnaissance pouvaient prendre différentes formes et que, comme pour les autres nourritures, il avait des faims, des goûts spécifiques en qualité et en quantité.

Comment faisons-nous pour survivre, pour trouver cette nourriture relationnelle dont nous avons tant besoin ? La troisième partie de ce chapitre nous permet d'identifier les besoins psychologiques en fonction de notre pyramide de personnalité.

## *LES MOTIVATIONS LIÉES À VOUS ET À VOTRE PROJET*

Pourquoi ai-je entrepris la rédaction de ce livre ?

Alors que j'ai aujourd'hui suffisamment de travail, des obligations professionnelles, sociales et familiales auxquelles souvent je ne peux répondre, un niveau de vie et une sécurité d'emploi dont certains pourraient rêver, pourquoi avais-je besoin de m'engager à produire ces deux cents pages ? Est-ce par masochisme que je m'impose de nouvelles contraintes au lieu de jouir de mon bonheur ou suis-je un éternel insatisfait, à la recherche d'un paradis où l'herbe est plus verte ? Avais-je le choix de refuser ? Ai-je la possibilité de renoncer ? En dehors de toutes ces questions, de multiples tracas et des nouveaux soucis, qu'est-ce que je recherche et qu'est supposé m'apporter ce projet ? En quoi est-il donc si attirant ?

Ma réponse spontanée est double : j'écris ce livre par envie de partager avec vous vingt années d'expérience. C'est ma façon d'être en relation avec vous et de rester présent à vos côtés. En rédigeant ce livre, je me sens proche de vous qui avez participé à mes séminaires, vous qui m'avez confié vos petits secrets et vos grands bonheurs, vos sages conseils et vos folles espérances, vous qui avez été, à ce moment, la personne la plus importante. Acteur ayant donné le meilleur de lui-même durant le séminaire, je vois le rideau tomber comme la lame d'une guillotine et souffre de cette rupture qui sanctionne la fin d'une amitié.

Dès lors, ce témoignage est en quelque sorte une façon de vous retrouver et de rester dorénavant près de vous, que ce soit sur votre bureau, à côté de votre lampe de chevet ou dans votre bibliothèque.

La seconde raison, moins sentimentale et beaucoup plus raisonnable, est la volonté de transmettre une expérience, avec les observations, les réflexions et les convictions qui s'y rattachent. Un séminaire est un moment intense et éphémère qui nécessite un temps de digestion, de maturation, d'intégration. C'est le sens que je souhaite donner à ce document : vous permettre de prolonger l'apprentissage acquis par la réalisation d'un projet qui vous tient à cœur ou la mise en place d'un changement important.

Je considère également que toutes les personnes qui n'ont pas eu la chance de suivre ce type de formation y ont droit.

Il n'est pas juste que certains soient pénalisés parce que leur entreprise juge cet enseignement superflu. Or, j'ai la ferme conviction que chacun peut retirer un bénéfice personnel et professionnel des différentes théories exposées. En particulier la Process Communication est un modèle que j'ai eu le privilège de connaître et aujourd'hui, c'est mon devoir de le transmettre. Telle est la raison pour laquelle je consacre mon temps et mon énergie à ce projet, avec la volonté de le mener à terme.

## *COMMENT CHAQUE TYPE DE PERSONNALITÉ SE MOTIVE POUR SON PROJET*

La déclaration précédente illustre une dynamique Empathique à la base, suivie d'une phase Persévérante.

Pour l'Empathique, l'aspect relationnel est primordial. Un projet n'a d'importance que si c'est avec les autres ou pour les autres. « C'est n'être bon à rien que n'être bon qu'à soi » caractérise sa démarche au point de devenir un piège : à force de toujours penser d'abord aux autres, il finit par oublier de penser à lui. Il aura donc tendance à reporter ses propres ambitions sur les autres, son mari ou son épouse, son fils ou son patron. Son projet est de faire réussir les autres… avant de souffrir parfois de n'en être pas justement récompensé.

Quant au Persévérant, il possède la fibre pédagogique, se sent dépositaire de valeurs humanitaires à transmettre. Il considère son travail comme le partage d'une expérience, source d'enseignement et d'inspiration et voit tout le bénéfice que chaque lecteur peut en retirer. Cette vision d'un monde idéal, d'une qualité de vie supérieure, d'un paradis sur terre, lui donne la force d'aller jusqu'au bout de sa démarche.

> « Je dépenserai jusqu'à mon dernier denier pour que la vérité sur les régimes triomphe », me confia un éminent spécialiste des cures d'amaigrissement.

Comment chaque type de personnalité perçoit un projet a été introduit dans le premier chapitre où il fut question de vision pour le Persévérant, de gestion pour le Travaillomane, d'exécution pour le Rêveur, d'opportunité pour le Promoteur, de relations humaines pour l'Empathique et de créativité pour le Rebelle. Si vous avez clarifié votre projet aux chapitres précédents, voici le moment venu de vous assurer que vous aurez l'énergie de le mener à terme, faute de quoi vous pouvez déjà prévoir pourquoi et comment il échouera, danger que nous approfondirons dans la troisième partie. D'ici là, il vous est loisible de revoir votre projet à la lumière de l'énergie qu'il vous coûte… et de celle qu'il vous apporte.

Par souci pédagogique, chaque besoin psychologique est décrit comme s'il était lié à un type de personnalité pur ; toutefois dans la réalité, c'est souvent deux dynamiques motivationnelles qui sont privilégiées ; les besoins de la base, porte d'entrée de votre pyramide, et de la phase, étage correspondant à votre actuelle évolution.

## *Les besoins psychologiques liés à chaque type de personnalité*

Dans le modèle Process Communication nous intégrons la théorie de Maslow et le besoin de *strokes* mis en évidence par l'Analyse Transactionnelle.

Huit besoins psychologiques qui peuvent se manifester positivement ou négativement, ont été identifiés par Taibi Kahler : être reconnu pour son travail, être reconnu en tant que personne, le respect des convictions, le contact, la solitude, la sensorialité, la structuration du temps et l'incident.

Le choix d'une activité et l'énergie que nous y investissons sont révélateurs de notre pyramide; voyons comment chaque type de personnalité satisfait ses besoins psychologiques dans la réalisation d'un projet.

• *Empathique*

« J'ai été le premier psychologue masculin à me porter volontaire en tant que stagiaire à la crèche de l'université », raconte Michel. « N'ayant ni les responsabilités, ni les contraintes des puéricultrices, j'ai pu me consacrer entièrement à l'écoute des bébés, et à leur épanouissement. J'ai préféré la semaine où je me suis occupé des bébés de 9 mois que je sens plus proches alors que ceux de 3 ans veulent leur autonomie. »

S'occuper d'un nourrisson satisfait les deux besoins psychologiques de l'Empathique:

– le besoin d'être reconnu en tant que personne: il établit une relation où il peut aimer et se sentir aimé sans exigence de performance: que le bébé rie ou pleure, mange ou bave, c'est la septième merveille du monde!
– le besoin sensoriel: contacts sensuels, massages, caresses, vêtements soyeux; au pays de la douceur, l'Empathique est le roi.

Pour être motivé au travail, l'Empathique a besoin d'entendre: « Tu es une personne importante pour notre équipe » plutôt que: « Grâce à ton travail, nos performances ont augmenté de 17,2 %. »

• *Travaillomane*

« Merci d'avoir sorti les poubelles ce soir »; « Bravo pour le nouveau classement: il nous fait gagner une heure par jour. »

Le Travaillomane apprécie le travail des autres; il manifeste de la sorte qu'il a besoin d'être reconnu pour l'efficacité de son travail et la pertinence de sa réflexion.

Refaire l'installation électrique ou gérer le compte en banque familial sont à la fois sa façon de recharger ses batteries et de dire à son conjoint: « Je t'aime, tu es important pour moi. »

*La structuration du temps* est source de fierté pour le Travaillomane: accomplir un maximum d'activités en un temps bien planifié. La démonstration par l'absurde confirme ce besoin: si vous arrivez en retard à un rendez-vous, le Travaillomane a l'impression que vous « n'avez aucune considération pour sa personne ».

• *Persévérant*

> « Tous les mois, nous nous réunissons entre amis pour débattre d'un sujet philosophique, moral ou d'inspiration religieuse », confie Charles qui poursuit : « Pour rien au monde, je ne voudrais manquer cette soirée. »

Être respectueusement écouté lorsqu'il fait part de son opinion est la source d'énergie principale du Persévérant. Promulguer ses conseils, donner ses recommandations ou rappeler les règlements en vigueur est à la fois sa manière de recharger ses batteries et d'offrir ses *convictions* en cadeau à son interlocuteur. De plus, comme le Travaillomane, il aime être *reconnu pour son travail*: particulièrement attentif aux garanties de qualité, de sécurité et de stabilité, il manifeste ainsi son dévouement à l'entreprise.

• *Rebelle*

« Loin du Rebelle, la vie ne peut être belle. »

Le *contact ludique* constitue la base de son alimentation : il tague sa joie de vivre, danse avec les mots et fume l'humour, pour son plaisir comme pour le vôtre.

Contrairement au Travaillomane ou au Persévérant qui doivent d'abord terminer leurs travaux pour penser ensuite à se distraire, le Rebelle ne peut se concentrer à la tâche avant d'avoir avalé un méga bol de plaisir.

• *Rêveur*

« Le meilleur repas est celui que je prends seul » me confia un soir mon père.

La *solitude* donne toute la saveur à l'activité du Rêveur, celui-ci privilégie les travaux où il peut s'isoler ; c'est en elle qu'il puise son énergie : dans la retraite, la méditation ou le voyage en solitaire.

> François enseigne le Taï Shi à l'université. Il exécute les mouvements avec une grande concentration. Dans un profond silence, il invite les participants à reproduire chaque geste afin de se l'approprier. En transmettant son hobby, François satisfait à la fois son besoin de solitude et de conviction.

• *Promoteur*

Entre le saut à l'élastique et la vente du siècle, le dénominateur commun du Promoteur consiste à obtenir un maximum d'excitation en un minimum de temps. Ce concentré de stress génère le dépassement de soi et assure le vedettariat. Il est contenu dans le *besoin d'incident*. Contrairement au Rebelle qui joue pour s'amuser, le Promoteur joue pour le goût du risque : « Quand je vais au casino, c'est pour flamber », annonce Claude.

## *LES BESOINS NÉGATIFS*

Lorsque ses besoins psychologiques ne sont pas satisfaits de façon positive, chaque type de personnalité va recharger ses batteries de façon négative. À défaut d'être aimé, l'Empathique se fait rejeter et « s'empiffre » de douceurs. En colère de ne pas être nourri, l'individu va prendre le contre-pied pour prouver qu'il n'avait pas droit à la satisfaction de ses besoins. Le résultat confirme dramatiquement la démotivation : l'Empathique se fait haïr, le Travaillomane voit son travail critiqué, le Persévérant devient inaudible, le Rebelle perd ses copains, le Rêveur s'absente et le Promoteur est immobilisé.

S'il ne se sent pas reconnu pour son travail, le Travaillomane aura l'impression de ne pas en avoir fait suffisamment et verra son agenda professionnel dévorer son temps libre, engouffrant jusqu'à la dernière miette les moments de repos, les distractions familiales ou les activités récréatives.

Quand son interlocuteur manque de considération pour les valeurs qu'il défend, le Persévérant part en croisade, prêt à faire le siège de la position adverse jusqu'au triomphe de sa bonne foi.

Si l'activité ne l'amuse pas, le Rebelle prend plaisir à drainer l'énergie des autres : il critique systématiquement leurs initiatives, s'oppose avec créativité à leurs ambitions et les fait innocemment dévier de leur ligne de conduite.

Gavé de contacts et de stimulations externes, le Rêveur retrouve dans la maladie sa source de solitude.

Privé de sa dose d'excitation, le Promoteur pulvérise les règles de sécurité pour dévorer le danger.

## *CONCLUSION*

Comme la troisième partie a pour objet d'approfondir la façon dont les types de personnalités réagissent au malaise, je vous propose de conclure la deuxième étape sur le thème de la motivation. C'est le principal levier de la réussite : en forme et bien dans sa peau, chacun donne le meilleur de lui-même pour réaliser son projet.

Votre Rêveur communique son calme, sa sérénité et sa patience : travailler vous fait progresser à petits pas, savourant chaque jour le chemin parcouru.

Actif, votre Promoteur stimule l'esprit d'entreprise : il vous entraîne à vous mobiliser, à vous dépasser, à relever les défis.

Votre Empathique soude l'équipe qui vous accompagne, multipliant les attitudes d'entraide, de solidarité et de compréhension mutuelle.

Gestionnaire de nature, votre Travaillomane organise tout : il structure, il planifie et complète son agenda avec facilité.

Visionnaire et décisionnaire, votre Persévérant transmet sa foi en votre réussite.

À l'affût d'un raccourci ou d'une idée originale, votre Rebelle « crépite » de créativité.

Tous ces talents sont en vous et ils éclairent la voie du succès.

Vivent vous et votre projet !

SYNTHÈSE

Le modèle Process Communication précise la théorie des besoins psychologiques élaborée par Maslow et intègre la notion de *strokes* élaborée par les Analystes Transactionnels. Il met en évidence comment chaque type de personnalité trouve son énergie.

Comprendre comment vous rechargez vos batteries vous permet de maintenir votre motivation pour votre projet.

Veiller à la satisfaction de vos besoins est indispensable à votre bon fonctionnement. Des huit besoins psychologiques identifiés par Taibi Kahler, vous avez intérêt à privilégier ceux qui correspondent à votre base de personnalité et surtout à votre phase actuelle. Ils vous garantissent un haut niveau d'énergie dans vos réalisations.

Une raison supplémentaire pour laquelle ce chapitre est particulièrement important : en rechargeant vos batteries positives, vous limitez, voire évitez, les comportements générateurs de stress négatif décrits dans la troisième étape.

## Exercice

À propos d'un luxueux hôtel de vacances, le touriste vous confie ce qu'il a particulièrement aimé; il exprime de la sorte les besoins psychologiques de sa phase. Attibuez-lui un type de personnalité.

| **Ce qui motive le touriste à revenir** | **correspond aux besoins de sa phase (personnalité)** |
|---|---|
| *Exemple: je me suis amusé du matin au soir* | *Rebelle* |
| Le service est remarquablement organisé; tout est précisément planifié | |
| Le niveau de qualité est impressionnant: c'est un vrai cinq étoiles | |
| Le nombre de jeux vidéo est infini et l'ambiance créée par l'orchestre est géniale | |
| La gentillesse et la chaleur du personnel sont exceptionnelles | |
| C'est simple: c'est le plus cher donc c'est le meilleur | |
| On laisse les gens tranquilles | |

Corrigé en fin d'ouvrage.

*Troisième partie*

# VOUS ET VOTRE STRESS

*Comment éviter que l'énergie négative transforme en cauchemars vos rêves*

Après le chapitre relatif à la motivation qui clôture la deuxième étape, j'aurais aimé vous dire que tout va très bien, que j'ai confiance en moi et en mon projet, que je progresse avec entrain, enjambe les paragraphes, bondis d'idée en idée et franchis les obstacles à pieds joints.

En réalité, je vous ai caché une catastrophe : le fax reçu de mon éditrice depuis bientôt un an et auquel je n'ai toujours pas répondu. J'en suis doublement honteux !

## *C'EST LA CATA !*

Monsieur Michel CHALUDE

Télécopie : 00322/346 31 87

MLC/VM

Paris, le 31 août 1999

Objet : *Réussir ensemble*

Cher Monsieur,

Bienvenue en Europe ! J'espère que votre retour n'est pas trop difficile.
Comme convenu, j'ai pris connaissance de la soixantaine de pages que vous m'avez fait parvenir.
À vrai dire, je suis un peu perplexe. Ce que vous m'avez transmis s'apparente davantage à des notes en vue de la rédaction d'un livre qu'à des chapitres finalisés.
– La structure n'apparaît pas (titres des chapitres, intertitres). Vous n'avez pas utilisé la feuille de style proposée dans le guide des auteurs pour structurer votre propos.
– Il n'y a pas de lien explicite entre les paragraphes, comme si le lecteur devait par lui-même remplir les blancs, deviner la trame.
– Pas de transition (annonce de ce qui suit) entre les « chapitres ».
D'une façon générale, le texte ne propose pas de fil conducteur pédagogique. Le lecteur se sent complètement « largué » et très vite, il renonce. On ne trouve ni progression, ni explication.
– Il n'y a que peu d'exemples pour concrétiser le propos.
Bref, je fais mienne l'objection de la page 44 de votre texte, sinon que je remplacerais le terme « compliqué » par « confus ».
Je vous laisse réfléchir à ces quelques points et me proposer, si vous le souhaitez, une nouvelle mouture de ce texte.
Dans cette attente, je vous prie d'agréer, Cher Monsieur, mes salutations cordiales.

M-L C.

Responsable éditoriale

*PS*: Je vous retourne le texte par courrier séparé.

## CELA N'EST PAS UN DRAME

« Cela n'est pas un drame » aurait pu écrire Magritte en peignant le jugement de l'éditrice.

« C'est une page de la vie », avait l'habitude de préciser mon père lorsqu'il considérait que l'événement méritait d'être publié pour que chacun en tire la leçon. D'accord Papa. Alors, quelle leçon dois-je tirer de cet échec?

Trois conclusions se bousculent au bout de ma plume. D'abord, je prends conscience que je me suis bercé d'illusions à propos de mon talent d'écrivain. Comme la grenouille qui voulait se faire aussi grosse que le bœuf, j'ai surtout intérêt à ne pas me vanter de mon exploit. Les dédicaces à la Foire du livre, ce n'est pas pour moi. Ensuite, je me dis que l'éditrice aurait dû me mettre en garde dès le départ au lieu de me faire perdre mon temps. D'ailleurs, si elle avait été un peu plus psychologue, elle se serait davantage intéressée au sujet qu'à la dactylographie. Pas le moindre encouragement! Enfin, je pense que l'idée de départ est stupide: vouloir « écrire un livre qui donne envie au lecteur de réaliser son projet » n'a pas de sens. Ce serait trop simple: plus besoin de formation, de coaching ou de psychothérapie. C'est clairement une erreur. Inutile d'insister: il faut en tirer la leçon.

## TIRER LA LEÇON

La caractéristique des bonnes leçons de mon père est qu'elles remettent chacun à sa place: les écrivains chez Bernard Pivot, les formateurs dans leurs séminaires et les militaires à la caserne. Malgré toutes les révolutions culturelles, sexuelles ou technologiques, il n'y a rien de neuf sous le soleil: les gens ne changent pas. On est donc doué pour les études ou on ne l'est pas; on naît peintre, musicien ou écrivain, cela ne sert à rien de s'acharner; on a de la chance d'avoir des parents riches ou on ne l'a pas. Tout le reste n'est qu'une illusion entretenue par les médias, les politiciens ou autres ecclésiastiques qui en tirent profit.

J'ai envie de rayer ces lignes pour leur côté conservateur, totalement opposé au comportement réel de mon père! En effet, il encourageait la bonne volonté, soutenait le talent et défendait l'égalité des chances avant même l'existence de ce concept. Le vrai message véhiculé dans ses leçons est SURTOUT NE SOUFFREZ PAS! Me protéger – et se protéger – contre les désillusions et autres déceptions quotidiennes constituait son vaccin anti-douleur.

## LES ANTI-DOULEURS

Comment rester indifférent alors que je vois mon projet tomber à l'eau? Je passe du temps et de l'énergie à convaincre un éditeur de l'intérêt de ma démarche: raconter la réalisation d'un projet en clarifiant mon expérience à la lumière des théories que j'enseigne. Je fais participer le lecteur et l'invite à concrétiser un rêve. Le défi que je lui propose est de « réussir ensemble ». J'envoie soixante pages à mon éditrice pour la rassurer que je progresse. En retour, j'attends ses conseils et ses encouragements qui serviront de modèle de collaboration. Jusque-là, je crois que tout va bien : je fais vivre mon projet, je suis fier de lui, je m'en vante auprès de mes amis, je le vois grandir, s'épanouir, s'autonomiser, devenir mon compagnon de travail ou mon guide de voyage...

Un beau rêve prend fin. De quoi ai-je l'air maintenant ? C'est trop injuste et totalement insupportable. Quelle douleur, l'échec ! Quelle souffrance, les paroles qui blessent ou les écrits qui décapitent. Trouver une justification aide à panser la plaie : me reprocher d'avoir entrepris un travail qui dépasse mes capacités, critiquer l'éditrice et discréditer le projet lui-même sont les trois anti-douleurs pour absorber le malaise.

## *RÉSOUDRE LES PROBLÈMES*

Tout aussi soucieuse de mon bonheur mais ambitieuse pour son fils, ma mère avait foi dans l'étude. Apprendre de nouvelles façons de réfléchir, répéter inlassablement la même opération technique ou intellectuelle, de façon à en acquérir l'automatisme, emprunter le vocabulaire des auteurs classiques pour enrichir la qualité d'une rédaction et recommencer un travail jusqu'à la réussite, tel est le message qu'elle m'a transmis. Alors que pour mon père, l'échec s'oppose à la réussite, pour ma mère, l'échec n'est qu'une étape de tout apprentissage qui se conclut nécessairement par la réussite. Je l'entends me rassurer :

> « Ce n'est pas un drame, c'est le signal d'un problème à résoudre. Considère ce fax comme un cadeau de bienvenue, une preuve d'intérêt pour la collaboration, donc un gage de succès. Grâce à cela, tu as pris conscience de la complexité de la tâche : entre le désir de publier un livre et sa rédaction mot à mot, il y a la traversée du désert. Une aventure à risque. L'absence d'expérience, le manque d'entraînement et l'ignorance des points de repère ne peuvent être compensés par l'enthousiasme, la spontanéité ou la bonne volonté. L'échec était prévisible : mieux vaut le rencontrer après soixante qu'après trois cents pages. »

Au-delà d'être rassurant et de dédramatiser la situation, le message de ma mère est une invitation à aller de l'avant, à trouver des solutions, à mobiliser l'énergie nécessaire pour mener à bien les rêves qui nous tiennent à cœur.

Dans cette troisième partie, relative au stress, nous nous intéressons aux obstacles à la réalisation de nos projets. Incidents réels ou imaginaires, catastrophes naturelles ou guerres meurtrières, ces accidents de parcours nous surprennent, même lorsqu'ils sont prévisibles ; ils nous révoltent, même quand ils sont inévitables et nous glacent, même si nous gardons le feu sacré de la réussite.

Cinq chapitres illustrent comment notre sereine balade au pays des projets peut être perturbée. Les trois premiers mettent l'accent sur le stress négatif généré respectivement par la dramatisation, la compétition et la manipulation.

- *Chapitre 9 : La dramatisation*, signe d'un problème important à résoudre, risque d'être interprétée comme une voie sans issue.
- *Chapitre 10 : La compétition*, source de dépassement de soi, victoire contre l'adversité et gloire d'avoir triomphé de l'impuissance, s'épuise souvent dans des bagarres futiles ou des combats sanglants.

• *Chapitre 11: La manipulation*, exploitation des sentiments, privilégie le pouvoir aux dépens de la collaboration et détourne les projets de leur objectif.

Les deux derniers chapitres tentent d'expliquer pourquoi et comment nous manipulons, dramatisons et entrons en compétition: l'un fait le lien entre les manifestations de stress négatif et la dynamique de la personnalité et l'autre rappelle que de lointaines blessures continuent à nous traumatiser.

• *Chapitre 12: Le stress personnel*, piste d'obstacles que nous nous imposons, ralentit notre progression et la réalisation de nos ambitions. Ce stress s'accompagne parfois d'un déluge de sentiments de malaises qui provoquent des « glissements de terrain ».
• *Chapitre 13: Le scénario*, plaie mal cicatrisée dans notre tendre enfance, provoque notre chute et précipite la noyade de nos projets.

Dans ces chapitres, nous mettrons l'accent sur les aspects négatifs pour éclairer les pièges, sachant que notre objectif est de les éviter, et d'en retirer un apprentissage que nous valoriserons dans la quatrième étape, dédiée au changement.

Par mesure de sécurité, comme cette troisième partie est semée d'embûches, je vous invite à la parcourir avec prudence, selon votre rythme et votre sensibilité.

Si vous craignez de vous égarer dans les labyrinthes psychologiques ou si vous perdez pied dans un défilé théorique trop étroit, prenez un raccourci et rejoignez-moi au départ de la quatrième étape consacrée au contrat de changement.

# 9

# LA DRAMATISATION

*Comment l'énergie générée pour résoudre les problèmes devient un obstacle à la réalisation de nos projets*

## *INTRODUCTION AU STRESS*

Après avoir fait connaissance des six types de personnalité décrits dans le modèle Process Communication et approfondi leur façon de gérer les projets, de communiquer et de se motiver, dans cette troisième partie, nous allons étudier les aspects négatifs, c'est-à-dire comment nous faisons échouer les projets, souvent involontairement et inconsciemment.

Lorsque tout va bien, quels que soient mon type de personnalité et le vôtre, si nous avons le souci d'être nous-mêmes, d'établir une relation franche et honnête dans la résolution de nos différends et que nous mettons chacun le meilleur de nous-mêmes dans la conduite de nos projets, peu importent les frustrations, les querelles, voire les explosions émotionnelles : toutes ces manifestations semblent anecdotiques par rapport à notre implication dans la réalisation de nos objectifs et à notre engagement à réussir *ensemble. C'est d'ailleurs ainsi que se concluent les contes de fée :*

> Ils se marièrent et vécurent heureux, sans savoir s'ils étaient Persévérant, Empathique ou Rêveur...
>
> Malheureusement, l'expérience quotidienne est rarement un conte de fée : ils se marient en pensant qu'ils ont statistiquement une chance sur deux de divorcer, s'enthousiasment pour un nouveau développement professionnel, conscients que 70 % des projets n'aboutissent jamais, puis créent leur entreprise après avoir lu que 80 % des entreprises font faillite dans les cinq premières années de leur existence. Le stress est omniprésent. Après avoir été bloqués

> dans des embouteillages, bercés par quelque conflit international détaillé à la radio, suivi de l'augmentation du chômage et une nouvelle délocalisation, ils découvrent que leur place de parking est occupée par un visiteur. Au bureau, ils sont assaillis d'appels téléphoniques, alors qu'ils prennent connaissance de leur courrier électronique, des vingt-huit demandes formulées, d'un retard de livraison, des refus de payements, d'une fâcheuse panne informatique, de l'absence de la secrétaire ou de l'annulation d'une importante commande. Les multiples sources de stress, de tensions et de malaise nourrissent leurs frustrations, alimentent des querelles et provoquent des erreurs, qui à leur tour amplifient le stress, les tensions et le mal-être.

Si je dramatise la situation quotidienne, c'est afin d'attirer votre attention et de remobiliser votre intérêt pour la théorie que nous parcourons.

En effet, bien que la connaissance des types de personnalité puisse paraître superflue en l'absence de toute difficulté, ce modèle montre sa pleine puissance dès les premiers indices de stress. Des comportements qui nous irritent prennent un sens nouveau, des formulations tortueuses révèlent leur code, les relations conflictuelles deviennent prévisibles et leur mode de résolution évident.

Avant d'approfondir la dynamique du stress vécue par chaque type de personnalité, je vous propose de poursuivre la présente réflexion valable aussi pour les prochains chapitres. J'insisterai tout d'abord sur l'utilité de la dramatisation et du maintien d'un certain niveau de stress nécessaire à votre réussite.

## *LA DRAMATISATION, MOYEN DE PRÉVENTION*

Les conseillers sont souvent adeptes de la dramatisation : parents, chargés de notre éducation, ou vendeurs d'assurances, héros de notre sécurité, chacun nous met en garde contre les dangers que nous courons. Malheur à ceux qui ne les écoutent pas : ils le payent de leur vie !

> Ainsi le Petit Chaperon Rouge fit une très mauvaise rencontre parce qu'il flânait dans le bois au lieu d'aller directement chez sa grand-mère, comme le lui avait sagement recommandé sa mère.

Conseil de survie ou manipulation quotidienne, la dramatisation pimente l'éducation du jeune enfant.

> « Mange ta soupe pour devenir grand et fort comme un lion. »
> « Si tu ne donnes pas un baiser à papa, papa va mourir. »

Pour s'assurer que la leçon est bien retenue, l'adulte l'ânonne avec l'enfant et se réjouit lorsque celui-ci amplifie spontanément le drame lié à l'événement:

> « C'est trop chaud, ça brûle » mime le bambin en découvrant son potage.
> « Ne jamais traverser la rue tout seul, toujours donner la main à maman. »
> « Ne pas manger ce qui est tombé par terre. »

Voilà comment nos parents nous préviennent du danger, nous enseignent les comportements jugés adéquats ou espèrent obtenir un changement d'attitudes.

Plus tard, c'est le port de la ceinture de sécurité, du casque, des lunettes de protection qui font l'objet de campagnes de sensibilisation pour prévenir l'accident. Comportement réflexe pour certains, opposition systématique pour d'autres, ces obligations sont d'autant mieux acceptées qu'un proche a miraculeusement échappé à la catastrophe grâce à un « petit clic ».

## *LA DRAMATISATION, OUTIL DE CONVICTION*

« Sauver des vies » et plus particulièrement « vous sauver la vie » est un puissant argument qui facilite la prise de décision et l'action: la « dramatisation » est une technique de vente pour convaincre le client potentiel qu'il est grand temps d'acheter l'idée ou de se procurer le produit.

Ainsi dramatiser l'argumentation écrase les objections, en particulier celle du prix trop élevé. Lorsqu'il raconte le drame vécu par un client qui a cru faire des économies et a acheté un produit meilleur marché ou a réduit le coût de sa police d'assurance, le vendeur persuade son client du danger auquel il échappe s'il paye un peu plus cher.

Pour « vendre la décision », la démarche est identique:

> Lorsqu'en voyage, arrivé tard à l'étape, vous entendez l'hôtelier vous dire: « Je vérifie s'il me reste une chambre... Oui, et vous avez de la chance, c'est la dernière », le risque de négocier le prix, de critiquer le confort ou de postposer la décision est faible, tant vous vous félicitez d'avoir échappé au danger de devoir passer la nuit dans votre voiture.

Les publicitaires et les vendeurs savent que le drame pousse à la consommation. Mon père aimait une histoire illustrant cette exploitation commerciale:

> « Grande escroquerie. VINGT-SIX victimes. Demandez le journal! Grande escroquerie. VINGT-SIX victimes! », s'époumone le vendeur.

Curieux, un passant réagit :
– « Un journal, s'il vous plaît, Monsieur. »
– « Grande escroquerie. VINGT-SEPT victimes ! », poursuit le vendeur.

Dramatiser la situation fait partie des outils pédagogiques qui facilitent le changement et accélèrent l'action.

Dramatiser une situation est pédagogique : cela permet de prendre conscience de l'effet négatif d'un comportement et pousse à réfléchir aux options constructives.

Désirant convaincre son patient de renoncer à la cigarette, un médecin présente un magma immonde immergé dans le formol, en précisant « voilà le poumon d'un fumeur ».

Nous dramatisons donc pour être pris au sérieux, pour être entendus, écoutés, suivis.

Voilà ce qui va m'arriver si je ne travaille pas régulièrement. Voilà le danger que nous courons. À nous de faire en sorte de l'éviter.

Pour être une pédagogie efficace, la dramatisation doit s'appuyer sur des croyances positives :
– tous les problèmes peuvent être résolus et vous êtes capable de résoudre les vôtres ;
– tout s'apprend et vous êtes aussi doué que les autres pour assimiler des méthodes ;
– en cas de problème, agissez ; réfléchissez aux options, mobilisez votre énergie pour trouver la solution ou consultez les spécialistes à même de vous la fournir ;
– donnez-vous le temps, le droit et la permission de réussir ce que vous entreprenez, de mener à bien votre projet, de vous épanouir dans votre activité ;
– félicitez-vous des résultats, fêtez chaque succès.

Il ne s'agit pas d'une version revue et corrigée de quelque lointain catéchisme, mais d'une foi en la vie, en l'avenir et en chacun, à commencer par nous-mêmes.

Ainsi le médecin qui espère provoquer une prise de conscience de son patient, en lui montrant le poumon d'un fumeur, est convaincu que son interlocuteur est capable de changer, pour son bien et celui de ses proches.

De même, l'avocat qui nous fait préciser par écrit les clauses de mariage, d'association ou de succession, nous met en garde contre les dangers en cas de divorce, de rupture ou de décès, dangers improbables au moment où tout va bien.

En conclusion, dramatiser est un mode d'expression qui invite l'interlocuteur à prendre conscience d'un problème important et à se mobiliser pour le résoudre.

## *LA DRAMATISATION COMME SOURCE DE PASSIVITÉ*

> « Dramatiser comme pédagogie de la vie » est très beau, mais dans mon cas, c'est différent. Cela ne sert d'ailleurs à rien que je vous l'explique, vous ne pouvez pas comprendre. Personne ne peut comprendre. J'ai moi-même essayé vos solutions, mais il n'y a rien à faire. C'est réellement dramatique et c'est mon drame. Peut-être direz-vous que j'exagère et vous aurez probablement raison mais je suis incapable de faire autrement. J'ai suivi des séminaires et lu des livres de psychologie mais la seule chose que j'ai apprise, c'est que chacun doit vivre avec ses problèmes. Faire comme s'ils n'existaient pas est encore la meilleure pédagogie.

Si cette réaction vous surprend, c'est sûrement parce que vous ne m'avez pas connu durant mon adolescence, à supposer que j'en sois totalement sorti… À cette époque, la dramatisation était ma vie, ma raison de vivre. Passionné, désespéré, ivre de douleur, comment aurais-je pu renoncer à une telle intensité de sentiments, fussent-ils négatifs, démesurés et inadéquats ? Les mécanismes de la dramatisation sont simples à acquérir et à entretenir. Rapidement, ils s'auto-justifient : amplifier les problèmes pour démontrer qu'ils sont insolubles, maximiser la souffrance pour la cultiver, refuser aide, conseil ou solution pour ne rien devoir à personne et bien sûr ne rien entreprendre pour éviter un échec supplémentaire.

Dramatiser garantit le non-changement !

À l'époque, je n'avais pas envie de changer. Pas encore envie. Si tel est votre cas aujourd'hui, je le respecte et vous demande d'une part d'apprécier l'intelligence, l'ingéniosité et l'énergie dont vous faites preuve pour maintenir une situation insatisfaisante. Sans ironie ni autre sous-entendu, c'est du grand art ; une prouesse relationnelle qui révèle un talent prometteur de succès.

D'autre part, je vous propose de vous donner la permission de ne rien changer, car vous obliger à changer ou à ne rien changer serait une contrainte supplémentaire, une nouvelle source de stress et de dramatisation. La permission de décider aujourd'hui de ne rien changer implique la permission de changer demain ou quand vous le souhaitez, à votre meilleure convenance.

À l'époque et aujourd'hui encore, je n'ai trouvé que deux bonnes raisons pour changer :
– pourquoi vouloir échouer si j'ai la possibilité de réussir ?
– pourquoi être malheureux si je peux être heureux ?

Lorsque la dramatisation consiste à nier les problèmes, à refuser les solutions ou à empêcher tout apprentissage, elle garantit le malaise et mine les projets. En être conscient est une première étape. Adopter une attitude à la fois adéquate pour votre projet, satisfaisante pour autrui et désirable pour vous en est une seconde.

## *LA DRAMATISATION COMMENCE AU BERCEAU*

Entre une mère et son nourrisson, la communication est simple : c'est l'heure de son repas et bébé pleure ; vous comprenez son signal, vous le prenez dans les bras et lui donnez son biberon. Parfois aussi, bébé insiste parce que le biberon n'est pas prêt : il intensifie ses pleurs, semble « escalader dans la douleur » pour vous faire comprendre qu'il a très faim, que c'est important et urgent que vous résolviez son problème. Si, à ce moment-là, vous n'êtes pas immédiatement disponible, vous pourriez penser qu'il exagère : patienter dix minutes n'est vraiment pas un drame. De son côté, bébé constate que son message n'est toujours pas pris au sérieux. Il expérimente une situation tragique : il a faim, mais vous ne semblez pas comprendre que c'est un réel besoin et qu'il ne peut rien faire pour le satisfaire. Au lieu de reconnaître son besoin et d'agir en conséquence, vous donnez l'impression de le méconnaître et de rester abominablement passif. S'il hurle sa douleur et son désespoir, peut-être prendriez-vous conscience de son inconfort ?

Malheureusement, l'effet est inverse : l'exagération du message lui retire toute crédibilité : incohérent par rapport à la réalité, il ne tient pas la route et semble une intolérable manipulation.

## *LA DRAMATISATION EST UN SIGNAL*

Depuis notre plus tendre enfance, nous avons appris que dramatiser est une façon d'exagérer le message pour « toucher » l'interlocuteur et le faire bouger. Nous augmentons les conséquences négatives, personnalisons, généralisons, créons l'illusion que le drame est omniprésent. Nous redoublons de vigilance, sans relâche ; respectons les consignes de sécurité à la lettre; faisons preuve de prudence en toute situation et souscrivons une assurance qui couvre parfaitement un maximum de risques.

La dramatisation est un mode de contact: c'est le *signal* d'un problème méconnu, c'est un mode de relation que nous qualifions de mécommunication dans la mesure où l'effet est malheureusement le plus souvent inverse à l'objectif recherché.

Pour vous comme pour votre interlocuteur, la dramatisation révèle un besoin insatisfait. C'est donc un incitant: si vous pouvez décoder le sens de ce *cri* et rétablir la communication, vous ouvrez la voie au changement.

Donner du sens aux signaux que vous observez, tel est l'objet de la théorie de cette troisième étape.

## *LA DRAMATISATION EST UNE EXPÉRIENCE INTERNE*

Je me torture car n'arrive pas à mettre les chapitres en forme et je m'en veux de m'être engagé à terminer les deux dernières parties pour la fin du mois. Honteux, confus et en colère, un jour j'en perds l'appétit, un autre le sommeil. Qu'avais-je besoin de me vanter d'écrire un livre? Quelle galère! Je m'imagine au fond d'un puits de connaissances: je creuse désespérément chaque idée pour en sortir une phrase, et je m'enfonce mot après mot dans le désespoir.

Je me dis que je suis stupide de faire confiance en ceux qui me prêtent un quelconque talent: ils ne me connaissent vraiment pas. Quelle angoisse! Si j'abandonne, je n'oserai plus me montrer devant personne et si je continue, je vais y laisser ma peau. Quel drame!

Pour dramatiser une situation, nous n'avons besoin d'aucune aide extérieure. Nous nous faisons du « mauvais sang », comme si nous confions à nos globules le soin de charrier notre stress. Exagération du problème et amplification des sentiments donnent corps au malaise: il devient solide, pesant, présent; il devient quelqu'un à notre image. C'est notre création, à la fois notre souffrance et notre fierté. C'est un ami intime, connu et reconnu, choyé et chéri, fidèle et fiable.

Oserais-je l'avouer? La dramatisation dégage un parfum enivrant! Certes il ne s'agit pas de vrais drames, tels ceux qui blessent l'actualité et dont la vision nous arrache les yeux; il s'agit d'une théâtralisation des comportements et des émotions: un geste maladroit, une parole déplacée, un ton hautain ou un regard fuyant, sont « la goutte d'eau qui fait déborder l'océan ».

## *LA DRAMATISATION SE DANSE À DEUX*

Si la rédaction de ce livre ne progresse pas comme je le souhaite, c'est parce que je ne prends pas les décisions qui s'imposent pour le terminer: je continue à animer des séminaires le jour, à voir des amis le soir et à traiter en urgence d'autres projets importants. Tout cela prouve que je ne suis pas doué, que je dois m'acharner à la tâche pour ne pas réussir. Ai-je été stupide d'accepter ce contrat ! Je finis par m'en vouloir de m'être laissé piéger.

Mon épouse, à qui je viens de lire ce dernier paragraphe emboîte le pas. « Tu as le don de m'énerver en écrivant de pareilles âneries. C'est plus fort que moi mais je ne peux pas m'empêcher de te trouver complètement débile. D'abord, tu n'as aucun sens de l'organisation. Quand tu décides de faire une chose, tu en fais une autre. Ensuite, tu prends un réel plaisir à vivre dans l'inconfort. Si je n'étais pas là pour gérer la maison, prendre en charge les enfants et planifier nos distractions, je n'ose imaginer à quoi notre vie ressemblerait. Et tout cela ne m'empêche pas d'aller au bureau et de travailler. En conclusion, tu as tout le temps d'écrire, dans les meilleures conditions et si tu n'arrives nulle part, tu n'as qu'à t'en prendre à toi-même ».

*

Reprenons le premier mouvement de la danse.

Que d'énergie mise à me dévaloriser ! Je veux me prouver à moi-même que :

- je ne suis pas doué,
- je dois travailler dur,
- je me laisse piéger,
- je ne suis pas à la hauteur de mes ambitions,
- je ne réussis qu'à échouer,
- je me coince moi-même.

En langage courant, vous traduisez que « je cherche des coups, donc j'en reçois » ; en Analyse Transactionnelle, vous pouvez dire que « me donnant des caresses négatives, j'en redemande ».

Comme au bal musette, vous observez que les bons danseurs suivent le rythme de la musique, épousent le sens de la démarche et font corps avec leur partenaire: ici aussi, quoi de plus harmonieux qu'une telle complémentarité, sachant qu'un échange négatif vaut beaucoup mieux que l'indifférence?

Lorsque les échanges de coups se poursuivent et s'intensifient, nous ne nous contentons pas de tourbillonner dans le malaise, mais faisons aussi valser les assiettes et c'est l'escalade!

## *L'ESCALADE*

Je suis, malgré moi, pris dans l'escalade: plus ou moins rapidement, je me sens aspiré vers le sommet de la dispute.

– « Oui, tu as raison. Tu es une femme parfaite et je suis confus de souiller ton existence. Je suis sincèrement désolé d'avoir choisi de vivre avec toi au lieu de garder mon appartement. »

– « Je n'ose imaginer dans quel état serait ton appartement: une véritable porcherie! »

– « Après tout ce que tu me fais subir avec ta maniaquerie du rangement et de la propreté, je préfère nettement l'air de la porcherie: il est moins pollué que ton petit esprit! »

*

Jusqu'où aller? La bouderie, la rupture, la violence ou simplement un timbre de colère de plus collé dans le grand album de l'impossible amour…

Parce qu'au point de départ, j'ai maladroitement confessé une difficulté et innocemment espéré quelques paroles de réconfort, je me retrouve projeté dans un cauchemar: le spectre du divorce se trémousse sur le rythme endiablé du conflit. Je me sens incompris, rejeté, abandonné. Dans ce climat de flagrante exagération, j'ai envie de tout laisser tomber, à cause de mon épouse.

L'escalade intensifie le malaise et monopolise le temps et l'énergie nécessaires pour faire progresser le projet.

## *LE DRAME EST LA PLUS PARLANTE DES DRAMATISATIONS*

Stavelot, 26 juin 1998 – Un camion fou dévale la pente et détruit le centre historique de la cité.

Juillet 1998 – Le gouvernement vote une loi interdisant la circulation des poids lourds sur ce tronçon. Le danger était connu, la conscience du risque partagée par plusieurs. Mais c'est le drame qui a justifié le changement.

Aurions-nous pu éviter l'accident en sensibilisant les autorités nationales, en « dramatisant » la situation, de façon pro-active ?

Inversement, est-ce le routier qui a adopté un comportement passif en « méconnaissant » l'état de ses freins ?

Ces notions de comportements passifs et de méconnaissance ont été développées par Jacqui Schiff et sa famille dans l'ouvrage *Cathexis Reader*.

Ayant eu la chance de suivre ses séminaires, je saisis l'occasion de résumer sa théorie dans les prochains paragraphes et de lui rendre ainsi hommage.

## *LA DRAMATISATION, PÉDAGOGIE DE L'ÉCHEC*

Nous avons vu que dramatiser est une façon efficace de nous sensibiliser au problème. Cependant, lorsque nous restons sourds au message, nous entrons dans un mécanisme psychologique appelé la méconnaissance.

Invitée par son kiné à faire un exercice de relaxation, une femme répond précipitamment en agitant frénétiquement la tête et les bras : « Non, je suis très détendue, ça va, je n'ai pas de problème, ce n'est pas nécessaire, ça va très bien. »

Insensible à son langage corporel, elle méconnaît le message que son corps lui envoie et refuse d'agir pour résoudre le problème, malgré l'invitation du kinésithérapeute.

La méconnaissance est un prisme déformant, au travers duquel nous regardons la réalité : la nôtre, celle de nos interlocuteurs et l'environnement extérieur. En d'autres termes, lorsque la personne méconnaît, elle croit et agit comme si un aspect d'elle-même, des autres ou de la situation était moins important qu'il ne l'est en fait.

Sans établir de relation avec le drame de Stavelot, prenons l'exemple du routier au volant d'un camion dont le tableau de bord signale un problème de freins.

Au premier degré de méconnaissance, le plus grave, il ignore entièrement le problème : « Il n'arrive jamais rien aux freins de mon camion » ; c'est méconnaître l'EXISTENCE du problème.

Au deuxième degré, il reconnaît l'existence du problème, mais non son IMPORTANCE : « Tu vois, même les freins électroniques ont des ratés », se dit-il avec le sourire.

Au troisième degré, il méconnaît la POSSIBILITE DE RÉSOUDRE le problème : « C'est grave ces nouveaux freins ! On ne pourra décidément jamais avoir du bon matériel dans cette maison ! »

Au quatrième degré, c'est son APTITUDE À RÉSOUDRE le problème qu'il méconnaît : « Il faudrait faire quelque chose mais moi, je ne connais pas ce nouveau type de freins. Moi je ne suis pas un ingénieur ! »

Cet exemple du routier illustre le danger des méconnaissances et le risque d'accident malmenant nos projets et nos relations.

## *LA DRAMATISATION EST LIÉE À NOS BESOINS PSYCHOLOGIQUES*

À propos de relations, je vous propose d'analyser la dispute conjugale et l'escalade de malaise, à la lumière des méconnaissances.

Au premier degré, je ne reconnais pas l'existence de mon besoin d'encouragements : « Je me déclare simplement non doué. »

Au deuxième degré, je sais que j'ai besoin d'être motivé, mais ce n'est pas un problème important : « Tout le monde passe par des moments de découragement. »

Au troisième degré, je suis conscient que c'est important, mais c'est insoluble : « Les femmes (les patrons, les gens, les médecins...) ne peuvent pas me comprendre. »

Au quatrième degré, je reconnais qu'il est possible de résoudre cet important problème, qu'il suffirait que je demande à mon épouse un compliment, ou un câlin, mais « moi je m'y prends toujours mal ».

Être attentif à la dramatisation permet de prendre conscience des besoins psychologiques non satisfaits et de rapatrier notre pouvoir de résoudre les problèmes.

> Ainsi, connaissant la dynamique Travaillomane de mon épouse, je peux comprendre que son besoin psychologique de reconnaissance du travail et de structuration de temps n'est pas satisfait : lorsque je l'interromps dans son occupation pour lui lire un paragraphe, sa colère me renseigne que je ne manifeste pas suffisamment de considération pour ce qu'elle fait.

En dramatisant de part et d'autre, nous méconnaissons nos besoins psychologiques et notre capacité de les satisfaire ; nous amplifions les problèmes au lieu de les résoudre, nous générons de plus en plus de stress négatif.

Dans le même temps, nous précisons quel est le besoin insatisfait: mon épouse désire que son travail soit reconnu alors que je lui demande de me soutenir, de m'accompagner dans la réflexion.

Nous privilégions inconsciemment une manière d'intensifier le malaise pour obtenir de l'attention.

« Mon ami ne s'intéresse à moi que lorsque je lui dis que je ne me sens pas bien, confie Judith, il devient affectueux, se montre tendre et me couvre de cadeaux. » Pourquoi attendre d'être malade pour exprimer l'amour? La Saint-Valentin, c'est chaque jour.

« Comment chaque type de personnalité dramatise » fait l'objet du chapitre relatif au stress personnel. Nous y étudierons ce que la personne se dit et comment elle se comporte lorsqu'elle expérimente des émotions de malaise.

Loin d'être un simple jeu de l'esprit, cette connaissance nous sert à dédramatiser: lorsque nous comprenons la dynamique du stress vécue par chaque type de personnalité, nous savons comment rétablir la communication.

Classiquement, la satisfaction des besoins psychologiques reste le moyen privilégié de résoudre les problèmes au lieu de les amplifier, de mener les projets à bon port et de recycler les conflits en collaborations. C'est pourquoi je vous invite à recharger régulièrement vos batteries positives.

En attendant, la dispute conjugale domine mon projet et mes préoccupations. Il est temps de dédramatiser pour diminuer le stress négatif.

Dès lors une nouvelle question se pose: « Qui doit faire le premier pas? » C'est souvent l'occasion d'entrer en compétition pour savoir qui est le plus fort, qui va céder et qui reconnaît son erreur. Cette compétition, elle-même génératrice de stress, est décrite dans le prochain chapitre.

SYNTHÈSE

Le stress se manifeste au quotidien, dans notre environnement, dans notre comportement et dans notre mode d'expression. Le déclencher ou l'attiser comporte à la fois des aspects positifs et négatifs.

**Dramatisation pédagogique**

La dramatisation consiste à exagérer un problème ou à éclairer puissamment un danger de façon à provoquer un stress positif, mobilisateur du changement.

Dès lors, elle agit comme un moyen de sensibiliser aux risques d'accident et d'enseigner les règles de sécurité.

Son pouvoir d'influence est utilisé tant dans le conseil que dans la vente.

Ainsi, lors des stages de formation, c'est un outil pédagogique destiné à sensibiliser les participants à l'importance d'un problème et une invitation à acquérir de nouvelles techniques, voire à modifier leur comportement.

**Dramatisation passive**

– Si la dramatisation est un moyen de sensibiliser à l'importance et à l'urgence d'un changement, l'exagération d'un problème a également l'effet inverse : prouver qu'il n'y a pas de solution.

– Amplifier un problème ou minimiser son importance permettent de ne pas le résoudre : dans un cas, c'est impossible ; dans l'autre, c'est inutile.

– En ce sens, la dramatisation est une invitation à adopter des comportements passifs qui augmentent le problème, justifient son insolvabilité et confirment cette même dramatisation.

## EXERCICE : VOTRE FAÇON DE DRAMATISER

Je vous invite à écrire mot à mot une récente dispute, familiale, amicale ou professionnelle. Analysez la dramatisation à la lumière des méconnaissances, des types de personnalités et des besoins psychologiques. Imaginez ensuite comment la relation aurait pu se dérouler de façon positive, pleinement satisfaisante pour vous, pour votre interlocuteur et pour la poursuite du projet commun.

# 10

# LA COMPÉTITION

*Comment la rivalité attise le stress négatif toxique à la réalisation de votre projet*

## *LE DANGER, C'EST LES AUTRES*

Jusqu'ici, j'ai toujours refusé de publier un livre, par crainte de voir mes concurrents déchiqueter mon travail pour se nourrir de mon expérience et séduire ensuite mes clients en briguant le trône d'empereur de la formation. Redoutant les pirates des séminaires qui pillent les trésors d'idées afin d'offrir, à vil prix, de brillants concepts aux managers receleurs, j'ai souvent été désarmé par des objections lapidaires telles que : « J'ai déjà entendu parler de cela, qu'avez-vous d'autre ? » ou encore : « Il y a longtemps que j'ai vu un livre sur ce sujet. Il paraît qu'aujourd'hui tout cela est dépassé par… »

Comme je respecte mes maîtres et partage avec mes collègues des règles de stricte déontologie, je refuse d'interpréter une théorie mal assimilée, de prétendre être l'auteur d'un schéma dérobé ou de romancer une anecdote inventée. En revanche, je soupçonne d'autres formateurs mal intentionnés de cannibaliser les idées pour se vanter de leur génie. De plus, j'ai peur de vous livrer mon expérience en quelques pages facilement assimilées : que me restera-t-il d'original pour vous attirer dans mes séminaires ?

Je comprends les cadres et les employés qui retiennent des informations et distillent leur savoir au goutte à goutte : c'est une stratégie de survie dans un monde agressif en rapide évolution. Face aux menaces de réduction du personnel, de mise en chômage, de délocalisation et de changements technologiques, le « chacun pour soi » est la loi.

Oserais-je vous avouer que je vous parle aujourd'hui sur ce ton parce que je me sens jaloux ? Jaloux des premiers de la classe qui raflent les honneurs, jaloux des apollons qui tombent les déesses, jaloux des génies qui signent les découvertes et jaloux de mes collègues qui écrivent facilement.

Décidément, comme moyen de dramatiser, la concurrence est des plus efficace.

*

## *QUELLE BELLE BAGARRE !*

Sportive, scolaire ou industrielle, la compétition a des allures guerrières : le vainqueur triomphe sur la dépouille du vaincu, l'échec s'habille de honte pour enfanter le désespoir et la défaite s'abreuve de larmes devant l'irréparable gâchis.

Rira bien qui rira le dernier.

Pourquoi arrêter le massacre alors qu'un jour, ce sera à mon tour de rire ? Ici-bas ou dans l'au-delà ! Enfant de la guerre, je n'ai jamais aimé jouer aux soldats de plomb autrement qu'en les faisant parader. « Si tous les gars du monde voulaient se donner la main » me paraît la seule devise digne de l'étendard de la vie. Malgré ces déclarations grandiloquentes, la compétition fait partie de notre quotidien : c'est un moteur d'évolution et de développement autant qu'une source de conflits stériles. S'il est profitable d'être en compétition pour gagner en performance, en réalisation ou en sagesse, il est inversement destructeur d'être en compétition pour perdre.

En lisant les paragraphes qui suivent, je vous invite à identifier le rôle joué par la compétition dans la réalisation de votre projet. Le cadre théorique dû à Lucie King et Lawrence Kokkelenberg me paraît peu enseigné dans l'entreprise, comme s'il était tabou de lever le voile sur nos rivalités quotidiennes.

## *LA CONSCIENCE PROPHYLACTIQUE*

Vivace et subtile, la compétition s'infiltre sournoisement dans nos projets pour les dynamiser ou les dynamiter. La notion OK permet de faire la différence.

Une vision positive de soi, de l'autre et de la situation assure une compétition gagnante: nous mobilisons nos savoir, savoir-faire et savoir-être pour accomplir les projets. Chemin faisant, nous apprenons, seuls et avec les autres. Nous faisons confiance en notre capacité de changer, d'évoluer, de nous perfectionner.

Puisque nous avons le droit de demander de l'aide, d'apprécier les talents et les succès d'autrui, nous prenons plaisir à progresser avec nos collègues, nos clients, nos fournisseurs voire nos confrères, qu'ils soient plus ou moins performants que nous. Pour réussir, nous n'avons donc nul besoin d'écarter les autres, ni de les agresser, ni de nous effacer devant eux. Convaincus qu'il y a de la place pour nous et pour les autres, nous mettons notre énergie à réussir ensemble; nous nous sentons bien avec nos victoires et avec les leurs; nous apprécions notre bonheur et le leur.

Stimulant le dépassement de soi, la recherche de la qualité et l'amélioration continue, la compétition gagnante génère de l'énergie positive qualifiée de stress positif.

À l'inverse, le mépris favorise les règlements de compte, s'oppose à la collaboration, à la négociation ou à l'apprentissage et produit du stress négatif. La compétition perdante mène à la détresse.

Afin de protéger votre projet des effets dévastateurs de la compétition négative, je vous suggère d'analyser les conséquences de votre rivalité, en vue d'identifier les vitamines et d'éliminer les parasites. La compréhension des quatre modes de compétition constitue une excellente prophylaxie.

Tandis que je rédige, je découvre la manière dont je fonce dans la bagarre pour (in)consciemment et (in)volontairement générer de l'énergie négative qui me conduit à l'échec.

## *IL Y A DÉJÀ UN LIVRE SUR LA PROCESS COMMUNICATION*

J'arrive trop tard: la place est prise. Puisque mon ami Gérard a déjà publié un livre sur la Process Communication[1], tout ce que j'écris ne peut être que de la redite. Autant arrêter tout de suite. C'était lui ou moi. Comme à l'époque, je ne voulais pas vulgariser cette théorie, quelqu'un d'autre s'en est chargé.

1. Collignon G., *Comment leur dire… La Process Communication*, InterEditions, 1994.

Quel intérêt mon éditrice aurait-elle à soutenir aujourd'hui un livre qui traite du même sujet ? Cela n'intéressera plus personne. Gagnant ou perdant, tel est le sort qui nous est réservé.

*

La conviction qu'il n'y a qu'une place et qu'il faut se battre pour l'avoir déroute beaucoup de parents : persuadés d'être capables d'aimer leurs deux ou trois enfants avec la même tendresse, ils assistent aux disputes pour qui sera pris dans les bras, qui occupera le siège à côté du conducteur, qui sera écouté avec intérêt.

Pourtant, j'ai appris dans ma jeunesse, que notre devise nationale belge était « L'Union fait la Force » et, en première ligne de chaque page de mon bulletin scolaire figurait la mention : « Parents, comparez votre enfant à lui-même. » Cet idéal de collaboration pour faire face aux dangers et cette lutte avec nous-mêmes pour enrichir nos connaissances et développer nos compétences, pouvons-nous les intégrer à la réalisation de nos projets ?

La compétition dans le monde du travail paraît inévitable lorsque plusieurs personnes revendiquent le même congé, le même objet, la même situation ou la même promotion, mais qu'une seule atteindra son objectif. Un consultant raconte :

> « Alors que j'avais obtenu de mon patron un bureau indépendant, j'eus la généreuse initiative de le prêter à la directrice du personnel lorsqu'elle menait un entretien de sélection. Suite à mes fréquentes et longues absences, elle prit définitivement possession du lieu et m'offrit pour seule alternative de retourner dans le bureau que je partageais préalablement avec un collègue. Ce fut plus fort que moi, je ne décolérais pas : comment cette « garce » avait osé prendre ma place ! Tout en étant conscient que le bureau qui m'avait été accordé ne se justifiait pas et qu'il était en revanche indispensable pour la directrice dont j'appréciais le travail, j'entendais la chimie de mon corps me hurler : « Elle n'a même pas attendu ton retour pour que ce soit toi qui prennes la décision. Elle s'est contentée de te mettre devant le fait accompli, sans autre remerciement. » Il me fallut plusieurs heures pour sortir de ce désarroi émotionnel et maintenir une saine collaboration avec ma collègue. »

S'il est parfois intéressant d'être en compétition pour gagner (par exemple pour accroître sa part de marché de 10 %), il est rarement profitable d'être en compétition pour perdre. En particulier, au sein d'une entreprise, les conflits entre départements représentent souvent une lourde perte d'énergie par rapport au projet global de la direction.

Le mode « *qui gagne – qui perd* » ou « *moi d'abord* » a pour but d'obtenir la satisfaction de ce que l'on veut aux dépens des autres. Ce type de compétition repose sur la conviction : « Ils n'acceptent pas que j'aie une place ; mes besoins ne peuvent être satisfaits. »

Certes, « perdre sa place » est objectivement dramatique pour des personnes peu qualifiées, ayant charge de famille et vivant dans une région économiquement défavorisée ; il vaut mieux « se faire sa place au soleil » en profitant de notre jeunesse, de notre beauté, de notre bonne santé, sans oublier notre capacité d'apprentissage et d'adaptation. Toutefois, même dans des situations négatives, mettre l'énergie dans la solidarité, la créativité, le dévouement et la négociation est généralement plus adéquat que l'emprisonner dans le conflit.

## *CELA N'EST PAS UN LIVRE SUR LA PROCESS COMMUNICATION*

Désireux de partager avec vous l'expérience que je vis dans la réalisation de mon projet, j'illustre le récit d'anecdotes et le charpente par l'une ou l'autre théorie, empruntée à l'Analyse Transactionnelle. Même si je privilégie, dans cet ouvrage, les recherches de Taibi Kahler, ceci n'est pas un livre sur la Process Communication : il porte sur vous et sur votre projet. Je ne tolère pas d'être utilisé comme une simple illustration d'un modèle psychologique.

Lorsque mon éditrice me fait remarquer que le modèle Process Communication prend plus de place dans mon récit que nous ne l'avions imaginé, ma première réaction est d'interpréter son observation comme une critique, une remise en question de mon projet ou de ma démarche. J'ai envie de lui prouver qu'elle se trompe : pour elle, j'enseigne un modèle en l'illustrant par mon récit, alors qu'en réalité, je considère que le modèle est secondaire et que ce qui compte c'est la personne, c'est vous ! Vous et votre projet.

*

« *Qui a raison – qui a tort* » ou « *c'est moi qui ai raison* » est un mode de compétition courant dans la vie de couple. Le but consiste à (re) définir la réalité, la structure, l'environnement, les règles de fonctionnement, le contrat. Ici, la compétition est sous-tendue par l'idée « qu'ils ne sauront jamais reconnaître que j'ai raison ».

Souvent, lors de réunions de travail, deux personnes se battent pour savoir qui a raison et qui a tort, mobilisant un temps et une énergie considérables, parfois totalement disproportionnés par rapport à l'impact de la question traitée. Subtilement, la discussion dérive : par exemple, dans le cas précédent, il ne s'agit plus de savoir si le livre est utile, intéressant, bien écrit, cohérent, sans erreurs et publiable, mais de prouver qui a raison et qui a tort. Comme si nous ne pouvions pas avoir tous les deux raison ou tort. Le danger de cette discussion de principe est qu'elle occulte les éventuels problèmes à résoudre. De plus, l'énergie mise dans la joute se fait au détriment de la recherche de solutions, du plaisir et du succès communs.

Que cela ne vous empêche pas d'avoir des conversations où vous débattez d'un sujet: c'est la façon privilégiée par le Persévérant « de recharger ses accus ». La compétition ne devient perdante qu'au moment où vous vous retrouvez seul, à avoir raison, à avoir toujours raison.

## *MON LIVRE EST MEILLEUR QUE LE TIEN*

Si vous voulez savoir ce qui différencie ce livre des autres, la réponse est très simple: *Vous et votre projet* est le meilleur! Fondé sur une longue pratique et une théorie solide, il vous sert de guide concret pour réaliser les rêves qui vous tiennent à cœur. Les autres livres sont tellement rudimentaires qu'ils ne vous apprennent rien ou au contraire, fort spécialisés et donc réservés à une minorité de professionnels.

*

« *Meilleur – le meilleur* » ou « *c'est moi le meilleur* » est le troisième mode de compétition: si je ne suis pas meilleur que mes collègues, je n'ai pas de valeur et si mon livre n'est pas le meilleur, il est nul.

Le but est d'être reconnu. C'est le type de compétition le plus fréquemment associé à la réussite dans notre société. Renforcé tout au long de notre éducation, il consiste à se définir par comparaison aux autres plutôt que se considérer comme une personne unique et OK.

L'idée que « pour avoir le droit d'exister, nous et notre projet devons être meilleurs que les autres » est négative. Bien qu'elle soit banalisée par les vendeurs continuellement confrontés à l'attaque de la concurrence, elle est source de souffrance pour les enfants régulièrement comparés à leur frère plus intelligent, à leur sœur plus gentille ou à leur cousin plus sportif.

Pour réaliser votre projet et satisfaire vos besoins sous-jacents d'être aimé et apprécié pour le travail, vous avez intérêt à réussir avec les autres: réfléchir ensemble, triompher en équipe, vous compléter au travail et vous épanouir en famille, par exemple.

## *MICHEL CHALUDE SUPERSTAR*

Je me vois déjà au sommet de l'affiche, numéro 1 au hit-parade de la formation, auteur de l'ouvrage que tout le monde s'arrache. Ce n'est pas par hasard si j'ai attendu pour collectionner toutes ces anecdotes; ce n'est pas pour rien si je me fatigue à rédiger ce texte...

Et si je ne réussis pas, ce ne sera pas ma faute, mais celle des lecteurs qui n'ont rien compris.

*

Source d'épuisement ou de désillusion, le quatrième mode de compétition est qualifié de: « *Le roi de la montagne* » ou « *pas question de partager* »: je suis le seul, l'unique et le meilleur, celui qui a réponse à tout.

Ce type de compétition est lié à l'idée que « si la personne ne domine pas la situation, voire toutes les situations, si elle n'est pas la première dans sa catégorie, même dans toutes les catégories, dans ce cas, elle n'a pas de valeur ».

> « Pour être sûr de rester le patron du département, mon chef distille les informations au compte-gouttes; il refuse toute initiative, ne croit pas au changement et s'organise pour nous laisser mijoter dans les problèmes, confie un cadre financier. Il est convaincu de nous prouver que lui et lui seul est capable de trouver la solution. En réalité tout le monde se décourage et finit par démissionner, ce qui lui permet de montrer à la direction qu'il est vraiment indispensable. »

S'il n'occupe pas toute la place, *le roi de la montagne* se sent en danger. Inutile de lui demander de déléguer, de former, de coacher: il utilise son énergie à démontrer que c'est impossible à cause des autres.

En conclusion, la compétition négative s'appuie sur la crainte qu'il n'y ait pas suffisamment de ressources pour chacun, comme si la satisfaction de vos besoins n'a lieu qu'au détriment de ceux des autres et inversement. La croyance que vous ne pouvez réussir qu'en faisant échouer vos co-équipiers est incompatible avec la communication bilatérale, le travail d'équipe et le coaching, toutes formes de collaboration indispensable à la gestion des projets. En revanche, si nous acceptons l'idée qu'il y a de la place pour chacun, que vous pouvez avoir tort ou raison et que votre valeur n'est pas liée à la domination des autres, vous disposez de votre énergie pour résoudre les problèmes et réaliser vos rêves.

SYNTHÈSE

La concurrence est positive dans la mesure où elle stimule le dépassement de soi. Mais vous avez intérêt à remplacer la compétition négative par la collaboration: l'objectif n'est plus de confirmer votre *pouvoir sur* l'autre mais de développer votre *pouvoir de* réussir ensemble.

| **Dès ce moment, les modes négatifs:** | **s'effacent au profit de nouveaux styles:** |
|---|---|
| – Gagnant-Perdant | – Gagnant -Gagnant |
| – Avoir tort-avoir raison | – La recherche commune de solutions |
| – Le mien est meilleur que le tien | – La mise en pratique de la solution |
| – Dominer tout | – Déléguer, former, coacher |

## EXERCICE

Quels sont les modes de compétition que vous (ou d'autres personnes) mettez en place pour (in)consciemment et (in)volontairement générer de l'énergie négative?
Comment transformer votre message ou votre comportement en vue d'obtenir de l'énergie positive?

# 11

# LA MANIPULATION

*Comment différencier la communication de la manipulation*

## AMI

Heureux lecteur, vous qui tournez ces pages que je rédige actuellement pour votre bonheur, bravo de m'avoir accompagné jusqu'ici et merci de votre confiance.

Intuitivement, je suis sûr que vous possédez ce quelque chose de spécial qui fait de vous un être unique et qu'un projet riche de sens mûrit en vous. Ce sont d'ailleurs les personnes exceptionnelles, comme vous, qui font la réputation de ce livre, j'en suis intimement convaincu.

J'ai même la faiblesse de penser que vous, cher lecteur, qui êtes touché par *Vous et votre projet*, et savez la confiance que je vous porte, faites aujourd'hui tout ce qui est en votre pouvoir pour intéresser vos amis à cet ouvrage.

Grâce à votre générosité de cœur, votre plaisir d'en discuter et votre engagement au succès, tout le monde autour de vous parle de *Vous et votre projet*. Vous êtes formidable !

*

J'ignore si cette introduction a le pouvoir hypnotique de vous transformer en apôtre de la Process Communication ou si elle vous rappelle simplement la fable du corbeau et du renard : « Tout flatteur vit aux dépens de celui qui l'écoute ».

Souvent, j'ai l'impression que cette fable nous a rendus prudents au point de confondre compliment sincère et valorisation du travail avec flatterie et manipulation.

En tant qu'Empathique, je suis le client idéal des bonnes œuvres et la proie privilégiée des manipulateurs : peur de décevoir, difficulté à dire « non » et sensibilité à la détresse sont les ingrédients de base de la gentillesse. Pour me protéger contre le saint-bernard qui m'habite, j'ai suivi, avec application, les méthodes d'affirmation de soi, de sorte qu'aujourd'hui, je me sens plus à l'aise dans la négociation.

En tant que Persévérant, je considère que la meilleure manipulation, c'est l'honnêteté : si je communique sincèrement avec moi-même et avec vous, je ne serais pas pris en flagrant délit de tromperie.

## *DE LA COMMUNICATION À LA MANIPULATION*

Depuis que j'ai entrepris mon projet, je lis beaucoup de livres en rapport avec les sujets traités : la gestion du temps, le manager visionnaire, le zen, la discipline, l'intimité, la créativité, la vente, la manipulation.

Automatiquement, j'établis la relation entre le contenu de l'ouvrage et le type de personnalité concerné : à la gestion du temps, j'associe le Travaillomane ; au leader visionnaire, le Persévérant ; au vendeur, le Promoteur ; au créatif, le Rebelle ;... mais qu'en est-il du manipulateur ?

*Les Manipulateurs sont parmi nous*, l'ouvrage d'Isabelle Nazare-Aga regroupe beaucoup de styles de manipulation, de sorte que chacun peut s'y retrouver à un moment ou à un autre de sa vie. Aussi me suis-je demandé un instant si je n'étais pas en train d'écrire le guide du parfait manipulateur : comment convaincre un Travaillomane, comment négocier avec un Persévérant, comment motiver un Rebelle, comment manager un Rêveur, comment influencer un Empathique... et ainsi de suite ? Cette question me touche d'autant plus qu' elle revient à chaque séminaire : manager, communiquer, vendre ou motiver n'est-ce pas le propre de la manipulation ordinaire ?

« En cas de doute, consulte le dictionnaire ! », me direz-vous. Merci pour l'idée. Dans le *Petit Larousse*, la manipulation est qualifiée de « manœuvre destinée à tromper » alors que « guider » signifie « accompagner quelqu'un pour lui montrer le chemin » et que « conduire » consiste à « mener d'un lieu à un autre ».

Me voilà donc tout à fait rassuré *Vous et votre projet* est un guide sur la communication nous permettant de conduire notre projet à bon port. Des relations ouvertes, franches, respectueuses ; un projet stimulant, positif, légal. Le rêve.

Prenons l'exemple d'un projet de voyage. Imaginons des vacances sur une île lointaine où la population autochtone fait preuve d'un sens inné de l'accueil. Souriants et attentifs, les gens semblent toujours prêts à nous aider. Alors que nous lui demandions la direction du marché artisanal, une dame nous y conduit par crainte que nous ne comprenions pas son explication. À notre arrivée, un responsable local nous souhaite la bienvenue. Après s'être excusé de son anglais approximatif, il nous explique que chaque dimanche, les pêcheurs du village voisin vendent des sculptures taillées dans le bois, qui représentent les divinités protectrices de la mer et symbolisent la fertilité ainsi que d'autres objets traditionnels pour la pêche ou usuels pour la cuisine.

Il nous informe que les prix se négocient habituellement à mi-chemin entre le montant demandé au départ et la première offre du client, puis nous souhaite une agréable visite. Il se montre disponible pour nous prendre en photo à côté de deux impressionnants totems. Visite haute en couleurs et riche en palabres, chaque joute oratoire est l'occasion d'établir un contact humain, chaque discussion de prix, le moyen de poursuivre un dialogue permettant de faire plus ample connaissance du mode de vie dans l'île.

Moins expansifs mais concentrés à la tâche, certains artisans démontrent leur habileté de sculpteurs, fiers de l'intérêt que nous portons à leur œuvre. Ils rient de notre enthousiasme. Nous ramenons de notre visite beaucoup de photos, quelques babioles pour les enfants et un bel objet décoratif qui traduit à nos yeux autant la sympathie des habitants que la culture locale.

Peut-être ces délicieux moments d'échange étaient-ils « factices », « pure mise en scène », que d'aucuns qualifieraient de « manipulation », mais tel n'est pas notre vécu: nous gardons le souvenir de gens merveilleux dans un coin paradisiaque où nous espérons revenir l'année prochaine.

Comme dans les contes pour enfants, un jour une méchante sorcière déguisée en sirène décide de semer la zizanie dans le cœur des pêcheurs et lorsque nous revenons dans notre île de rêve, c'est la misère qui y règne. Toujours prêts à nous aider, les gens se battent pour nous escorter jusqu'au marché artisanal, l'un parce que son frère est le meilleur sculpteur de l'île, l'autre parce qu'il est guide, le troisième pour nous vendre le livre qu'il a écrit sur les divinités protectrices de la mer. Armée d'un bracelet garant de fertilité et de fortune pour les généreux touristes, une jeune femme s'empare de mon poignet, avant d'être chassée par un monsieur qui compatit et nous propose sa protection. Il nous complimente sur notre appareil photographique dont il semble parfaitement maîtriser le fonctionnement et nous garantit une visite du marché en toute confiance: il connaît les marchands honnêtes et négocie avec eux le meilleur prix pour les amis qu'il accompagne. Comme nous semblons décliner son offre, il insinue avec une pointe de mépris que nous sommes sûrement racistes. Le cauchemar. L'angoisse! Cette impression d'être une proie à plumer est particulièrement inconfortable: chaque geste est exploité, chaque sourire interprété, chaque parole utilisée, la pression est telle que cela en devient irrespirable. Où est notre coin de paradis? Nous nous sentons possédés, trompés, trahis. Fâchés d'avoir eu l'idée de revenir, nous avons l'impression d'être

> manipulés. Redoutant tout contact avec les autochtones et gênés de notre comportement, nous nous débattons dans un profond malaise. Quel stress !

Pour expliquer ce qui a changé entre ces deux visites, nous faisons une différence entre une relation respectueuse de soi et d'autrui (je suis OK – vous êtes OK). Nous la qualifions de communication, de guidance, de conseil, d'influence, de conviction, d'ascendance, de négociation ou de vente.

Mais, lors de la seconde visite, nous devenons non-OK, victimes de pressions inconfortables, désagréables, déstabilisantes, proches du chantage. Dans cette relation de manipulation, nous ne sommes qu'un objet.

## *LE STRESS*

Ce que les contes de fées omettent parfois de préciser, c'est comment la sorcière génère, attise ou entretient le stress, comment chacun y prend part et comment nous pouvons résister à ces pièges destructeurs pour nous, nos proches, nos projets.

Dans la communication, un contrat est clair et respecte la réalité.

Gardons une métaphore de voyage dans l'exemple qui suit :

> Le guide – chauffeur de taxi – vous annonce qu'il vous conduit à Cannes et vous arrivez à Cannes.

Dans la manipulation, le contrat n'est pas clair ou n'est pas respecté de façon adéquate par rapport à la réalité.

> Le guide – chauffeur de taxi – s'engage à vous faire découvrir Cannes et lorsque vous atteignez Vittel, il vous annonce que vous êtes arrivés à destination. Devant votre étonnement, il argumente : « Vous devriez me remercier parce que l'air de Vittel est plus pur que celui de Cannes » ou encore : « Vous rêviez de voir la mer à Cannes. Vous avez également de l'eau à Vittel et vous avez en plus la chance de pouvoir la boire. »

Lorsque l'interlocuteur ne respecte pas ses engagements, redéfinit la réalité et refuse d'écouter les demandes ou les sentiments d'autrui, une relation stressante s'installe : la manipulation.

## *LA MANIPULATION AU QUOTIDIEN*

L'impression d'être manipulé naît lorsqu'un comportement est exagéré, inadéquat par rapport à la réalité.

> Nous sommes en vacances, en famille, dans un meublé, vue sur la montagne. Confortablement installés dans le canapé du salon, nous admirons le paysage et feuilletons une revue de mode sans perdre du regard les déplacements du bébé qui prend un jouet en bouche puis le dépose sur la table basse. Il se ravise,

s'appuie sur le meuble sombre pour faire tomber le jouet et laisse des marques de doigts comme trace de son activité.

Admirant les progrès de bébé, mais soucieuse de notre confort, Dominique saisit un torchon pour effacer le disgracieux témoin.

De son côté, bébé s'active et reprend régulièrement appui sur la table, dorénavant intégrée dans son univers de jeu.

Calmement, Dominique abandonne un instant sa lecture pour nettoyer les nouvelles salissures puis me rejoint sur le canapé. Sûrement devinez-vous la suite du ballet : trace de doigts sur la table, passage du torchon, nouvelles marques, nouveau nettoyage... mais pouvez-vous estimer le nombre de fois que le Travaillomane nettoie la table basse du salon par jour de vacances ?

Si l'appartement n'est pas parfaitement tenu, le Travaillomane se sent mal à l'aise. Dès lors, pour son confort et sa détente, il doit d'abord contrôler que tout est nickel.

Dans cet exemple, le Travaillomane s'impose des exigences de propreté exagérées et inadéquates par rapport à la situation : nous sommes en vacances pour nous détendre, nous laisser vivre et nous reposer. Comme personne ne complimente mon épouse pour son travail, elle en déduit qu'il y a des manques et s'empresse de les combler. Lorsque nous ne rechargeons pas nos batteries positives qui nous procurent l'énergie nécessaire à l'action, nous utilisons notre énergie négative et entrons dans l'agitation. Nous nous manipulons ou manipulons notre entourage pour obtenir des signes de reconnaissance indispensables à la vie.

Taibi Kahler met en évidence les comportements exagérés, inadéquats par rapport à la réalité, qu'il qualifie de comportements parasites.

Ces comportements sont à la fois signaux d'un besoin non satisfait (je ne complimente pas mon épouse pour la qualité de son travail), sources de stress (agitation) et l'indication d'un type de personnalité (Travaillomane).

Voyons comment reconnaître les différents types de personnalité par l'observation des comportements parasites.

Ceux-ci sont connus sous le nom de comportements *drivers*, parce qu'ils sont contraignants pour nous comme pour notre entourage.

## *COMMENT CHAQUE TYPE DE PERSONNALITÉ SE MANIPULE OU MANIPULE SON ENTOURAGE EN ADOPTANT DES COMPORTEMENTS PARASITES*

Quatre *drivers* sont liés à un type de personnalité : Sois Parfait, Fais Plaisir, Fais un Effort et Sois Fort.

Un cinquième *driver*, Dépêche-toi, correspond à la combinaison d'Empathique et de Rêveur : ces personnes passent d'une phase extravertie à une phase de solitude.

## *Sois Parfait*

Deux types de personnalité ont un comportement exagéré de perfection lorsqu'ils sont stressés : le Travaillomane et le Persévérant.

Le Travaillomane est exigeant envers lui-même. Il recommence le travail à la moindre imperfection et délègue avec difficulté.

Le Persévérant est exigeant envers lui-même, mais surtout envers les autres. Il ne supporte pas la moindre rature et fait recommencer le travail. Attentif aux défauts, il en oublie d'apprécier les aspects positifs et décourage ses collaborateurs.

## *Fais Plaisir*

Sous stress, l'Empathique se contraint à faire exagérément plaisir. Il néglige ses propres objectifs pour satisfaire les besoins d'autrui. Le Fais Plaisir est inadéquat dans la mesure où le contrat n'est pas clair : ce n'est pas le bon moment, ce n'est pas la bonne personne ou ce n'est pas la bonne situation.

> Réunion de clients pour la présentation d'un nouveau programme de formation. Sympathique accueil dans le hall : boissons chaudes et froides, zakouskis et petits-fours. À l'heure dite, chacun s'installe dans la salle pour suivre la conférence. C'est à l'instant où le conférencier s'apprête à prendre la parole que l'adorable hôtesse Empathique s'adresse aux participants : « Puis-je vous offrir quelque chose à boire ? »

## *Fais un Effort*

Le Rebelle, sous stress, adopte un comportement « Essaye Toujours ». Le verbe « essayer » comporte un piège.

> Alors que je sais ne pas pouvoir corriger ce chapitre ce soir, je promets à ma secrétaire « d'essayer ». Ainsi, je pourrai lui dire demain que « j'ai fait un gros effort ». Donc ce n'est pas ma faute si je suis en retard. Certes, elle en subira les conséquences et, avec un peu de chance, elle fera le travail à ma place.

### *Sois Fort*

Deux types de personnalité manifestent leur stress en adoptant un comportement Sois Fort.

Le Rêveur n'exprime ni ses idées ni ses sentiments. Il se réfugie dans un monde imaginaire, donne l'impression d'être absent, de n'être concerné ni par le travail ni par le projet.

Le Promoteur méconnaît le danger et ne tient pas compte des sentiments ni des besoins d'autrui : il n'est pas là pour faire du sentiment, les autres n'ont qu'à se débrouiller tout seuls. Une expression telle que : « Un homme, ça ne pleure pas » illustre le *driver* « Sois Fort ».

Si les comportements parasites sont les déclencheurs de stress émotionnel, ils servent également de bouée de sauvetage pour nous éviter de sombrer dans le désespoir. Ces comportements indiquent l'urgence de recharger les batteries.

## *LES VACCINS ANTI-MANIPULATION*

Comme les comportements *drivers* sont la conséquence de messages intériorisés qui exigent de nous de Faire Plaisir, d'Être Parfait ou d'Être Fort, les Analystes Transactionnels proposent de remplacer la manipulation interne par la permission d'être nous-mêmes et de réussir nos projets. En d'autres termes, ils nous invitent à mettre, à la place des *drivers*, les messages positifs qui leur correspondent, véritables vaccins anti-manipulation.

| Message contraignant | Message positif |
|---|---|
| Sois Parfait | J'ai le droit d'être moi-même avec mes défauts et mes qualités. |
| Sois Fort | J'ai le droit d'être ouvert à mes sentiments et de satisfaire mes besoins. |
| Fais un Effort (Essaye) | J'ai le droit de réussir. |
| Fais Plaisir | J'ai le droit de me faire plaisir. |
| Dépêche-toi | J'ai le droit de prendre mon temps. |

SYNTHÈSE

La manipulation fait partie de la vie : nous l'acceptons avec sympathie, voire amusement, lorsque nous pensons en être complices. En revanche, dès le moment où nous nous sentons trompés, possédés ou trahis, la manipulation génère un stress intolérable. Nous avons l'impression que notre bonne volonté est détournée à des fins cachées ou encore que la négociation vire au chantage. Seules la fermeté, l'autorité et la capacité de dire non permettent d'éviter ce piège.

Les *drivers* sont des comportements parasites. C'est une forme de manipulation destinée à obtenir de l'énergie négative : lorsque nos besoins ne sont pas satisfaits de manière positive, nous manifestons notre désarroi par des attitudes inadéquates et stéréotypées.

## EXERCICE

Entraînez-vous à observer les comportements parasites liés à la base et à la phase de votre personnalité. Remplacez la contrainte par le droit de recharger vos batteries positives et de réussir votre projet.

# 12

# VOTRE STRESS ÉMOTIONNEL

*Comment trouver et entretenir l'énergie négative ; les rôles de Victime et de Persécuteur ; les positions OK et non-OK*

## *LE DÉRAPAGE*

Afin de permettre à mon ami Ivan de rédiger la préface, je me suis engagé à lui remettre le manuscrit définitif demain. Conscient que je ne suis qu'au onzième chapitre, je me rends malade et je patauge.

En réalité, je joue de malchance : j'ai perdu une semaine à recruter une secrétaire pour m'aider le soir. Puis son ordinateur portable a eu des défaillances. Je lui en ai acheté un autre qui a été livré avec dix jours de retard. Enfin réceptionné, le nouvel ordinateur se bloquait.

Effrayé du temps perdu en déplacements et en discussions pour résoudre des problèmes de dactylographie, j'ai finalement décidé de recruter une deuxième collaboratrice.

Conception de l'annonce, tri des candidatures et entretiens de sélection ont occupé les journées réservées à terminer la rédaction.

La montre tourne et j'entends l'éditrice me conseiller de prendre contact avec le service marketing pour préparer la diffusion de l'ouvrage.

À force de faciliter le travail de tout le monde, le mien ne progresse pas. Si je dois maintenant, en plus de tout le reste, m'occuper du lancement de ce livre, je vais exploser.

Pour me calmer, j'appelle Ivan qui me rassure et me raconte son expérience d'auteur. Je profite de cet entretien pour lui parler du nouveau contrat que je n'ai pas encore signé et qui devait être renvoyé hier. Ivan me conseille de le signer et de l'envoyer immédiatement.

Je découvre que le nombre de pages ne peut pas dépasser deux cents, tandis que notre accord initial portait sur deux cent vingt à deux cent trente pages. C'est la goutte d'eau qui fait déborder le vase : de qui se moque-t-on ?

Moi qui ai tout fait pour que ce projet se déroule au mieux ! Quand l'éditrice a critiqué mon style, j'ai recommencé depuis le début. Quand elle a voulu que ce soit un vrai livre plutôt qu'un cahier d'exercices, je n'ai rien dit. Mais maintenant qu'elle veut m'imposer un maximum de deux cents pages, la coupe est pleine. Trop, c'est trop !

Je ne supporte plus son ingérence continuelle dans mon travail. D'ailleurs, c'est très simple : si elle veut que je synthétise les idées, je lui contracte le prochain chapitre. Il va carrément se volatiliser. Puisqu'elle veut jouer la transparence, moi aussi. « Voici, chère Madame, votre chapitre relatif à la transparence dans la gestion des projets : comme vous le voyez, il porte bien son nom : il est invisible. Inutile de le chercher ailleurs : il est ici, devant vous, « Chapitre 12 : La transparence dans la gestion des projets[1] ».

Ne me dites pas qu'on n'a jamais vu cela, que ce n'est pas dans le cahier des charges ni que le lecteur va se perdre. Je prétends, moi, que le lecteur comprend très bien mon message. Lui, au moins, porte du respect et de la considération à l'égard de l'auteur. Après tout, c'est mon projet, c'est mon expérience et c'est ma vie : je suis encore chez moi, ici ! »

*

À supposer que vous lisiez ce récit après une journée de tensions, j'imagine que ce psychodrame évoque des situations vécues. Que de fois ne sommes-nous pas surpris par une réaction violente, fondée sur quelque banal malentendu.

L'adolescent qui claque la porte de sa chambre pour s'écrouler en pleurs sur son lit, le collègue qui refuse d'exécuter un travail prioritaire promis, le chef qui renie ses engagements, le technicien qui se venge en sabotant l'appareil, sont des comportements qui nous prennent au dépourvu. La charge émotionnelle négative est telle que nous en sommes effrayés, tant pour nous que pour notre projet : lorsque le stress vire en détresse, l'activité se meut en agitation.

1. NDE : L'auteur imagine ici une page blanche.

## *LE SENS DU MALAISE*

Enfantée par la dramatisation, la compétition ou la manipulation, l'agitation dévore notre temps, épuise nos collaborateurs et contamine nos proches.

Au lieu d'utiliser notre énergie positive pour résoudre les problèmes, négocier les changements et aller de l'avant ensemble, nous nous en voulons ou nous nous emportons, nous nous piégeons et sabotons notre projet.

Avant de les condamner ou de voir comment les éviter, reconnaissons que ces manifestations émotionnelles ont deux aspects positifs : elles rechargent nos batteries négatives et servent de signal.

### *Les batteries négatives*

À défaut de satisfaire nos besoins psychologiques de façon positive, nous rechargeons nos batteries négatives. Cette source d'énergie, constituée de caresses négatives, est nettement préférable à l'indifférence, comme nous l'avons vu dans le chapitre portant sur la motivation.

Ainsi, en relisant l'anecdote introductive, je peux laisser cours à mon défoulement :

- Comme j'ai été stupide de m'engager ! Je suis vraiment le plus grand des nigauds. C'est bien fait pour moi, je ne mérite pas mieux !
- Comme les gens sont paresseux et incompétents ! Ils se proclament professionnels mais ne sont doués que pour vous faire faire leur travail !
- Comme tout cela est futile ! Les cimetières sont peuplés de gens indispensables. Les grands projets, très peu pour moi !

Les sentiments de malaise liés à ce type de réaction sont qualifiés de sentiments parasites ou *rackets*. Démesurés, répétitifs et programmés, ils inhibent la réflexion comme l'action. Ils donnent l'impression de faire partie de nous-mêmes : « Je m'en veux toujours », « je suis continuellement agacé » ou « je suis définitivement blasé ».

Lorsque nous associons les comportements négatifs et les sentiments de malaise à notre caractère, le changement devient impossible : « Je n'ai pas du tout envie de renoncer à qui je suis, je ne veux pas perdre ma personnalité. »

Taibi Kahler considère ces comportements négatifs comme des masques, des manifestations extérieures à vous-mêmes. Ce sont des signaux : ils indiquent que vos besoins psychologiques ne sont pas satisfaits et que vous rechargez pour l'instant vos batteries négatives.

Cette conception permet de poser le problème autrement: quels sont vos besoins psychologiques et comment les satisfaire de façon positive?

## *Les signaux de stress*

En termes de communication, que vous soyez passager ou au volant de votre projet, reconnaître les signaux de circulation vous permet d'identifier les dangers et de rouler en toute sécurité. Par exemple, au feu rouge nous avons intérêt à nous arrêter sous peine de frayeur, de procès ou d'accident. Signal important de notre détresse, les manifestations émotionnelles paralysantes et les comportements négatifs perturbateurs font partie des situations de crise que nous traversons et ont été étudiés par de nombreux chercheurs.

Éric Berne, suivi par les Analystes Transactionnels, a répertorié ces signaux et leur a trouvé un sens. Le fait de pouvoir nommer une attitude apparemment illogique ou incompréhensible facilite la prise de conscience, la tolérance, la responsabilisation et la négociation: connaissant vos pièges de stress, vous pouvez vous en protéger et sécuriser vos projets.

Tel est l'objet du présent chapitre: analyser le dérapage et en tirer un apprentissage pour la conduite d'un projet.

Réfléchir aux options, mettre en place les actions utiles, prendre soin de vous et de votre projet, telle est l'ambition de l'exploration du malaise qui se manifeste de différentes façons, selon votre type de personnalité; je vous invite à identifier votre piège favori, en vue d'éviter d'y sauter à pieds joints.

### *L'INSUPPORTABLE DÉSESPOIR OU « JE SUIS NON-OK – TU ES NON-OK »*

Me dire que malgré tous mes efforts je n'y arriverai pas et que je ne peux compter sur personne pour m'aider est totalement désespérant. Ma souffrance est à son comble.

Quelle que soit la réalité que je regarde, je la dramatise et l'assombris par les lunettes que je porte: j'ai une vision négative de moi et des autres. Cette image du monde est qualifiée de « je suis non-OK – vous êtes non-OK ». Emprisonné dans l'échec, je me sens anéanti, dégustant l'intense malaise pour tout potage.

*

Ce sentiment de désespoir souvent fugace ou de courte durée nous envahit totalement lorsque nous sombrons dans la dépression. Pour en sortir ou pour l'éviter, nous avons appris à rechercher le coupable : qui est le fautif ?

## *C'EST MA FAUTE OU « JE SUIS NON-OK – VOUS ÊTES OK »*

Je suis désolé, mais je ne suis vraiment pas à la hauteur du projet que j'ai entrepris : à l'égard de l'éditrice, j'ai l'air inconsistant, par rapport à Ivan, je me sens ridicule et face à ma nouvelle collaboratrice, je suis rouge de confusion. Je déguste le malaise dû à mon incompétence, ma désorganisation et ma folle ambition.

*

Inconsciemment et involontairement, je me sous-évalue et surévalue mes interlocuteurs : eux peuvent encore me sauver de la noyade. Je souhaite que l'éditrice se montre compréhensive, que mon ami Ivan reste patient et que ma collaboratrice soit une véritable fée. Je garde espoir.

Deux types de personnalité expriment spontanément leur inconfort en adoptant un rôle de Victime et une position : je suis non OK – vous êtes OK : l'Empathique et le Rêveur.

Sous stress, l'Empathique fait des erreurs : il se montre confus, se sous-estime et devient incapable de réfléchir.

> Françoise, présidente d'une association féminine, assiste à un séminaire sur la conduite de réunions participatives. S'étant engagée à ouvrir une importante conférence qui débute pratiquement au moment où son stage se termine, elle s'organise pour pouvoir se libérer deux heures plus tôt que l'horaire prévu. Après les adieux chaleureux et les traditionnels vœux de succès, elle rejoint sa voiture pour découvrir qu'elle avait oublié d'éteindre ses phares. Elle ne comprend pas : ce genre d'oubli ne lui arrive jamais.

Le bénéfice négatif que va retirer Françoise de son retard est que tous les participants à sa conférence vont s'inquiéter pour elle. C'est une façon négative de se prouver à quel point elle est importante, attendue, désirée.

Le Rêveur, sous stress, attend passivement. Muré dans le silence, enfermé dans sa tour d'ivoire, il a tiré l'invisible volet. Physiquement présent, il est mentalement absent.

> J'ai l'impression de parler à un mur : plus je me fâche, plus mon mari se ferme. J'ai beau hurler pour le faire réagir, il reste de marbre. C'est comme si je vivais avec une statue.

Fuir la situation stressante par le rêve ou la maladie est la manière négative dont le Rêveur satisfait son besoin de solitude.

## *C'EST TA FAUTE OU « JE SUIS OK – VOUS N'ÊTES PAS OK »*

Aux abois parce que la dactylographie de mon manuscrit ne progresse pas, je reçois un appel téléphonique du directeur de l'office régional de placement enquêtant sur la candidate qu'il m'a recommandée. En colère, je lui réponds : « C'est proprement inadmissible ! Une faute d'orthographe à chaque mot et vous vous étonnez que je ne l'ai pas engagée comme secrétaire ! Quant à votre organisme de placement, c'est une véritable honte : lui avoir enseigné le traitement de textes en lui faisant miroiter un poste d'assistante de direction relève de l'escroquerie ! À votre place, je me cacherais ! »

*

Une fois de plus, je déguste le malaise mais cette fois, il ne s'agit plus de mon incompétence :

> Si j'étais chargé de faire leur travail, je serais nettement plus compétent qu'eux. D'ailleurs, je vais apprendre l'informatique, sélectionner et former ma collaboratrice moi-même.

Inconsciemment et involontairement, je me surévalue et sous-évalue les autres. C'est le rôle de Persécuteur.

Sous stress, deux types de personnalité occupent spontanément une position « je suis OK – vous n'êtes pas OK » : le Travaillomane et le Persévérant.

Dans le rouge, le Travaillomane surcontrôle : il prend la direction du projet, vérifie tout dans les moindres détails et s'irrite des problèmes dus à l'incapacité des autres.

Le Persévérant part en croisade : c'est sa façon négative d'exprimer son opinion, d'encourager ses collaborateurs ou de transmettre ses valeurs.

> « Vous n'êtes pas des vendeurs; vous n'êtes que des preneurs de commandes! », s'exclame Gérard, directeur commercial, lors de son message de nouvel an. « Demander aux clients « vous n'avez besoin de rien? » ou les inviter à renouveler leur commande précédente, n'importe quel débutant est capable d'en faire autant, même s'il ne connaît rien au métier. Tous nos efforts de développement, de diversification et de recherche en qualité, vous les traitez par-dessus la jambe. C'est navrant! »

Déçu de n'avoir pas été compris, frustré de n'avoir pas été suivi ou meurtri de n'être pas écouté, le Persévérant impose son opinion avec force, critiquant sévèrement les personnes indignes de faire partie de son équipe.

## *CE N'EST PAS DE MA FAUTE OU « JE NE SUIS PAS NON-OK, C'EST VOUS QUI L'ÊTES »*

J'en ai marre que ce soit toujours pour ma pomme: je dois trouver l'idée, concevoir le projet, rédiger le manuscrit, dactylographier le document, trouver les clients, m'occuper de la publicité, faire le marketing... Quelle chance que je ne doive pas faire l'impression et la diffusion en plus! Je fais ce que j'ai envie de faire, quand j'ai envie de le faire, à la manière dont j'ai décidé de le faire et, pour le reste, mon éditrice n'a qu'à déjà être très contente, sinon, qu'elle se choisisse un autre auteur. Je n'en ai plus rien à cirer.

*

La troisième façon de gérer le malaise, après en avoir goûté, est de le faire déguster par les autres: si je peux faire en sorte que mon interlocuteur se sente plus mal que moi, je me sens déjà beaucoup mieux.

> Ne pouvant dormir, Jacob se confie à son épouse: « Je dois 10000 roubles à Moïse, je les lui ai promis pour demain et j'en suis malade. » Rassurante, son épouse ouvre la fenêtre pour appeler le voisin: « Monsieur Moïse! Monsieur Moïse, Jacob vous doit 10000 roubles, qu'il vous a promis pour demain: il ne les a pas et ne pourra pas vous les rendre. » Refermant la fenêtre et se tournant vers son mari, elle conclut: « Maintenant, tu peux dormir, c'est lui qui ne dort plus! »

Sous stress, deux types de personnalités ont tendance à blâmer et à refiler le malaise à leur interlocuteur: le Rebelle et le Promoteur.

Le Rebelle râle: « J'en ai marre, ce n'est pas de ma faute si... »

Il adopte une attitude négative à l'égard des autres, de la situation, des problèmes ou des solutions et utilise sa créativité pour démontrer que cela ne marchera jamais.

Quant au Promoteur, avide d'excitation négative, il provoque la bagarre, physiquement ou verbalement.

En présence du chef de vente, un client interpelle le représentant :

– « Alors, comment ça va avec ton chef ? »

– « Très bien », affirme le vendeur.

– « Ce n'est pas cela que tu m'as dit hier ! », rétorque le client.

## *LE DÉSARROI*

Cette fois, la coupe est pleine !

Ma secrétaire est malade. Ivan est parti en vacances. Dominique ne veut plus entendre parler de ce projet. Et c'est demain le dernier délai pour la remise du manuscrit.

Je n'en peux plus. Je n'ai même plus la force de vous parler de mon désespoir. À quoi bon ?

*

Le désarroi est la conclusion de dérapages successifs.

Après avoir échoué à plusieurs reprises, accumulé des sentiments de malaise et rechargé les batteries négatives, nous nous retrouvons seul avec nous-même, sans coupable ni solution. Nous sommes dans un rôle de Victime à partir de la position « je ne suis pas OK – vous n'êtes pas OK ».

Chaque type de personnalité en tire une différente leçon :

- Licencié pour trop d'absences successives, le Rêveur conclut : « Moi, j'étais de bonne volonté, mais on ne m'a pas dit ce que je devais faire. »
- Licencié pour ses erreurs, l'Empathique conclut : « Ce n'est pas moi mais seulement mon travail qui intéresse mon patron. Au moindre problème, on me rejette. »
- Le Travaillomane se sépare de son collaborateur incompétent et totalement incapable de réfléchir. Il confirme : « Je ne peux jamais compter sur personne. »
- Le Persévérant remercie son collaborateur qui manque d'engagement, de foi en son projet et conclut : « Je n'ai pas pu le convaincre sinon il aurait vu que j'avais raison. »
- Le Rebelle est congédié parce qu'il ne respecte pas les délais. Il décide de se venger : « On ne va pas se débarrasser de moi aussi facilement. »
- Ignorant le désarroi de ses victimes, le Promoteur disparaît avec leurs économies et conclut : « C'est moi le plus fort. Je les ai bien eus. »

SYNTHÈSE

L'accumulation de frustrations fait mousser les émotions de malaise qui débordent : c'est le dérapage.
Dans la confusion, le premier réflexe ne consiste pas à rechercher la solution, mais le coupable. Chaque type de personnalité signale son stress en même temps qu'il recharge ses batteries négatives.

| **Phase de personnalité** | **Signal de stress** | **Besoins psychologiques** |
|---|---|---|
| Empathique | Fait des erreurs | |
| Rêveur | Attend passivement | |
| Travaillomane | Surcontrôle | |
| Persévérant | Part en croisade | |
| Rebelle | Râle | |
| Promoteur | Provoque | |

## EXERCICE

Compléter la troisième colonne dans le tableau ci-dessus : quel est le besoin positif insatisfait que le stress signale ?

Corrigé en fin d'ouvrage.

# 13

# LE SCÉNARIO

## *LA MAISON D'EN FACE*

J'ai six ans et regarde avec Maman des ouvriers orner d'un drap funéraire la porte de la maison d'en face.

« C'est une vielle dame qui est morte », me rassure ma mère avant d'éclater en sanglots. Je m'étonne :

– « Connais-tu cette dame, Maman ? »

« Non », me répond-elle, « mais je pense à mes frères et à mes sœurs gazés durant la guerre. Nous étions huit enfants en Pologne, une grande famille. Tu aurais été très gâté s'ils étaient toujours vivants ». Puis faisant comme si je n'avais pas déjà tout compris, elle insiste : « Tu aurais reçu beaucoup de cadeaux de tes oncles et tantes ».

Fixant l'échelle appuyée sur la maison d'en face, je retiens mes sanglots : ma mère pourrait croire que ce sont les cadeaux que je pleure. Je ne peux pas être triste : je dois être un homme pour la protéger de ma douleur enfantine.

Je ne veux pas penser à ma famille, mais je la vois déclinée dans ma tête et la sent écartelée dans mon corps. Invisibles, des larmes coulent lentement dans mes veines, abreuvant au passage un cri prisonnier de mes mâchoires serrées, irriguant mes doigts crispés qui hurlent leur haine de la violence.

Tandis que j'aperçois l'infini désespoir dévorer l'horizon, j'interroge ma mère sur la manière de survivre à l'innommable.

« Il faut chanter que la vie est belle », me répond-elle avant d'entonner une valse viennoise.

Maman, qu'elle est triste ta joie ! Les notes de tes chansons se vêtent de noir ; les rondes s'effacent devant tes soupirs ; quant aux blanches, elles t'ont rejetée de leur portée. Je hais les valses de Strauss. Plus tard, moi aussi je chanterai pour ne pas penser. Plus tard, je ferai le clown pour qu'ils croient que c'est voulu que je tremble et que c'est pour rire que je pleure.

Ivre d'impuissance et pétrifié d'angoisse, je mâchonne mon désespoir comme un vieux chewing-gum. Je mâchonne et remâchonne machinalement cet insipide machin, en faisant le solennel serment d'être le plus adorable des petits garçons, pour consoler un peu ma petite maman chérie.

Vous avez raison, cher lecteur, c'est bien trop intime et trop personnel : l'insupportable douleur d'enfant ne fait pas partie des stages de communication. Après tout, ce n'est qu'une vieille dame que nous ne connaissons pas qui est morte dans la maison d'en face.

*

Étant gosse, j'ai appris que « l'homme est un loup pour l'homme ».

Vivre avec cette idée m'a toujours été insupportable. Y repenser me paralyse : je me sens prêt à tout abandonner. Alors que j'approche de la fin de mon projet, je me demande pourquoi je l'ai entrepris : me suis-je formé à l'Analyse Transactionnelle pour me convaincre que les gens sont fondamentalement OK ?

Me suis-je spécialisé en Process Communication pour pouvoir tous les aimer ?

Et si je poursuis la rédaction de ce livre, est-ce pour vous dire que la vie est merveilleuse et que réaliser votre projet, c'est le bonheur ?

## *LE SCÉNARIO*

Subtile intrusion du lointain passé dans les décisions quotidiennes, le scénario de vie intègre nos expériences d'enfant et leur donne du sens... pour le meilleur et pour le pire. Le pire, ce sont les pièges que nous nous tendons à nous-mêmes, par exemple :

> J'ai conscience d'avoir écrit dans mon scénario de vie qu'aucune femme ne voudra jamais de moi, raconte Charles; c'est ce dont me menaçait ma mère lorsqu'elle voulait m'encourager à manger proprement, m'habiller correctement, étudier sérieusement. Comme j'applique ce programme à la lettre, je m'organise pour tomber amoureux d'une femme qui me rejette. Si malgré tout je la séduis, j'en déduis qu'elle n'est plus digne d'intérêt et lui retire mon amour.

Le meilleur, c'est grandir et s'épanouir malgré les traumatismes de la vie. C'est développer nos talents, multiplier nos succès et faire la fête avec nos proches. C'est savoir que nous sommes éphémères mais bâtir pour l'éternité. Le meilleur, c'est écrire, peindre ou chanter ; c'est retrouver sa voix pour trouver sa voie. Le meilleur, c'est guérir les blessures, déverrouiller l'expression et illuminer le souffle comme l'a écrit Marcelle Honai[1], dans un poème décrivant le processus d'évolution.

*Redonner un souffle à ta pensée*
*Une pensée à ton corps*
*Une âme à tes yeux*
*Des oreilles à ta bouche*

*Donner parole à ton silence*
*Et visage à l'absence qui te hante*
*Et t'alléger du poids*
*De tes secrets « obligés »,*
*De tes erreurs maquillées.*

*Donner réceptacle et germination*
*Aux cris morts,*
*Aux larmes retenues,*
*Aux joies interdites,*
*Que tu portes en toi,*
*Clandestinement.*

*Ouvrir les murs*
*Qui te séparent de l'espace et du temps,*
*Quitter ton opacité*
*Et mettre le pied dans la fraîcheur du jour.*

*Sortir ta vie des souterrains*
*Et retrouver la joie et l'étonnement*
*Des battements de ton cœur*
*Et des éclats colorés de tes rires*
*Enfantins, oubliés.*

*Donner naissance à l'unicité*
*De ton mystère, à son enracinement.*
*Laisser retentir en toi l'écho*
*De tes pulsations infinies,*
*Et retrouver… la force des ruisseaux !*

1. Exprimant « la parole qui parle à l'être », ce poème a été créé à l'occasion de l'ouverture du Collectif Anima (Bruxelles, 1976) par Marcelle Honai, psychologue et psychothérapeute, ex-assistante à l'Université Libre de Bruxelles.

Si entreprendre une psychothérapie est la démarche habituellement conseillée pour prendre conscience de nos pièges existentiels et retrouver le sens de notre vie, dans le cadre de ce chapitre, je vous propose un questionnaire qui vous permet de découvrir d'éventuels liens entre votre expérience d'enfant et votre projet.

## *VOTRE SCÉNARIO : QUESTIONNAIRE*

1. Quels conseils vous a-t-on donnés lorsque vous étiez enfant ?
2. Comment vos parents vous faisaient-ils faire ce que vous n'aviez pas envie de faire ?
3. Que disaient régulièrement votre père et votre mère (toujours et toujours) ?
   – De positif ?
   – De négatif ?
4. Quels étaient les qualificatifs que vos parents vous donnaient ?

Qu'est-ce que cela signifiait pour vous ?
Que ressentiez-vous d'être « cette » sorte de personne ?

5. Que faisiez-vous pour obtenir de l'attention positive ou négative ?
6. À l'âge de cinq ou six ans, quels étaient vos besoins ?
7. Qu'avez-vous décidé pour prendre soin de vous, de vos besoins ?
8. Qu'est-ce qui vous a été enseigné concernant :
   – la famille :
   – le travail :
   – la réussite :
   – les décisions :
   – le temps :
   – l'affection :
   – les relations :
   – l'argent :
   – le pouvoir :
   – les conflits :
   – le risque :
   – grandir :
   – devenir homme ou femme :
   – la vie selon votre père :
   – la vie selon votre mère :

De nombreux ouvrages d'Analyse Transactionnelle renferment des trésors de questionnaires de ce style. Remuer le passé n'étant pas toujours agréable, je vous invite à vous appuyer sur vos talents et à vous assurer une position « je suis OK – vous êtes OK » avant de vous frayer un chemin dans le jardin secret de vos souvenirs. Votre récolte portera ses fruits : mieux nous comprenons notre passé, mieux nous maîtrisons notre avenir.

## *LE SCÉNARIO AU QUOTIDIEN*

« Alors que je me sens fatigué par les deux séminaires que je viens d'animer et que je suis soucieux de respecter le temps que je me suis imparti pour terminer ma rédaction, sans vouloir actuellement jouer au pédagogue et encore moins au moraliste, puisque j'ai moi-même vigoureusement dénoncé ces travers à plusieurs reprises, ici même, je me propose d'aborder et de développer un thème que je considère comme fondamental, non seulement aujourd'hui, parce qu'il fait l'objet du présent paragraphe, mais depuis que j'ai personnellement pris conscience de la richesse de ce concept, c'est-à-dire bientôt une vingtaine d'années, un thème dont je ne prétendrai nullement être l'auteur et encore moins l'initiateur, sachant que de nombreux ouvrages y font référence et qu'à ma connaissance, c'est Stephen Karpman, chercheur en Analyse Transactionnelle, à qui en revient l'honneur, vu qu'il a reçu en 1972 le prix Éric-Berne pour sa découverte du triangle dramatique, un thème qui, je pense, et c'est mon intime conviction, justifie plusieurs chapitres et, par conséquent, nécessite une attention soutenue, voire idéalement une disponibilité que je qualifierais de totale, puisqu'il s'agit de comportements traduisant le stress que nous explorerons au cours de cette troisième et avant dernière étape consacrée, comme vous le savez pour l'avoir lu dans le titre, à la dramatisation. »

*

Ouf ! Je suis parvenu à arrêter la phrase sans vous obliger à tourner la page. Si vous ne reconnaissez pas mon style d'expression, vous aurez raison : c'est une abominable caricature ou au mieux, l'illustration exagérée d'une forme d'éloquence consistant à multiplier les parenthèses. Cette attitude est une manifestation de stress qualifiée de Sois Parfait.

Tandis que je rédige ces lignes, je songe à mon ami Gaston, brillant historien et critique d'art, qui fut mon professeur durant cinq années. La profondeur de sa réflexion, l'étendue de sa culture et la diversité de ses centres d'intérêts se retrouvaient dans chacune de ses phrases. L'analyse esthétique d'un tableau partait de l'aspect historique pour y intégrer les concepts philosophiques mis en relation avec les courants politiques et illustrés par des extraits littéraires. Comme je ne voulais rien perdre de son enseignement, au début de chaque leçon, je me promettais de prendre minutieusement note de son discours. Égaré par la multiplicité des parenthèses, je n'y suis jamais arrivé.

Même si le contenu est remarquable, et le style littéraire, ce mode d'expression est un piège : pour intégrer, dans la même phrase, des notions aussi nombreuses et diverses qu'éloignées les unes des autres, l'auteur s'impose un niveau d'exigence difficile à assumer longtemps. Insupportable à maintenir, cette pression exercée sur soi-même risque d'avoir des conséquences fâcheuses à court terme : la communication est malaisée, le discours difficile à suivre ; si ce stress qui transparaît dans notre mode d'expression se prolonge d'heure en heure, de jour en jour et de mois en mois, le pronostic à long terme s'annonce bien plus dramatique : une forte contrainte continue aura des conséquences psychosomatiques pouvant menacer plus ou moins sévèrement la santé. Est-ce la raison pour laquelle mon ami Gaston a été enlevé trop tôt à l'affection de ses proches et à l'admiration des ses élèves ?

Comment chaque type de personnalité se piège lorsqu'il est sous stress a fait l'objet des recherches de Taibi Kahler. C'est pourquoi, je vous invite à reconnaître votre scénario privilégié.

- Le Travaillomane et le Persévérant ne peuvent s'amuser AVANT DE terminer leur travail. Ils ne peuvent utiliser l'information contenue dans cet ouvrage AVANT DE la dominer parfaitement.

  Si pour le Travaillomane, tout cela semble logique et raisonnable, le problème se pose en vacances, à la mer du Nord : tandis que le soleil luit, mon épouse entretient l'appartement et à l'instant où elle est prête à aller à la plage, il pleut !
- Lorsque tout va bien, l'Empathique a peur que quelque chose de négatif arrive : APRES le beau temps, il pleut. S'il a cette image de la vie, il risque de programmer l'échec lorsqu'il est sous stress.
- En l'absence de rituel, le Rêveur entreprend une chose, imagine une deuxième, poursuit une troisième, se souvient d'une quatrième, revient à la deuxième, avec pour résultat que rien n'est JAMAIS TERMINÉ.
- Le Rebelle et le Promoteur ont en commun le scénario TOUJOURS COINCÉ : si je vous explique tout dans ce livre, vous n'aurez plus besoin de suivre mes séminaires ; en revanche, si mon explication n'est claire, vous n'aurez pas envie d'y participer. Dans un cas comme s l'autre, je me coince.

*Erratum*: Nelly me fait remarquer que j'ai oublié le scénario PRESQUE.

Presque complet, presque terminé ou presque dans les temps sont des comportements indicateurs de stress correspondant à deux types de personnalité : soit à l'Empathique qui développe une phase Rebelle, soit le Rebelle dans sa phase Empathique.

Une seconde forme appelée PRESQUE 2 caractérise la personne qui termine son travail ou atteint son objectif mais, au lieu de s'en réjouir et de faire la fête, elle est déprimée. Caractéristique du Travaillomane ou du Persévérant en phase Empathique, ou l'inverse, le PRESQUE 2 signifie que la personne n'a pas atteint le bonheur lié à son succès.

Une fois de plus, connaître ses pièges permet de les éviter… et de recharger les batteries positives.

- Le Travaillomane et le Persévérant ont le droit de se reposer, de s'amuser et de faire la fête, même si la cuisine est en désordre et que le rapport risque de contenir deux fautes de frappe.
- L'Empathique a le droit de s'occuper de ses besoins, de ses envies, de son plaisir ; rien de mal ne va lui arriver parce qu'il va bien : inutile de se sentir coupable.
- Le Rebelle et le Promoteur ont suffisamment d'idées pour trouver une troisième, voire une quatrième ou une cinquième option, de sorte qu'ils ne se coincent pas entre deux alternatives.
- Le Rêveur a le droit de travailler seul et de se concentrer sur une tâche à la fois, sans être continuellement interrompu, de façon à être sûr de terminer ce qu'il a entrepris.

SYNTHÈSE

Notre scénario renferme des décisions datant de notre plus jeune âge. Lorsque, sous stress, nous revivons des souffrances liées à notre enfance, nous confirmons notre scénario.
Avoir conscience du piège et du besoin psychologique non satisfait permet de gérer l'activité en prenant soin de soi, de l'autre et du projet.

### EXERCICE

Après avoir répondu au questionnaire du scénario, quel lien faites-vous entre votre passé, votre présent et votre personnalité ?
Comment éviter d'entrer dans votre scénario négatif ?

*Quatrième partie*

# VOUS ET VOTRE CHANGEMENT

*Comment utiliser le contrat pour guider le changement*

## *LE CONFLIT INTÉRIEUR*

Je commence à rédiger ce chapitre alors que je n'ai toujours pas écrit une ligne de la deuxième étape et que la plupart des chapitres de la première étape sont encore à l'état d'esquisse.

Telle est probablement la raison de mon empressement : si je ne change pas ma méthode de travail, je n'arriverai jamais au bout de mon projet.

Quels sont mes points forts et quels sont mes pièges ?

En ce qui concerne le climat, je me suis beaucoup investi pour que le lecteur perçoive mon ouverture, mon accueil, ma disponibilité à collaborer ; j'ai veillé également à « rester moi-même », à m'amuser lorsque je jongle avec les perceptions, les besoins psychologiques, les anecdotes et les théories ; enfin, j'ai fait preuve de déontologie, de respect de la personne et de foi en la capacité de chacun à mener à bien les projets qui lui tiennent à cœur.

Quant au travail, en revanche, je suis continuellement distrait, je papillonne : une phrase par ici, une idée par-là ; une page à corriger, un chapitre à compléter ; un coup de téléphone, une tasse de café ; un papier à jeter. Pourtant, je connais la méthode à suivre et l'adorée Travaillomane avec laquelle je partage ma vie est un modèle vivant d'organisation. J'imagine ses questions : « Quels sont les chapitres terminés ? Combien de pages te reste-t-il à produire ? En combien de temps rédiges-tu une page ? Établis la liste du nombre de pages qui manquent dans chaque chapitre et évalue le temps nécessaire à leur rédaction. En fonction de ton agenda, quelles sont les plages de temps disponibles ? » Ah, le planning ! Toujours ces bonnes vieilles recettes !... La méthode de mon épouse, mais ce n'est pas la mienne !

Toutefois, si je n'améliore pas mon organisation, je n'arriverai jamais au bout de ce projet. Pour sortir du malaise, je suis prêt à changer.

Pris entre le besoin de rester qui je suis et la nécessité d'acquérir ou de développer des talents qui me sont éloignés, je me sens déchiré.

*

## *LA DOULEUR DU CHANGEMENT*

Vous avez les points forts correspondant à votre type de personnalité de base ainsi qu'aux phases que vous avez développées. Sans renoncer à qui vous êtes et sans critiquer ce que vous faites, comment acquérir de nouveaux talents, qu'ils soient organisationnels, relationnels, créatifs ou autres ?

Si c'est aisé, motivant et enthousiasmant, je ne pense pas qu'il s'agisse d'un réel changement.

Lors d'un déjeuner de jeunes créateurs d'entreprise, mon voisin de table apprend que je suis psychologue-formateur. Il me confie le grand intérêt qu'il a eu pour un séminaire de relations humaines récemment suivi. Pour illustrer l'impact de cette formation, il me raconte l'idée qui l'a particulièrement impressionné : tout noter dans un cahier. Il a pris conscience qu'écrire réflexions et tâches à exécuter sur des feuilles volantes était dangereux. En effet, il risquait d'égarer ces précieuses informations. Acheter un solide recueil fut sa première action après le stage.

En termes de dynamique de personnalité, qu'un Travaillomane-Persévérant prenne note sur des feuilles volantes, dans un cahier, dans un agenda ou sur PC portable, n'est pas révolutionnaire : tout au mieux s'agit-il d'une sage évolution.

En revanche, qu'un Empathique-Rebelle note systématiquement des idées et organise précisément son classement ou qu'un Persévérant-Travaillomane fasse un compliment chaleureux à un collègue, voilà qui illustre une démarche inhabituelle, donc coûteuse en énergie.

Spécialiste en marketing, consultant international et formateur rigoureux, Didier participe activement à un séminaire portant sur la Process Communication. Au commencement du troisième jour, sur un ton un peu solennel, il s'adresse au formateur : « Michel, j'apprécie la manière chaleureuse avec laquelle tu enseignes et je suis particulièrement sensible à l'intérêt que tu portes à chacun de nous. »

Tandis que j'avalais une dernière gorgée de café, je dégustais ses paroles, et ce pour trois raisons. D'abord, c'était une démonstration de son apprentissage : il appliquait les techniques de motivation étudiées la veille. Ensuite, comme une telle déclaration n'était pas évidente pour lui, j'étais touché par l'effort que ces paroles lui demandaient. Enfin, Empathique, je savourais ces marques de reconnaissance exprimées par un confrère. Je m'apprêtais donc à le remercier lorsqu'il s'esclaffa, comme s'il venait d'avaler une rasade d'un whisky trafiqué : « Pouah ! Jamais je ne pourrais dire une stupidité pareille ! »

Ce que j'ai trouvé intéressant dans cette anecdote, c'est que Didier l'avait dit, l'avait bien dit, était crédible aux yeux de tous, mais incompréhensible pour lui.

Je pense qu'il en est de même pour mon organisation : j'aurais l'impression de me renier si je planifiais mon travail. L'idée du changement est insupportable.

## *MAIS QUI A PARLÉ DE CHANGER ?*

Lorsque je repense à toutes mes bonnes résolutions, je me souviens de cette histoire juive :

Interpellant une sympathique jeune femme, un monsieur lui demande poliment :

– « Mademoiselle, voulez-vous faire l'amour avec moi ? »

– « Enfin, Monsieur, je ne suis pas une putain ! », s'exclame la belle, irritée.

– « Mais qui a parlé de payer ? », s'excuse le distingué monsieur.

Concevoir un projet, lui donner vie, le voir grandir, s'épanouir et s'autonomiser est une merveilleuse histoire d'amour. *Mais qui a parlé de changer ?*

Parfois tabou comme l'argent, le changement est aussi le nerf de la réussite. C'est pourquoi la quatrième partie lui est consacrée, cela même si le parcours des chapitres précédents vous a suffi à remplir vos objectifs et même si votre projet de lecteur est de ne rien vouloir remettre en question.

Ma philosophie de changement se résume en trois phrases:

- Décider un changement, c'est maintenant, parce qu'aujourd'hui est le premier jour du reste de ma vie.
- Vivre le changement, c'est chaque jour, vu que le changement est un continuel apprentissage.
- Vouloir que les autres changent, c'est commencer par me changer moi, puisque mon comportement actuel est sans effet.

Quant à mon expérience du changement, que je vous invite à découvrir dans les chapitres suivants, elle est liée à la notion de CONTRAT: un accord que je négocie avec moi et avec les autres, pour ma réussite et mon bonheur; un engagement où je prends soin de moi, des autres et de mon activité.

## *UN CONTRAT POUR CHANGER*

Comme je ne dispose d'aucun autre « moyen magique » de changer que de négocier un contrat clair, je me suis amusé à construire un acrostiche avec le mot *CONTRAT* pour qualifier chaque chapitre de cette dernière étape:

| | |
|---|---|
| **C**onditions du changement | Chapitre 14 |
| **O**bjet du changement | Chapitre 15 |
| **N**égociation au quotidien | Chapitre 16 |
| **T**ransformateur de malaise | Chapitre 17 |
| **R**itualisation du changement | Chapitre 18 |
| **A**pprentissage ACTIF | Chapitre 19 |
| **T**erme du changement | Chapitre 20 |

Le chapitre 14, relatif aux *conditions du changement*, insiste sur notre pouvoir de changer et sur la nécessité des protections garantissant tant notre sécurité que celle de notre projet. Le changement y est défini comme une permission, non une contrainte.

*L'objet du changement* porte sur trois leviers que vous pouvez concrètement activer pour changer et réussir votre projet.

*Négocier au quotidien*, insiste sur l'importance d'un feed-back régulier de façon à éviter les pièges.

Le *transformateur du malaise* est un instrument imaginaire particulièrement puissant: il sert à transformer l'énergie négative en courant positif. Livré dans des dimensions aisément mémorisables et d'un poids infiniment léger, ce sympathique appareil est accompagné d'un mode d'emploi richement illustré.

*La ritualisation du* changement consiste à suivre une méthode, une discipline qui garantit sa mise en œuvre. La ritualisation inclut le renforcement positif.

*L'apprentissage* mérite à lui seul quelques ouvrages puisque c'est le fil conducteur de la vie. Nous y passerons en revue les techniques privilégiées par chaque type de personnalité.

Pour conclure, *le terme* du changement n'est pas seulement le point final, l'aboutissement du parcours : c'est aussi la fête que je me réjouis de vivre.

Dans cette quatrième partie, mon contrat est de vous présenter des pistes qui m'ont, à différents moments, aidé à progresser. La présente collection a été constituée sur la base d'écrits de consultants professionnels et grâce à la contribution des participants aux séminaires. Comme les cartes géographiques, ces pistes se complètent l'une l'autre, dans une même ambition, celle de refléter la réalité du terrain. Vous avez certainement votre champ d'activité habituel auquel vous êtes très attachés. Voilà donc l'occasion rêvée de confronter nos routes pour éventuellement compléter votre atlas. Je vous invite à privilégier l'itinéraire qui vous convient le mieux actuellement, après l'avoir testé à l'occasion de votre projet.

J'espère que les chapitres de l'acrostiche CONTRAT s'articulent avec logique. Certes, commencer avec la lettre C pour aborder les conditions du changement et terminer avec la lettre T pour conclure sur le terme du changement est de bonne augure. En revanche, il n'est pas indispensable de suivre systématiquement les séquences intermédiaires pour assurer la solidité de votre changement et le succès de votre projet : j'ai davantage confiance en vous et en votre capacité de mener à bien les projets qui vous tiennent à cœur, qu'en « LÀ méthode du changement ». Par conséquent, je vous propose de piocher parmi les idées et les techniques mises en valeur dans les prochains chapitres, celles qui vous permettent d'affiner votre stratégie de réussite.

Tournant de votre vie professionnelle ou personnelle, le changement est un virage dans votre parcours. Le prendre à trop vive allure est dangereux, même pour les champions de la conduite sportive. Mieux vaut freiner vos impulsions, vous équiper des outils d'analyse et de réflexion, voire demander l'éclairage d'un coach, d'un mentor ou d'un psychothérapeute, de façon à stabiliser chaque marche de votre évolution.

Et vive la révolution !

# 14

# LES CONDITIONS DU CHANGEMENT

## *LA PROUESSE*

Depuis un certain temps, je me débats pour sortir de la troisième étape : après la dramatisation, la compétition, la manipulation, l'agitation, la souffrance et le scénario, comment enchaîner avec le changement ?

Alors que j'avais décidé d'aborder cette quatrième étape de façon positive, j'ai la désagréable impression de m'être noyé. Pour un premier changement, c'est une prouesse !

– « Ici, tu te répètes », me signale Théo.
– « Maintenant tu n'es plus crédible », renchérit Ariel.
– « C'est trop long, on a compris », insiste Daniel.
– « Inutile de dire du mal de toi, les autres s'en chargeront », ironise Annette.
– « Explique que tu te coaches à changer et que tu vas enseigner au lecteur à devenir son propre coach », me conseille Michel.

Merci de me confronter, mes amis. Je suis entièrement d'accord avec vous : j'arrête de m'analyser et de me justifier. J'avance.

*

## *LA PERMISSION*

Réussir n'est plus un problème lorsque nous arrêtons de nous faire échouer. Aussi longtemps que je me force à écrire un livre, qui n'est pas moi, en me sur-adaptant aux exigences que je suppose être les vôtres, aux contraintes de l'éditrice et au qu'en dira-t-on des clients, je me piège, je me stresse, je m'en veux. Le résultat concret est que l'énergie utile pour réfléchir avec vous et écrire ces lignes, se trouve engloutie dans un conflit interne ou concentrée dans la jugulation d'un flot de sentiments de malaise et je n'ai plus rien à dire.

Pour éviter ce piège, au lieu de vivre le changement comme une punition que je m'inflige, je décide d'y voir une opportunité : la permission d'écrire ce que j'ai vraiment envie de vous dire avant de vérifier si c'est publiable, avant de m'assurer que c'est scientifique ou rentable, avant de recueillir les réactions de mes proches et les avis éclairés de mes collègues.

Cette permission, un caprice, un luxe ou une simple bouffée d'air, je me l'offre et la partage avec vous.

L'expérience que je vous propose consiste à vous faire confiance, à laisser libre cours à vos désirs et à vous offrir la réalisation d'un rêve, par exemple cette idée fugace que vous avez eue en prenant le livre en main ou cette ambition régulièrement reportée ou encore cette manière de vivre à laquelle vous aspirez.

Vous promettre que cette première idée est la bonne, vous encourager à aller jusqu'au bout et vous empêcher de changer serait un piège, une nouvelle façon de vous coincer : « Si c'est cela que tu veux, tu l'auras » est une menace dans l'enfance. « Tu as voulu ce gâteau, maintenant tu le manges », « Tu as voulu cette nouvelle chambre, alors ne te plains pas de ne pas pouvoir partir en vacances » sont des exemples à ne pas suivre.

Je vous invite en revanche à vous exprimer sans immédiatement penser aux conséquences, aux implications, aux risques. Bien sûr, il y en aura. Mais toutes ces réflexions, rationalisations ou craintes n'ont pas leur place ici dans la mesure où elles n'aident pas la créativité mais au contraire, l'inhibent.

## *LE BRAINSTORMING*

Lorsque nous voulons sortir des sentiers battus, comme c'est le cas dans la phase créative du brainstorming, c'est le foisonnement d'idées qui est recherché. Or habituellement, de nombreuses idées, suggestions ou solutions sont étouffées par la critique avant d'avoir vu le jour. Cela se passe en réunion de travail ou dans un dialogue interne :

– « J'ai envie de publier un livre. »
– « Oui, mais pendant que tu écris, tu n'es pas disponible pour tes clients. »
– « Mes clients achèteront le livre. »
– « Avec tes droits d'auteur, tu n'iras pas loin. »

– « J'écrirai pendant les vacances. »

– « Les vacances sont réservées aux enfants qui ne te voient jamais, au repos dont tu as grand besoin et à la lecture indispensable pour maintenir ton niveau de compétences. Tu écriras quand tu seras retraité ! »

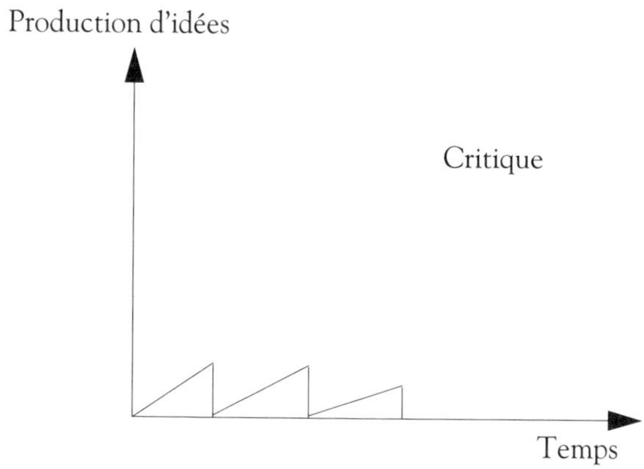


**Trois idées bloquées par la critique**

À peine évoquons-nous l'idée d'une séparation ou d'un changement de fonction, qu'automatiquement hurlent de toutes parts des sirènes qui nous alarment sur les conséquences de nos actes. Mais qui parle de changer ? Pour l'instant, il n'est pas question d'agir mais de laisser libre cours à la créativité, au foisonnement d'idées, à leur multiplication. Émettre des critiques, jugements ou mises en garde est une autre phase.

Phase de foisonnement d'idées

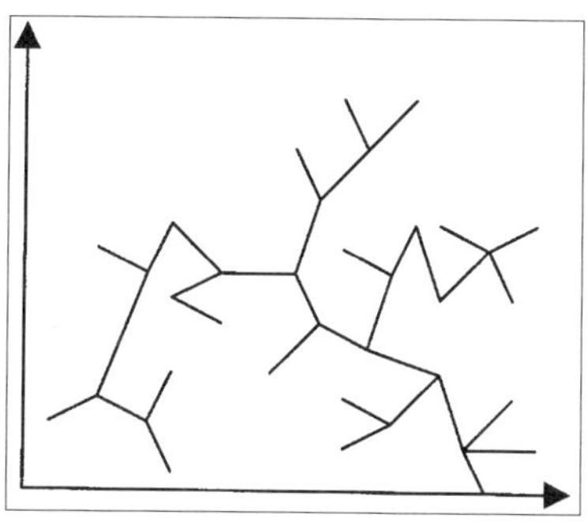

**Liberté créative**
**permission de tout exprimer**

Phase d'évaluation

| Sans intérêt | Digne d'intérêt |
|---|---|
| – | – |
| – | – |
| – | – |
| – | – |
| – | – |
| – | – |
| – | – |
| – | – |

**Évaluation de l'adéquation à la réalité, aux valeurs, aux vues, aux objectifs…**

Séparer la créativité de l'action ne signifie pas éviter la critique ou l'ignorer. Créativité et critique sont indispensables à notre réussite; c'est leur mélange qui nous paralyse.

POUVOIR TOUT EXPRIMER IMPLIQUE DE SÉPARER:

| | | |
|---|---|---|
| Le dire | *du* | faire |
| La créativité | *du* | jugement |
| Les idées | *du* | comportement |

La créativité est une permission. Si elle est vécue comme une contrainte à laquelle il faut s'adapter, elle cesse d'exister.

J'en reviens donc à mon projet, celui d'écrire un livre personnel et participatif où deux personnes, vous et moi, dialoguons, réfléchissons ensemble, apprécions nos points communs et respectons nos différences, mesurons nos progrès, encourageons nos changements et nous félicitons de notre réussite.

Personnel, participatif et pour profiter du plaisir de produire des mots commençant par la lettre P, ajoutons pratique. Un livre pratique, concret, avec les trucs et ficelles, les techniques qui font la joie des stagiaires lorsqu'ils découvrent que « ça marche ! ».

La créativité est un jeu. Le plaisir de jouer avec les mots, de croiser des idées, de dessiner l'impossible. La joie d'entreprendre, d'apprendre et de changer.

Mon livre sera:

- Personnel
- Participatif
- Pratique
- Porteur d'un Projet
- Public
- Précis
- Pragmatique
- Publicitaire
- Promouvant la Process Communication
- Programmant le Perfectionnement

Pourquoi pas aussi Ludique, Léger, Libre…

La créativité vous donne l'énergie, le souffle, le ressort. Cela n'empêche nullement votre projet d'être sérieux, solide, voire capital pour vous, votre famille ou votre entreprise.

## *L'ACCEPTATION INCONDITIONNELLE*

La permission d'être créatif, d'exprimer ce qui vous tient à cœur, de vous offrir un défi n'est pas une contrainte : il est donc possible que vous n'ayez actuellement ni idée, ni objectif, ni envie.

Cela aussi, c'est permis. Vous pouvez prendre votre temps, être curieux de la suite, poursuivre la lecture et revenir à la page « Projet » quand vous le désirez, maintenant, plus tard, dans un an ou jamais. Le propre de la permission est l'acceptation inconditionnelle de soi et de l'autre. Je reste avec vous et vous restez une personne importante à mes yeux, que vous suiviez les instructions ou non.

La permission implique la conviction que vous savez ce qui est bon pour vous, ce qui est important maintenant et ce dont vous seul avez besoin. J'ai confiance en votre décision actuelle de renoncer à aller plus loin, de postposer votre participation aux exercices ou de rester méfiant à l'égard de la psychologie. Votre saine prudence est le meilleur choix que vous puissiez faire puisque c'est le choix que vous avez fait. Répondre à la page « projet », simplement pour me faire plaisir ou parce que vous avez dépensé de l'argent pour acheter ce livre, n'aurait aucune valeur à vos yeux, sonnerait faux et produirait donc l'effet inverse de celui désiré.

Votre prudence ne m'empêche pas de poursuivre mon projet : ce serait chantage ou manipulation que d'arrêter la rédaction si vous ne participez pas. De même ce serait une erreur de vous réserver une page s'il s'avère que cela n'intéresse personne : je m'offre la permission de me tromper et de modifier le texte lors d'une prochaine publication.

Permission d'être créatif, intuitif, spontané, d'être à l'écoute de vos désirs, de vos sentiments, de vos besoins. C'est de l'égoïsme bien placé dans la mesure où il vous entraîne à être attentif aux autres. Ainsi, dans les consignes de sécurité traditionnellement lues avant le décollage, l'hôtesse insiste sur le fait que les adultes doivent porter le masque à oxygène avant de mettre celui de l'enfant en cas de dépressurisation.

De même, m'installer confortablement, me détendre et couper le téléphone ou toute autre source de stress sont des façons de me rendre pleinement disponible et à votre écoute. Faute de quoi, c'est mon stress, mon malaise que je vous communique involontairement et inconsciemment.

> Une anecdote à ce propos. À l'époque de mon service militaire, j'étais animateur, les samedis et dimanches dans un club de réinsertion de personnes en difficultés relationnelles. Le dimanche matin, je suivais en privé une forme de coaching, à la fois supervision et psychothérapie, qui me coûtait pratiquement

> tout mon salaire (ou défraiement, si vous préférez). Par conséquent, j'économisais sur toute autre dépense. Un dimanche matin, me réveillant en retard, je me dirigeais à la hâte vers l'arrêt du bus, fâché de devoir payer une heure que je n'aurai pas consommée, prêt à me punir de mon erreur, à payer mon retard en culpabilité et autres restrictions. À la vue d'un taxi, j'eus le réflexe de m'y engouffrer pour arriver au milieu de ma séance. Malgré la dépense supplémentaire, j'étais fier de mon évolution: au lieu d'escalader dans le malaise et l'inconfort, j'ai agi dans le sens de la résolution du problème et limité le retard.

Résoudre les problèmes plutôt que les utiliser pour se punir ou pour punir autrui peut être un projet d'amélioration de la qualité de vie. Le changement n'est pas obligatoirement lié à la production, c'est-à-dire travailler plus et mieux, en moins de temps, à moindre coût; il peut être relationnel, c'est-à-dire se marier, développer un esprit d'équipe, résoudre un conflit. Les deux sont souvent liés: le relationnel facilite ou contrecarre le succès, que ce soit dans une équipe de football ou de direction.

Permission de prendre soin de vous, de vous reposer, d'avoir un hobby, de partir en vacances. Permission de prendre soin des autres, de passer du temps en famille, d'accueillir vos amis, de connaître vos collègues. Permission de prendre soin de votre travail, d'atteindre vos objectifs. Permission de participer au développement de votre entreprise, de veiller à sa sécurité, à ses bénéfices. Permission de lutter contre la pollution de votre environnement, de planter des arbres. Projet politique, culturel, artistique, familial, professionnel, religieux… votre créativité est sans fin et sans frein.

Dès lors, la permission d'être créatif nécessite des limites, des barrières de sécurité qui vous garantissent de garder les pieds sur terre et qui vous protègent du danger, de l'accident, de l'échec.

## *LA PROTECTION*

La protection imposée à coup de menaces, de sanctions ou de réprimandes est habituellement source de rejet; la même ceinture de sécurité devient agréable à porter si c'est votre choix, votre réflexion, votre décision. Votre protection, c'est votre pouvoir.

> Je me donne la permission d'écrire « mon livre », d'entreprendre ce rêve qui me tient à cœur et d'apprendre. J'ai droit à l'erreur: elle fait partie de l'apprentissage.
>
> Comment vérifier l'adéquation de ce projet par rapport à la réalité?
>
> Bon sens, enquêtes, études statistiques, avis d'experts permettent de pronostiquer les chances de succès ou d'échec.
>
> Ainsi, je prends le risque d'écrire et je partage avec mon éditrice celui de publier, cela sans savoir si c'est une bonne idée. Pour se protéger d'un faux pas, mon éditrice se réfère à son expérience. Je lui fais confiance.

Après avoir donné libre cours à votre créativité, vous vous investissez dans un projet que vous imaginez grandiose; avant de vous engager, *couvrez-vous !*

Si vous décidez de porter à bout de bras la lourde charge dont vous êtes responsable, vous risquez de vous faire mal au dos ou d'être sur les genoux sans avoir atteint votre objectif. C'est pourquoi, les critiques que vous vous adressez méritent d'être notées: elles vous mettent en garde contre la mégalomanie et constituent dès lors une excellente protection. Au lieu de vous défendre contre la remarque d'un ami, le fait de considérer celle-ci comme une protection permet d'en percevoir la pertinence.

Lors d'un coaching avec l'équipe de direction d'un important centre de recherche, je caricature des situations observées pour illustrer la théorie sur la compétition et sensibiliser les participants aux difficultés de collaboration dans un climat négatif. Après cet exposé, un cadre dirigeant fait calmement remarquer que ma description n'est plus valable aujourd'hui, qu'elle correspond à un temps révolu.

J'ai le choix d'entendre cette intervention comme:

– une attaque personnelle, un rejet de ma présence à ce séminaire,

– une critique qui dénonce mon incompétence et mon inadmissible ignorance,

– une dédramatisation de la situation, la crainte que certains se sentent attaqués alors que telle n'est pas mon intention. Ni attaque, ni critique, c'est une aide précieuse. Merci.

Autrefois, j'aurais mal pris cette confrontation: convaincu de devoir me justifier, je serais entré dans la compétition « qui a tort, qui a raison » au lieu d'illustrer la façon de l'éviter. Aujourd'hui, j'y vois une protection contre une dévalorisation des changements réalisés par l'équipe.

## *Les règles de protection*

Inévitablement, tout changement produit des effets non désirés, susceptibles de remettre rapidement en question la décision prise.

« La suppression récente de l'horaire variable provoque de tels bouchons à l'entrée du site qu'à l'heure de pointe, les automobilistes font la queue durant vingt minutes et que toute la circulation est impossible pour les riverains de l'usine » raconte un ingénieur.

Prévoir les conséquences négatives liées au changement et se protéger au mieux contre leur manifestation, tel est l'objet du contre-brainstorming. Cette technique consiste à imaginer les pièges à éviter, qu'ils soient personnels, relationnels ou organisationnels:

Comment risquerais-je de saboter ma décision de publier ce livre?

En quoi ma famille ou mes collègues pourraient-ils collaborer ou s'opposer à ma réussite?

En quoi cette démarche va-t-elle être facilitée ou contrecarrée par mes autres activités ?

Lister les façons d'échouer, les objections auxquelles faire face et les conséquences inattendues permet de mettre en place des protections. Par exemple, en séminaire, la confidentialité est une règle qui assure la sécurité d'expression des participants. De même, préciser aux participants que les résultats du questionnaire de personnalité utilisé durant la formation leur sera remis en main propre, sans qu'aucune copie ne figure au dossier personnel, est une protection qui permet une plus grande sincérité dans les réponses.

Baliser la route de solides barrières de sécurité est indispensable pour éviter les dérapages incontrôlés, les accidents de communication, voire la chute du projet.

Dans la délégation des responsabilités, le droit à l'erreur fait partie de l'apprentissage.

« Ma secrétaire a pris une initiative qui coûte mille euros à l'entreprise », raconte Julien, directeur général qui poursuit : « Désolée de son erreur, elle m'a promis de ne plus traiter ce domaine. »
« Au contraire, ai-je insisté, cette leçon fait partie de votre perfectionnement : maintenant que j'ai dépensé mille euros pour votre expérience, je compte sur vous pour maîtriser de mieux en mieux cette dimension de votre fonction. »

Permission et protection conditionnent le changement. Ainsi, le droit à l'erreur qui permet l'apprentissage n'est pas synonyme du « droit de faire des erreurs ». L'incompétence ou la passivité face aux problèmes ne sont pas des excuses. Penser à intégrer, dans le contrat, les protections contre le risque d'échec vous permet de clarifier les besoins personnels et de négocier les attentes relationnelles.

## *LA PUISSANCE OU COMMENT BÂTIR VOTRE PROJET SUR VOS TALENTS*

Quels sont mes talents pour entreprendre une nouvelle activité ? Spontanément je répondrai qu'ils sont nuls : si je ne sais pas nager, forcément je n'ai pas les talents d'un nageur !

Et pourtant, chaque fois que j'ai appris une discipline et l'ai dominée au point d'étonner mon entourage, je me suis focalisé sur des points d'appui.

Par exemple, j'oubliais les pas de danse, mais à force de les décomposer, de les noter, de les mémoriser, de les répéter, ils me sont devenus familiers. Simple question d'entraînement. Et de volonté, me diront certains.

Si vous aimez le terme volonté, je lui préfère les mots désir, envie, plaisir ou motivation qui a fait l'objet d'un important chapitre.

Autre exemple, j'étais incapable de tenir un crayon et étais convaincu, à mon grand désespoir, que je n'apprendrais jamais à dessiner. Avoir un hobby, disposer de quelque talent artistique et pouvoir montrer le résultat d'un apprentissage m'ont motivé à m'intéresser à la peinture. Cependant, six mois autrefois passés dans un atelier d'expression libre, m'avaient définitivement confirmé mon inaptitude à l'art graphique. Définitivement, jusqu'au jour où j'ai découvert dans une librairie l'ouvrage de Betty Edwards, *Dessiner grâce au cerveau droit*. Cerveau droit, créativité, psychologie : cette fois, je reconnais mon métier. Si le dessin est une question de psychologie, il devient logiquement une discipline familière et accessible. Le reste est une simple question d'entraînement. Et de don, ajouteront certains.

Si vous aimez le terme don, je lui préfère l'entraînement dont nous parlerons au chapitre 18 consacré à la ritualisation.

Pour entrer dans le concret, je vous propose de répondre à la question : *quels sont les talents sur lesquels repose votre projet ?*

Exemple : sachant ce qui me motive à écrire, la question porte maintenant sur les talents qui me servent de points d'appui.

| **Ressources positives** | **Situation objectivable ou expérience vécue** |
|---|---|
| *Je fais preuve de…*<br>*Je suis…* | *lorsque je…*<br>*lorsque j'ai…* |
| *Je suis habitué à communiquer* | *C'est mon métier* |
| *J'ai une connaissance approfondie de l'Analyse Transactionnelle* | *Sanctionnée par une reconnaissance officielle (diplômes)* |
| *J'enseigne la Process Communication* | *Satisfaction des participants* |

J'arrête ici pour vous céder la place et je vous invite à lister vos talents.

| **Ressources positives** | **Situation objectivable ou expérience vécue** |
|---|---|
| Je fais preuve de…<br>Je suis… | lorsque je…<br>lorsque j'ai… |
| | |
| | |

Pour différentes raisons, nous nous freinons dans l'expression de nos talents. Parfois même, nous utilisons nos talents pour nous paralyser, comme ce conférencier, maladroit en public, qui justifiait sa difficulté d'expression par une erreur pédagogique : élevé en anglais et en français, il se considérait handicapé. En conséquence, il conseillait de ne jamais éduquer un enfant dans deux langues simultanément.

Cela est un bel exemple de la manière dont nous nous piégeons : au lieu de se féliciter d'être excellent bilingue et de suivre quelques cours de parole en public dans l'une ou dans les deux langues, ce conférencier dévalorise son talent, juge la faute irréparable et se condamne à un échec auto-programmé.

Bâtir sur les talents est une méthodologie d'apprentissage et de développement.

Considérez donc vos talents comme points d'appui pour mener à bien les projets qui vous tiennent à cœur.

La confiance en vos points forts est un des piliers de votre capacité à vous affirmer, à prendre votre place. Apprécier qui vous êtes, sans forfanterie ni modestie, fait partie d'une certaine hygiène mentale. Avec la complicité de vos proches, la confiance de vos collègues ou le secours du dictionnaire, vous êtes à même de lister dix, vingt et probablement beaucoup plus de caractéristiques positives auxquelles vous pouvez vous identifier.

Le critère statistique de « moyenne » est celui que je vous suggère d'utiliser : par rapport à ce que le « bon sens » qualifierait de intelligent, ouvert, sensible, attentif à autrui, consciencieux, précis, disponible, créatif, souple, solide, persévérant, joyeux, sérieux, original, adaptable, calme, passionné, rigoureux, sportif, entreprenant, etc., quels sont les talents que vous vous reconnaissez ?

Vos talents peuvent sembler contradictoires, tels que économe (vous ne gaspillez pas d'argent dans des dépenses inutiles, vous épargnez pour constituer un capital) et généreux (vous venez en aide à vos parents, vous aimez offrir de beaux cadeaux). Souvent, nous trouvons illogiques de noter les deux ou cherchons le dominant, par souci de cohérence ou de discrétion. Si tel est votre cas, enregistrez les deux et ajoutez « adaptable » (puisque vous suivez mes recommandations).

> Lors d'un séminaire, un cadre perçu comme plutôt rigide déclenche l'hilarité du groupe en se présentant comme « très souple ». Les rires cessent à la fin de sa phrase : « Je suis très souple lorsqu'on m'en laisse le temps. »

Le respect de votre rythme de vie révèle des qualités que le stress occulte peut-être. Tous ces talents, qu'ils soient contradictoires ou voilés, font partie de vos ressources et peuvent être activés. Voilà qui permet encore d'augmenter la liste.

Si chaque médaille a son revers, inversement, chaque défaut de caractère a également sa face positive : quelqu'un de fragile (négatif) fait preuve d'une fine sensibilité (positif) ; quelqu'un de têtu (négatif) manifeste de la volonté, possède un pouvoir de conviction ou inspire la confiance. Si vous vous concentrez sur les aspects positifs de vos défauts et si vous généralisez ensuite cet exercice à l'ensemble de vos interlocuteurs, vous multiplierez vos capacités relationnelles et réduirez d'autant votre stress.

Bonne liste et bon entraînement à penser de façon positive.

| **Ressources positives** | **Situation objectivable ou expérience vécue** |
|---|---|
| Je fais preuve de…<br>Je suis… | lorsque je…<br>ou lorsque j'ai… |
| | |
| | |
| | |
| | |
| | |
| | |
| | |
| | |
| | |
| | |
| | |
| | |

En relisant la liste de vos talents, points d'appui de votre projet, vous vous construisez votre image du succès et vous rechargez vos batteries positives. C'est une bonne façon de vous motiver. Toutefois, certaines personnes n'aiment pas s'admirer et redoutent tout narcissisme.

Curieux de savoir comment vous avez perçu l'exercice précédent, je vous invite à noter vos commentaires.

Lorsque je liste mes talents, je me dis que…

Parmi les réactions recueillies en séminaire, certaines sont positives (« c'est un exercice intéressant, je suis impressionné par moi-même »), d'autres négatives (« j'ai horreur de ce genre de liste, je ne me trouve que des défauts »), d'autres sont mixtes (« je me découvre des talents que je laisse trop souvent dans l'ombre »).

L'observation de la réaction spontanée est une information : l'occasion de réfléchir à votre relation avec vous-même. Ce thème est abordé dans le prochain chapitre consacré à l'objet du changement.

SYNTHÈSE

**Comment créer un climat qui favorise le changement ?**

Pouvoir tout dire et dire n'importe quoi pour libérer la créativité implique Permission et Protection.

Permission signifie accueil inconditionnel de ce que dit l'interlocuteur, ses idées, ses désirs, ses suggestions, ses rêves. La permission lève un interdit, habituellement l'autocensure. Ainsi vouloir faire un régime alimentaire nécessite la permission de manger une partie de ce qui vous a été servi ou de ce que vous avez choisi. « Avoir les yeux plus grands que le ventre » n'est plus une critique mais devient un compliment.

Protection signifie que la permission a été donnée en toute sécurité. Si vous dites le fond de votre pensée, vous ne courez pas le danger d'être sanctionné, de perdre votre crédibilité, votre emploi ou vos relations. La protection se transmet par des règles que chacun s'engage à respecter telles que la confidentialité, le secret de groupe, la non-violence, l'absence de menace de violence et de passage à l'acte ainsi que le respect de la légalité.

Séparer les phases de créativité et de jugement-évaluation est une protection contre les critiques, les moqueries ou les attaques. S'assurer que le projet est réaliste et réalisable est une protection contre la prise de risques inconsidérés. Par exemple, dans le cas du régime, vous assurer qu'il est sans danger pour votre santé.

La Puissance dont vous allez faire preuve pour mener à bien votre projet avec les autres est garantie par un climat de sécurité qui facilite la créativité et la collaboration.

## EXERCICE

Au départ des six ressources de votre pyramide, décrivez les talents, les pièges et les protections à mettre en place.
*Par exemple, en ce qui concerne mon projet de rédiger ce livre:*

| | |
|---|---|
| **En tant qu'Empathique (ma base)**<br>Mon désir est de m'épanouir dans la relation que j'établis avec vous tout en vous permettant d'être heureux dans le vécu des projets qui vous tiennent à cœur | ***Pièges à éviter***<br>Mon piège est de me rendre confus, de dévaloriser le projet ou de surévaluer vos connaissances.<br>***Protections utiles***<br>Pour l'éviter, les protections utiles consistent à:<br>– vous inviter à faire part de votre expérience,<br>– favoriser le feed-back sur mon projet,<br>– me nourrir des conseils. |
| **En tant que Persévérant (ma phase)**<br>Mon ambition est de vous convaincre de la qualité du modèle Process Communication et de transmettre mon expérience pour vous guider à atteindre le sommet des projets que vous considérez importants | ***Pièges à éviter***<br>Mon piège est de moraliser, d'insister lourdement et de sous-évaluer vos réussites.<br>***Protections utiles***<br>Avoir pour règle de remettre en question mes certitudes et de réfléchir avec vous aux options |
| **En tant que Rebelle (étape)**<br>Mon plaisir est d'être inventif dans la présentation de la Process Communication et de vous amuser par mes histoires | ***Pièges à éviter***<br>Mon piège est de laisser mon esprit critique saboter mon projet<br>***Protections utiles***<br>M'amuser à aller jusqu'au bout |
| **En tant que Travaillomane**<br>Mon but est de réaliser un ouvrage cohérent, qui réponde à vos attentes et corresponde au contrat négocié avec l'éditrice | ***Pièges à éviter***<br>Mon piège est de vouloir tout contrôler et d'exiger la perfection de chaque paragraphe<br>***Protections utiles***<br>Me donner le droit à l'erreur durant cette entreprise |
| **En tant que Promoteur**<br>Mon défi est de réaliser un projet qui me dépasse et de vous entraîner à vous surpasser | ***Pièges à éviter***<br>Mon piège est de foncer tête baissée, de négliger mon travail, ma famille ou ma santé.<br>***Protections utiles***<br>Me prouver que je suis capable de jongler avec travail, famille, projet dans une main et repos, santé dans l'autre |

| | |
|---|---|
| **En tant que Rêveur**<br>Mon travail consiste à tracer, mot après mot, la route qui part de moi pour aboutir à la réalisation de mon projet | ***Pièges à éviter***<br>Mon piège est de peaufiner patiemment chaque phrase et de m'appesantir sur un même paragraphe durant une heure<br>***Protections utiles***<br>Me discipliner à progresser et à suivre un rythme régulier de production |

À votre tour de décliner votre contrat dans les six dynamiques qui constituent votre pyramide. C'est un exercice éclairant et mobilisateur. Il vous donne la permission de mobiliser vos ressources et de vous protéger contre le piège de les utiliser négativement.

# 15

# L'OBJET DU CHANGEMENT

*Comment changer votre relation avec vous, avec l'autre et avec votre projet*

## *QUE DE CHANGEMENTS !*

Je suis vraiment content de ma nouvelle collaboratrice. Très impliquée dans la réalisation de mon projet, Pascale consacre son énergie à corriger le manuscrit. Consciente du temps que prend la relecture et parfois inquiète de mon manque d'assiduité à la tâche, elle suggère : « Si nous terminions ce chapitre avant de passer au suivant, qu'en penses-tu ? »

– « Je ne l'aime pas dans sa forme actuelle : la théorie est adéquate mais les exemples ne sont pas suffisamment en relation avec le projet. Je devrais utiliser notre collaboration comme illustration. Par exemple, prendre les remarques que tu as envie de m'adresser lorsque je t'irrite. Je vais réécrire ce chapitre. »

Pascale sourit.

Malgré son silence patient, je devine qu'elle me reproche mes hésitations qui freinent son travail. Comme s'ils réclamaient les touches de l'ordinateur, ses doigts pianotent sur le bureau. Ils semblent marteler : « Cela n'est plus le moment de réécrire : nous apportons les dernières modifications. Il faut terminer maintenant ! »

Tandis que mes pensées vagabondent d'un chapitre à l'autre, Pascale me tend un signataire. « Il y a toujours les deux propositions relatives au travail en équipe à relire et à signer » précise-t-elle.

*

Plus j'enseigne la Process Communication et plus j'y réfléchis avec les participants des séminaires, plus je suis convaincu que nous ne changeons pas de personnalité. Que mes parents ou moi-même voulions que je sois quelqu'un de différent est vain puisque ma personnalité de base m'est donnée, au même titre que ma naissance : personne ne m'a consulté pour savoir si je préférais naître Empathique ou Travaillomane.

Nous savons que nous possédons dans notre pyramide les six dynamiques et comme le changement de phase a été abordé à la fin du chapitre consacré à la motivation, nous n'y reviendrons pas ici... sauf si pour la prochaine édition, vous m'avez fait part d'expériences différentes.

Dès lors, mon ambition est de vous proposer *la relation* comme objet de changement : en d'autres termes, comment pouvez-vous rendre plus efficaces ou plus harmonieuses vos relations avec vous-même, avec les autres et avec votre projet ?

## *CHANGER LA RELATION ENTRE VOUS ET VOUS*

Alors que je me suis promis d'achever la rédaction ce week-end, j'entends mon père me répéter « On n'a jamais fini ». Je vois mon assistante déclarer en réunion : « Vous avez toujours plein d'idées mais rien ne change. » Je sens mes enfants s'appuyer sur mes épaules pour me confier : « Tu n'arrêtes pas de parler de tes projets, Papa, mais tu n'en réalises aucun. »

Incapable de faire taire ces voix qui font écho à l'insistance de Pascale pour que je termine le chapitre, je déguste mon impuissance parce que je n'arriverai jamais au bout de mon projet.

*

Prendre conscience que nous sommes dans notre circuit rouge (voir *Le Circuit rouge, dialogue interne paralysant*, p. 112) génère chaque fois un peu plus de malaise : non seulement nous ne changeons pas, mais encore nous nous le reprochons. C'est un cercle vicieux, garantissant l'auto-alimentation de nos batteries négatives.

Rappelez-vous comment fonctionne votre circuit rouge : votre Parent Critique dévalorise les idées, les projets, les sentiments, voire s'auto-critique. Vous vous sentez inapte, incompris, impuissant, triste. À leur tour, ces sentiments génèrent l'énergie négative : relation entre votre Parent Critique et votre Enfant Adapté, le circuit rouge s'auto-alimente.

• *Comment en sortir?*

Grâce au circuit vert, qui est constitué du Parent Nourricier, de l'Adulte et de l'Enfant Libre, cet enchaînement permet la créativité, favorise la recherche de solutions et assure l'adéquation à la réalité. Le schéma qui suit illustre ces deux circuits:

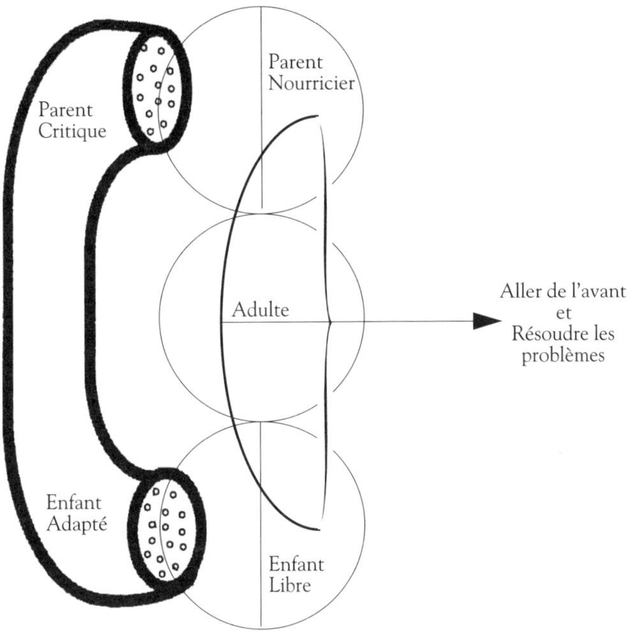


**Circuit rouge** **Circuit vert**

Passer du circuit rouge au circuit vert m'a été enseigné par Inger Milestone. La méthode est sympathique: elle consiste à développer le Parent Nourricier. En effet, si la remise en question par l'Adulte nous aide à prendre conscience de notre malaise, elle ne l'élimine pas pour autant: le puissant Parent Critique poursuit son œuvre de culpabilisation. Pour contrebalancer le circuit rouge, la première étape consiste à brancher notre Parent Nourricier: *apprécier notre circuit rouge au lieu de le critiquer.* Reconnaître que l'énergie négative qu'il produit nous est utile.

Ainsi, au lieu de critiquer ce que je suis, de me culpabiliser de ne pas changer et de me sentir mal, j'apprécie mes talents, y compris celui d'avoir conçu le circuit rouge. Je me dis par exemple:

> Que tu es merveilleux, Michel! Tu as trouvé le moyen d'utiliser le conseil de Pascale pour te faire du mauvais sang: tu t'es fabriqué un super circuit rouge ISO performant!
>
> Il te procure des décharges de malaise, t'offre l'occasion de te disputer avec tes collaborateurs et te permet d'écrire un livre sur les manières de saboter un projet. Bravo!

Comme nous avons vu dans le brainstorming, la liberté de changer est liée au Parent Nourricier. C'est lui qui reconnaît l'ancienne utilité de notre circuit rouge et nous donne la permission d'évoluer. Il est le point de départ du circuit vert et fait contrepoids au Parent Critique.

Dans une deuxième étape, le Parent Nourricier est à l'écoute de l'Enfant Libre.

Quels sont tes besoins, Michel? Que désires-tu accomplir aujourd'hui?

Enfin, il vérifie avec l'Adulte comment satisfaire le besoin et comment réaliser le rêve. Alors que le circuit rouge limite les options et entretient le malaise, le circuit vert ouvre la réflexion et intègre la motivation. C'est une continuelle négociation avec vous, dans la réalisation de votre projet.

Le malaise n'est pas indispensable à la réussite. Vous avez le droit de renoncer au circuit rouge.

## *CHANGER LA RELATION AVEC L'AUTRE: OBTENIR UN CHANGEMENT DE COMPORTEMENT*

Parfois, sous l'emprise de la colère, irrité par le comportement de quelqu'un, vous lui faites une remarque.

« Arrête de tourner en rond et termine ce chapitre! ».

Cette critique, au départ d'une position « je suis OK – vous n'êtes pas OK » a pour effet de persécuter l'interlocuteur qui risque de se refermer, de s'en aller ou de contre-attaquer. Alors que vous vouliez résoudre le problème d'organisation, un deuxième problème surgit, relationnel celui-là. Votre interlocuteur se sent rejeté. Comment faire une remarque qui ne soit pas critique mais qui lui donne une information utile? Comment vous exprimer de manière à maintenir un climat de négociation, une position « je suis OK – vous êtes OK »?

L'objet du présent passage est de vous présenter une façon logique, rationnelle et structurée d'aborder les situations conflictuelles. Elle est susceptible d'intéresser le gestionnaire de projets: parce que critiquer quelqu'un ne résout pas le problème, les participants d'un séminaire sont à l'affût d'une « formule » efficace, rapide et sympathique. Les ouvrages consacrés à l'affirmation de soi regorgent de tels outils de communication dont l'utilisation dédramatise la situation et génère la collaboration.

Ainsi, l'acrostiche ACCORD a pour objectif de faire une remarque sans attaquer ni manipuler, de sorte que vous invitiez votre interlocuteur à modifier son comportement.

**A**nalyse objective de la situation avec ses **C**onséquences négatives. **C**ibler la demande et spécifier les **O**bjectifs positifs qui découleront de son application. **R**echercher l'accord de sorte que les deux interlocuteurs soient **D**eux gagnants.

Au préalable, choisissez bien le cadre : une confrontation positive est facilement interprétée comme agressive. Aussi, avez-vous intérêt à vous assurer que c'est le bon endroit, le bon moment, qu'il n'y a pas de témoins gênants et que votre interlocuteur vous écoute. Pour ce faire, le plus simple consiste à vérifier qu'il est disposé à vous écouter.

Par exemple : « Monsieur Chalude, j'ai un point important que je désire partager avec vous : il s'agit de notre relation de travail. Êtes-vous disponible maintenant ? »

Lorsque la réponse est négative ou faussement positive, adoptez une écoute active et reportez la confrontation : « Quand préférez-vous que nous en parlions ? »

Si la réponse est franchement affirmative, enchaînez avec la technique de l'ACCORD.

• *Analyser la situation*

Décrivez précisément le comportement qui vous gêne : « Monsieur Chalude, lorsque vous recommencez plusieurs fois le même chapitre… »

Évitez les généralisations et exagérations du genre : « Vous changez deux cents fois la même phrase. »

• *Conséquences négatives*

Exprimez les conséquences de ce comportement sur :

– vous,
– votre relation,
– votre travail.

« Monsieur Chalude, lorsque vous recommencez plusieurs fois le même chapitre, le reste du travail n'avance pas et je ne suis pas disponible pour contacter les clients ».

Évitez les « vous » accusateurs tels que : « Vous me faites perdre mon temps et vous m'empêchez de contacter les clients ! »

• *Cibler la demande*

Précisez le nouveau comportement attendu : « Je vous propose de fixer une heure de corrections chaque jour pour enregistrer l'ensemble des modifications que vous aurez apportées au projet. »

Évitez les demandes imprécises comme : « Je vais devenir folle si nous passons toute la journée à corriger ! »

• *Objectifs positifs*

Expliquez votre demande en mettant en évidence les objectifs positifs que vous poursuivez : « Cela a comme avantage que je me serai libérée de toute autre contrainte pour vous consacrer pleinement le temps prévu. Je serai plus détendue et notre travail sera plus efficace. »

Évitez les menaces et les arguments négatifs tels que : « Si vous n'êtes pas d'accord, je donne ma démission ! »

• *Rechercher l'accord*

Demandez à votre interlocuteur de s'engager à respecter le contrat relationnel : « Êtes-vous d'accord que nous fixions une heure de travail ensemble chaque jour et que nous nous disciplinions à respecter l'activité de l'autre ? »

Évitez de meubler le silence après cette question. Prenez le temps d'attendre le OUI ou une autre suggestion.

• *Deux gagnants*

Si la solution proposée ne convient pas à votre interlocuteur (oui, mais...), laissez-le formuler ses propositions et poursuivez la négociation jusqu'à ce que vous ayez trouvé la condition d'être tous les deux gagnants.

Évitez les compétitions négatives du style : « Je perds – tu gagnes, mais j'aurai ma revanche demain », « cette fois c'est moi qui gagne » ou encore « Je ne gagne pas, mais toi non plus ».

Remarque : de façon à vous assurer que vous vous exprimiez avec calme et pondération, je vous suggère de rédiger les phrases en guise de préparation. De plus, si cette formule vous paraît trop simpliste par rapport à l'importance du problème à traiter, je vous suggère de faire porter l'ACCORD sur l'établissement d'un contrat : « Pour éviter dorénavant ces malentendus, pourquoi ne pas mettre sur papier nos idées en vue d'une meilleure collaboration ? »

## *CHANGER LA RELATION AU PROJET*

Lorsqu'après des études de sociologie et de journalisme, Monique, ma sœur, eut l'idée de publier un guide *Bruxelles des femmes*, elle dut rapidement se rendre à l'évidence : l'importance de la tâche était incompatible avec le temps dont elle disposait pour y travailler, compte tenu des échéances fixées par son éditeur. Elle décida dès lors de réaliser le projet en équipe et confia un ou deux chapitres à quelques collègues, ce qui lui permit de mener le projet à terme. J'ai retenu une remarque de son expérience : sa prise de conscience que les autres rédactrices racontaient les belles demeures, les bijouteries, les restaurants ou sujets quelconques avec honnêteté, sympathie et précision, mais sans se torturer. Leur niveau d'exigence, tant dans l'enquête que dans l'écriture, ne les empêchait pas d'avancer. La réaction de ma sœur ne se fit pas attendre : elle adapta ses critères de qualité, resta adéquate par rapport au contrat et conclut aisément les trois chapitres dont elle avait gardé la responsabilité.

Après avoir traité des changements personnel et relationnel, je reviens à la réalité de votre projet.

Confier le pilotage du projet à l'Adulte est de toute évidence plus sécurisant. L'Adulte tient compte de la réalité extérieure sans négliger la réalité intérieure : quels sont les informations, les objectifs, les contraintes, les moyens mais aussi quels sont les valeurs, les sentiments, les besoins ?

Votre Adulte peut également évaluer le degré de résistance au changement de votre Parent.

On l'a toujours fait comme cela et il serait dangereux de changer : les inconvénients de la situation actuelle, nous les maîtrisons, les risques de changement sont inconnus. Pourquoi vouloir changer ce qui fonctionne aujourd'hui ? Nous n'avons jamais eu besoin d'aide extérieure, de formations ou de conseils et c'est là toute notre force. Nos principes sont simples : respecter les procédures existantes, gérer honnêtement, en bon père de famille et ignorer les trouble-fête, les faiseurs de vagues ainsi que les révolutionnaires.

Économique, le Parent régit la réalité avec des règles simples :

- Ne pas se pencher par la fenêtre.
- Fermer les portes extérieures après 18 heures.

- Traiter les demandes le jour même.
- Écrire trois pages par jour.

Économique, parce que quelques mots synthétisent des années d'expérience, la réaction-réflexe remplace la décomposition du problème, la recherche d'options, l'analyse du pour et du contre, voire les débats infinis suscités par la perpétuelle remise en question. Si chaque fois que j'ouvre la porte, je dois réfléchir au lever de mon bras, au respect de la distance, à la fermeture de main suivie de la rotation de mon poignet précédant la traction de la porte vers moi en évitant soigneusement de me cogner la tête… quelle dépense d'énergie !

Comme tout autre matériel régulièrement utilisé, les règles nécessitent un entretien périodique (sont-elles toujours adéquates ?), le remplacement des pièces usées (à force de répéter la même chose, le message s'effrite) et un mode d'emploi (l'explication de sa raison d'être).

SYNTHÈSE

**Comment changer votre relation avec vous, avec l'autre et avec votre projet :**

• *La relation entre vous et vous:* passer du circuit rouge où vous vous critiquez de n'être pas à la hauteur de vos exigences, au circuit vert où vous avez confiance en votre capacité d'apprentissage.

• *La relation entre vous et l'autre:* pour obtenir un changement de comportement, utilisez l'acrostiche ACCORD.

- **A**nalyse objective
- **C**onséquences négatives
- **C**ibler la demande
- **O**bjectifs positifs
- **R**echerche de l'ACCORD
- **D**eux Gagnants

• *La relation entre vous et votre projet:* rechercher l'adéquation entre les moyens (temps, ressources en argent…), les objectifs réalistes et les règles de travail.

## EXERCICE

Quel est l'objet de votre changement ?............................
.............................................................
.............................................................
.............................................................

# 16

# LA NÉGOCIATION AU QUOTIDIEN

## *IL N'Y A QUE LA VÉRITÉ QUI BLESSE*

Le fait que mon épouse critique depuis quinze ans mon désordre n'a jusqu'ici nullement amélioré mon organisation, mais au contraire, provoqué des disputes en plus du problème tenace. Pourtant, je partage pleinement son évaluation et comprends son irritation.

Mon désir de changer, ma décision de me corriger et toutes mes bonnes résolutions sont toujours restés sans effet : les raisons inconscientes pour lesquelles le désordre m'est nécessaire sont trop profondément gravées dans ma chair pour être effacées d'un coup de bonne volonté. Je dois me rendre à l'évidence : je ne me sens pas prêt à affronter les angoisses que le désordre camoufle, à panser les blessures que le désordre dissimule, à me découvrir alors que le désordre me rend insaisissable.

Un changement profond dépasse l'apprentissage ou l'adaptation. Dès lors, dois-je entreprendre une psychanalyse pour enfin changer ?

*

Vouloir faire changer l'autre n'a souvent d'autre effet que d'attiser le malaise et de creuser l'écart relationnel, sans pour autant nous rapprocher du résultat attendu.

Cependant, affronter ensemble les problèmes, trouver des accords et négocier au quotidien assurent la réalisation de nos projets.

> Ainsi, je peux négocier un contrat, où malgré mon désarroi, je gère mon projet et prend en considération les attentes de mon épouse. Ce contrat me permet de réussir, d'éviter les conflits et de respecter le rôle protecteur que joue le désordre.

Développer le dialogue, tel est l'objet de ce chapitre où nous abordons successivement les pièges que constituent le changement fausse-barbe et l'effet boomerang, l'expression des émotions au quotidien, la négociation au travail et la rupture négociée.

## *LE CHANGEMENT FAUSSE-BARBE*

Après avoir animé un séminaire sur « les relations avec la clientèle » pour une compagnie aérienne, un consultant désire faire modifier son billet d'avion. Il est aiguillé d'un bureau à l'autre et perd ainsi plus de trois quarts d'heure avant d'arriver au bon guichet. Lorsqu'il se plaint à l'employée de la mauvaise organisation, il l'entend répondre d'un ton compatissant : « Je vous comprends fort bien, Monsieur, moi non plus je n'aimerais pas que cela m'arrive. »

Dans cette situation, ce n'est pas le contact client qui constitue le problème mais plutôt le manque de compétence technique ou les défauts d'organisation. Dès lors, la phrase réconfortante telle qu'enseignée en séminaire, ressemble à une fausse-barbe derrière laquelle la compagnie espère camoufler ses lacunes.

Bien sûr, si vous constatez des faiblesses ou des incohérences dans votre secteur d'activité, vous planifiez une réunion de résolution de problèmes avant de chercher la formule « marketing » qui permettrait de « dorer la pilule ».

Toutefois, malgré notre vigilance, nous nous laissons parfois piéger par des « changements fausse-barbe ».

Ainsi la tentation est très forte, après un séminaire de Process Communication, d'utiliser un nouveau vocabulaire pour préjuger (« John sera, comme toujours, un abominable Rebelle »), pour pontifier (« Aussi longtemps que vous ne serez pas OK, la discussion ne mènera nulle part ») ou pour imposer (« Soyez Adulte et reconnaissez une fois pour toutes que j'ai raison ! »).

Le changement de terminologie, d'apparence plus scientifique, ne fait qu'entretenir le conflit, peut-être plus subtilement.

## *L'EFFET BOOMERANG*

Le changement est souvent perçu comme dangereux pour la personne ou interprété comme menaçant par l'entourage, parce qu'il brise un équilibre connu et perturbe une dynamique prévisible : « Même si personne n'est pleinement satisfait, dans tous les cas, chacun sait à quoi s'en tenir », se plaît à répéter un chef d'entreprise.

Il suffit toutefois d'inverser les deux propositions (« même si chacun sait à quoi s'en tenir, personne n'est pleinement satisfait ») pour susciter l'envie d'un mieux-être, d'un plus grand « confort de vie », allié à un accroissement de l'efficacité au travail.

Dans l'euphorie d'avoir bénéficié d'un séminaire, l'aspiration au changement risque de mener à une impasse : votre décision brutale et unilatérale de changement vous revient en pleine figure. C'est l'*effet boomerang*.

> Une histoire canadienne – authentique paraît-il – est celle du gendarme qui a élevé son fils à la spartiate. Alors qu'il participe à un séminaire d'Analyse Transactionnelle, il se découvre un trésor de tendresse et d'affection qu'il décide de partager sans attendre. Sitôt rentré à la maison, il se dirige vers le salon, s'assied dans le canapé aux côtés de son fils, serre celui-ci chaleureusement dans les bras et lui déclare son amour paternel, trop longtemps enfoui. Sous l'emprise d'un tel charme, comment ce garçon timide va-t-il se métamorphoser ? Il s'écroule en syncope et perd momentanément connaissance.
>
> Bien que l'histoire ne le dise pas, nous pouvons deviner que le père téméraire aura été effrayé par un tel traumatisme et se sera juré que jamais plus il ne s'ouvrirait à son fils avec douceur… ni ne consulterait un psychologue.

Certes les situations de travail sont rarement aussi tragi-comiques, mais il n'en demeure pas moins vrai que si vous adoptez soudainement un comportement jusqu'alors étranger, d'une part vous risquez de perdre toute crédibilité, d'autre part vos interlocuteurs développeront des stratégies de nature à maintenir la situation ancienne.

Les réflexions telles que « ça va, mon vieux ? Est-ce que tu te sens bien aujourd'hui ? », les interprétations de manipulation « ça cache quelque chose… », les comportements passifs ou agressifs sont autant de façons de nous rassurer que rien n'a changé.

Changer sans préparation ou sans négociation, c'est courir à l'échec ; c'est une façon de démontrer que le problème est insoluble, « même après avoir tout essayé, y compris avec *Vous et votre projet* ».

## *L'EXPRESSION DES ÉMOTIONS AU QUOTIDIEN*

La formule de l'ACCORD est parfois vécue comme trop factuelle par l'Empathique qui recherche la proximité dans les relations. En effet, exprimer son vécu est sa première façon de communiquer. Il privilégie l'intimité, c'est-à-dire une relation où chacun est en contact avec ses émotions et les partage avec son partenaire. Dans ce climat d'acceptation inconditionnelle, jugement, censure et exagération cèdent la place à l'expression du sentiment. Par exemple :

- « Je me sens irrité lorsque tu... »
- « J'ai peur lorsque tu... »
- « Je suis fâché quand tu... »
- « Je me sens triste quand tu... »
- « Je suis heureux quand tu... »

L'expression du sentiment (état du moi Enfant) suivie de la description objective de la situation (état du moi Adulte) permet d'éviter la généralisation et l'exagération.

Dans le but de faire une remarque, Gene Early conseille de donner régulièrement du feed-back selon la formule suivante:

1. Exprimer ce que l'Enfant ressent: « Je me sens... »
2. Préciser de manière Adulte à quel moment: « lorsque tu... »
3. Prendre conscience du préjugé Parent lié: « parce que j'imagine... »
4. Formuler une demande claire.

Exemple: « Michel, je suis fâchée lorsque tu corriges ton manuscrit au moment du repas parce que j'imagine que tu n'as aucune considération ni pour le dîner que j'ai préparé ni pour les enfants. Ce que je te demande, c'est d'être disponible lorsque tu es avec nous et de t'offrir une vraie détente. Es-tu d'accord? »

Pour répondre, l'interlocuteur emprunte la même formule. Il indique par là son désir d'être proche de lui et de l'autre dans une négociation « je suis OK – vous êtes OK ».

Exemple: « Je suis content de ta remarque car tu as raison: j'ai le droit de me détendre en famille et je ne dois pas être continuellement stressé par la rédaction de ce livre. Je te demande simplement de pouvoir noter l'idée que j'ai en tête de façon à ne pas l'oublier. Es-tu d'accord? »

Peut-être trouvez-vous cette formule encore très artificielle? Dans le quotidien, elle s'avère remarquablement efficace pour remplacer toute dramatisation telle que:

– « Tu es tout le temps plongé dans ton livre. J'ai l'impression de vivre avec une momie. »
– « Tu exagères toujours. Ce n'est pas parce que je note une idée que je ne suis pas avec toi. »
– « Si tu es marié avec ton travail, très bien, moi je vais faire ma vie de mon côté. »
– « J'en ai marre de tes critiques, tu n'as aucun respect pour mon projet! »

## *LA NÉGOCIATION AU TRAVAIL*

Partons d'une situation conflictuelle classique, entre deux personnes de bonne volonté, prêtes à résoudre le problème, mais ayant chacune d'excellentes raisons de se méfier de l'autre.

> Un jeune chargé d'études, promis à une brillante carrière, s'ennuie dans un travail répétitif, à faible valeur ajoutée, peu valorisant. Il rêve de notoriété, de professionnalisme et de succès financier mais ne parvient pas à convaincre son patron de lui payer les formations nécessaires. Malgré un salaire relativement confortable, le coût des séminaires professionnels est une raison supplémentaire de démotivation.
>
> « Sans l'aide de mon patron, je suis bloqué. Il ne croit pas en ces formations. Seule ma rentabilité l'intéresse. Je n'arrive pas à le faire changer d'avis. Il n'a pas confiance. »
>
> « À juste titre, renchérira ce dernier. Comment faire confiance à un jeune chargé d'études démotivé, beaucoup trop bien payé par rapport à ses résultats et qui a le front de demander une bourse pour étudier à l'étranger ! »

J'ai vécu cette situation lorsque, jeune consultant, j'ai souhaité me former à l'Analyse Transactionnelle. Discussions interminables et frustrations réciproques constituaient le plat de résistance de mes déjeuners avec la hiérarchie jusqu'au jour où mon patron me propose un entretien. Pour m'y préparer, j'ai utilisé la grille de négociation qui suit avec un réel succès. Je vous la recommande.

## *La grille de négociation*

L'Analyse Transactionnelle attire l'attention sur le fait que, dans tout dialogue, il n'y a pas deux personnes concernées, mais six ! Et si une des six s'oppose à la décision prise par les cinq autres, elle risque de tout faire échouer.

Rappelons que trois états du moi présents en chacun de nous fonctionnent comme des entités autonomes parfois en conflit : je m'impose un régime pour ma santé (décision de l'état du moi Parent), j'ai pris cette décision en toute connaissance de cause, après une explication logique, claire et bien argumentée du médecin (décision de l'état du moi Adulte) mais j'ai une envie irrésistible d'un délicieux chocolat chaud, tout crémeux, nappé de chantilly et je sens que je vais craquer (décision de l'état du moi Enfant). Si j'avais consulté plus tôt mon état du moi Enfant, j'aurais pu intégrer ces envies dans le régime imposé, par exemple négocier le remplacement du plaisir de manger du chocolat par le plaisir de croquer de succulents fruits, accompagné de la joie de me sentir en pleine forme.

L'idée d'une négociation à six permet donc d'éviter de mauvaises surprises. Pour qu'une délégation soit efficace, deux critères sont classiquement enseignés : la communauté de valeurs et la confiance réciproque. Ils doivent être pris en considération au même titre que la définition des objectifs, la clarification des responsabilités et la précision des moyens.

Revenons à la relation conflictuelle entre le chargé d'études et son patron et complétons la grille de négociation.

**Grille de négociation**

| | **Chargé d'études** | **Patron** |
|---|---|---|
| **PARENT** | Quelles sont mes valeurs, mes convictions ? | Quel est son cadre de référence, quelle est sa perception du monde ? |
| | *Être professionnel*<br>*Faire du travail de qualité* | *Être responsable de la gestion*<br>*Faire du profit* |
| **ADULTE** | Quelle est ma perception des faits, mon évaluation de la situation ? | Quelle est sa compréhension de la situation, quel est son objectif ? |
| | *Comment obtenir l'argent et le temps de suivre des séminaires et de participer à des congrès ?* | *Comment dégager un bénéfice de 20 % avant impôts ?* |
| **ENFANT** | Quels sont mes sentiments, mes besoins ? | Quelles sont ses motivations, ses craintes ? |
| | *Perfectionnement personnel*<br>*Liberté d'action* | *Risque de départ du collaborateur après sa formation*<br>*Être reconnu par les actionnaires* |

Applicable aux entretiens d'évaluation, de délégation, de promotion, voire d'association, la grille de négociation sert de préparation au contrat de collaboration.

Le dialogue a pour triple objectif d'établir une communauté de valeurs, de réfléchir aux options et de renforcer le climat de confiance. La clarification et le respect des six états du moi permettent de combiner des points de vue apparemment contradictoires en *un contrat clair des attentes et des engagements réciproques*.

Dans l'exemple de la négociation entre le chargé d'études et son patron, un contrat de collaboration de type « client-fournisseur » qui intègre les six états du moi a le meilleur pronostic de succès parce qu'il favorise *deux gagnants*.

| Contrat de collaboration | | |
|---|---|---|
| | **Engagement** | **Attentes** |
| **Chargé d'études (fournisseur)** | – S'engage à atteindre le résultat financier négocié.<br>– Contrôle de façon autonome les dépenses et les rentrées.<br>– Informe mensuellement le patron des résultats. | Bénéficie des moyens financiers et de l'autonomie de gestion du temps lui assurant perfectionnement professionnel et qualité de travail. |
| **Patron (client)** | – S'engage à respecter l'autonomie.<br>– Est disponible en cas de problèmes.<br>– Garantit le paiement de la formation jusqu'à concurrence du montant convenu. | – Peut justifier auprès des actionnaires un profit minimum de 20 % avant impôts.<br>– Est mensuellement informé de la situation, sans plus devoir s'impliquer, sauf en cas de problèmes. |

Lors de la négociation, les autres clauses qui assurent la protection réciproque doivent être prises en considération. Par exemple : que se passe-t-il si l'objectif n'est pas atteint ou si le chargé d'études veut quitter l'entreprise après sa formation ?

Identifier les points forts de votre interlocuteur est à la base de tout dialogue constructif et s'impose, même en cas de rupture.

## *LA RUPTURE NÉGOCIÉE*

Réussir ensemble implique *deux gagnants*, qu'il s'agisse d'une négociation, d'un entretien d'évaluation, d'une réunion de travail... voire d'un divorce ! Même dans le cas d'une séparation, d'un licenciement ou d'une démission, que vous preniez la décision ou la subissiez, vous avez intérêt à privilégier une négociation franche, ouverte et honnête en adoptant une position de vie « je suis OK – vous êtes OK ».

Conscient de vos sentiments et à même de les exprimer dans le dialogue, vous serez ouvert à différentes options, respectueux des valeurs, attentif aux besoins, désireux de prendre la meilleure décision, pour vous, pour votre interlocuteur et pour votre projet.

> Après avoir élevé trois enfants, Huguette décide de reprendre une activité professionnelle. Secrétaire de direction, elle m'est recommandée par un professionnel de la sélection. Pour ma petite entreprise, c'est un sacrifice financier mais les éloges des clients me convainquent que j'ai pris la bonne décision: sympathie au téléphone, précision des questions, exigence de qualité dans la moindre action, élégance souriante dans l'accueil, maturité de la vie.
>
> Les six mois de période d'essai révolus, Huguette cumule les retards que les intérimaires ne parviennent pas à éponger: reprendre le secrétariat de direction signifie en fait la gestion comptable, commerciale et administrative, une multitude de tâches variées à exécuter, des noms de clients à retenir, d'informations à traiter. Un rythme infernal à suivre, un stress tel qu'Huguette en tombe malade.
>
> Ce signal d'alarme, mes associés ont tôt fait de le dramatiser: « Nous n'allons pas pouvoir nous séparer facilement d'elle; en bonne Persévérante, elle ne va pas accepter l'échec et nous le fera payer. Elle sera tout le temps en congé de maladie et exigera un important dédommagement. »
>
> Attentif à éviter les pièges, je prépare le contenu de l'entretien. Je veille à établir un dialogue, non à intenter un procès. Je suis soucieux de valoriser la collaboration plutôt que de reprocher les absences, avant d'aborder le malentendu quant à la fonction proposée. En effet, secrétaire de direction et gestionnaire sont des postes différents. La fonction de secrétaire d'un directeur, qui convient à Huguette, est un luxe que notre petite entreprise ne peut malheureusement pas s'offrir.
>
> Je conclus que je ne m'octroie aucun droit de la licencier et compte sur sa collaboration pour résoudre le problème dans l'intérêt de chacun.
>
> Deux semaines plus tard, Huguette donne sa démission. Elle est engagée par le patron d'une société internationale qui lui offre d'excellentes conditions de travail… et un salaire nettement supérieur.

L'application de la Process Communication m'a permis d'éviter trois désagréments: ma culpabilité suite à mon erreur d'embauche, les frais de licenciement et le mal-être d'Huguette qui perd confiance en ses capacités. Grâce à la négociation liée à cette rupture nous sommes deux gagnants.

Certes, les conflits ne se résolvent pas d'un coup de baguette magique et ne se terminent pas obligatoirement par une merveilleuse fin. C'est pourquoi, lorsque toutes les possibilités de négociation ont été envisagées sans succès, même s'il n'y a plus d'autre solution que la séparation, quatre options existent, précise Mary Goulding:

- Rester et se sentir bien
- Rester et se sentir mal
- Partir et se sentir bien
- Partir et se sentir mal.

En d'autres termes, vous pouvez vivre le conflit positivement et mettre votre énergie dans la réussite de votre projet ou au contraire, entretenir votre souffrance et remuer le couteau dans la plaie. Vous avez également le choix de renoncer à votre projet et de voguer vers de nouvelles aventures ou encore de souffrir toute votre vie de cet échec.

SYNTHÈSE

La négociation au quotidien fait partie du contrat de changement. Deux pièges révèlent l'absence de dialogue : le changement fausse-barbe et l'effet boomerang. Dans les deux cas, le problème n'est pas résolu.

En revanche, la formule de Gene Early, qui facilite l'expression des émotions, renforce l'esprit d'équipe, tandis que la grille de négociation nous permet de préparer un contrat de collaboration clair... ou de négocier la rupture.

## EXERCICE

Dans le cadre de votre projet, utilisez la formule de Gene Early pour donner et recevoir du feed-back. Utilisez la grille de négociation pour préparer un contrat de collaboration.

# 17

# LE TRANSFORMATEUR DE MALAISE

## *QUE LE COURANT PASSE !*

Au milieu du siècle dernier, tandis que réfrigérateurs, machines à laver, gaufriers, aspirateurs et autres chauffe-biberons se disputaient tour à tour la première place au hit-parade de la révolution technologique, la maîtresse de maison, le plus souvent, ne pouvait pas bénéficier du « miracle » de l'électroménager sans l'assistance d'un petit cube gris ou noir, d'une dizaine de centimètres, dont l'humilité me paraissait légendaire ; placé discrètement entre la source du courant et l'appareil sélectionné qu'il alimentait, il maintenait le bon fonctionnement de l'installation électrique.

Dans la famille, seul mon père qui était électricien, pouvait vanter les mérites de ce précieux transformateur.

Est-ce son admiration pour cette performance qui m'inspire ce chapitre ou est-ce plutôt ma façon de rendre hommage au professionnalisme des formateurs capables de « transformer l'opposition affirmée au début d'un séminaire en participation active propice au changement » ?

## *LE GRAND CHOC*

Alors que mon contrat de formateur junior démarre un lundi, Roger me propose d'assister, le vendredi matin précédent, à une réunion de présentation d'un programme de stage.

Vingt inspecteurs, hostiles à notre intervention qu'ils considèrent comme un camouflet, nous attendent de pied ferme.

L'inspecteur en chef présente Roger et notre cabinet conseil choisis pour animer une formation à la communication au sein du ministère. Il insiste pour que règne, durant la réunion, un réel climat de franchise.

À l'écart de la fosse aux lions, je tremble pour Roger : la tension est telle qu'il va se faire dévorer par les objections. Si au moins le chef avait invité ses colla-

borateurs à être gentils, à rester calmes, à écouter sereinement… mais exprimer leur colère de ne pas avoir été consultés et leur frustration d'être considérés comme mauvais communicateurs, quel choc !
Tapi dans mon coin, je prends conscience que jamais je ne pourrai gérer une telle hostilité et j'imagine déjà ma lettre de démission.
Souriant et attentif à chaque participant, Roger accueille toute critique avec intérêt, notant au tableau la question sous-tendue, après s'être assuré de l'accord de l'intéressé. Il remercie, sécurise, valorise. À la fin du tour de table – en vérité, tout le monde est debout – Roger expose le programme, démontrant en quoi il répond à l'ensemble des questions soulevées par l'assistance.
Tandis que la réunion se termine sous les applaudissements, je renonce à ma lettre de démission, curieux d'apprendre comment transformer l'hostilité en collaboration.

## *LE TRANSFO*

De cette première brillante leçon, je retiens que loin de déguster le malaise contenu dans le process, Roger prend spontanément le point de vue de son interlocuteur. Il se met du côté de l'opposant car il veut comprendre ce qu'il éprouve et écouter ce qu'il reproche ; il l'accompagne dans ses réflexions. Il veille ainsi à emboîter le pas de chacun et obtient rapidement une cohésion autour de lui, une équipe prête à réfléchir, à apprendre et à résoudre les problèmes.

Grâce à son enthousiasme, son intérêt pour l'interlocuteur et l'énergie positive qu'il transmet, le courant passe, la lumière jaillit et les projets s'illuminent.

Avec le temps j'ai découvert que Roger applique des techniques de transformation d'énergie : il permet à chaque personne de démontrer pleinement son talent, dans un esprit d'équipe ou dans un climat familial. Il fait passer le courant entre des dynamiques aussi différentes que l'humour et le respect, l'intimité et la distance, l'animation et le calme. Voici quelques techniques pour vous entraîner.

• *Transformer une objection en une question*

Les objections au changement méritent d'être traitées ; il s'agit de transformer l'objection en problème à résoudre, c'est-à-dire en une question. Par exemple :

« écrire n'est pas rentable »

devient :

« comment m'organiser pour qu'écrire ne me prenne pas trop de temps ? » ou

« comment continuer à travailler tout en écrivant ? » ou « comment être payé pour mes écrits ? »

Autre exemple :

« Cela ne m'amuse pas d'étudier cette matière »

devient :

« comment prendre du plaisir à l'étudier ? Je vais étudier dans le tram, le bus, en marchant ; je vais écrire au café, au restaurant, à la bibliothèque etc. »

Autre exemple :

« Je ne suis pas discipliné »

devient :

« comment compenser mon refus des contraintes et atteindre le résultat que je me suis fixé ? » ou encore : « comment me discipliner avec joie ? »

• *Transformer une réaction de malaise en une réponse positive*

Nous sommes continuellement confrontés à des critiques, à des attaques ou à des remarques auxquelles nous devons répondre. Selon notre état d'esprit, soit nous alimentons le malaise, soit nous évitons le conflit. Exemple : « Ce chapitre est beaucoup trop compliqué. Je ne sais pas si les psychologues professionnels y comprendront quelque chose, mais moi je suis dépassé ! » Examinons trois options.

*1. Réaction de soumission*

Ce que je me dis en position « je suis non-OK – vous êtes OK » :

> Voilà une attaque en règle ! Vous avez senti que je ne suis pas très à l'aise ! J'avais peur de ne pas être à la hauteur, de vous décevoir, parce que je ne connais bien sûr ni votre métier ni votre vie. Donc, forcément, je suis incapable de répondre à vos préoccupations. En plus, « je suis désolé », mais je suis troublé par votre agressivité. Je sais que je ne devrais pas dire cela parce que ce n'est pas digne d'un spécialiste.

Ce que je réponds en position moi « je suis non-OK – vous êtes OK » :

> – Je ne comprends pas... (hésitant)
>
> – Justement, moi non plus. Mais c'est vous, le spécialiste !
>
> – Je vais reprendre l'explication... (quel stress !)

*2. Réaction d'attaque*

Ce que je me dis en position « je suis OK – vous êtes non-OK » :

« Voilà une remarque débile, encore un lecteur superficiel qui n'a rien compris. Les gens s'imaginent aujourd'hui qu'ils n'ont aucun effort à faire, que tout doit leur être mâché. Ils se prennent pour des adultes mais réagissent comme des enfants. »

Ce que je réponds en position « je suis OK – vous êtes non-OK » :

« Je suis étonné qu'un lecteur attentif comme vous ne perçoive pas la logique de l'explication alors que c'est parfaitement clair pour mon neveu de 12 ans. »

### *3. Réponse à l'objection (Gagnant-Gagnant)*

Ce que je me dis en position « je suis OK – vous êtes OK » :

« Voilà une marque d'intérêt et un signe de confiance. Merci de les avoir communiqués. C'est une aide pour moi (je vais pouvoir enrichir mon talent pédagogique). C'est une aide pour vous (vous allez comprendre le message et en apprécier l'utilité). C'est une aide pour le travail car la communication bilatérale permet d'éviter beaucoup d'erreurs.

Voilà trois bonnes raisons pour vous remercier. »

Ce que je réponds en position « je suis OK – vous êtes OK » :

– Merci de nous faire part de votre impression, et si vous le voulez bien, j'aimerais prendre cette situation comme illustration de communication. Êtes-vous d'accord ?
– Oui.
– L'objection que vous formulez couvre une question importante que vous vous posez : « comment appliquer cette théorie dans votre pratique ? ».
– Oui, exactement. J'aimerais prendre une situation vécue.
– Très bien. Je vous écoute.

SYNTHÈSE

Transformer les problèmes en solutions, les conflits en collaboration, les émotions de malaise en motivation et les objections en des questions et y répondre font partie d'un contrat Gagnant-Gagnant.



## EXERCICE

Recherchez dans une objection la (ou les) question(s) que se pose votre interlocuteur.
*Exemple* : Ce livre est beaucoup trop cher !
*Réponse* : Vous vous demandez peut-être comment rentabiliser cet investissement. Est-ce bien cela ?
Ou encore : Pour quelles raisons est-il à ce prix ?

# 18

# LA RITUALISATION DU CHANGEMENT

## *RITUEL MATINAL*

Quatre pages pour me mettre en forme ce matin.

Retrouvez un style sympathique, enlevé, rapide, proche d'un séminaire.

Un style clair, où le bavard fait place au précis, où le théorique s'écarte au profit du pratique et où le penseur solitaire s'associe au lecteur pour une réflexion commune.

Quatre pages de gymnastique créative.

Échauffement du sportif, gammes du musicien ou croquis du peintre, chacun possède son rituel qui lui permet d'affronter la réalité quotidienne.

Lorsque Clovis, enseignant et psychologue, me raconta qu'avant d'étudier, il faisait des mots croisés, je me suis dit que ce n'était pas « mon truc ».

De même, lorsque Pierre, conférencier, m'expliqua que, pour rédiger, il avait sur le bureau un bon roman et une bande dessinée en plus des documents de références utiles, j'ai été surpris mais déjà curieux.

Enfin, lorsque j'ai lu que Julia Cameron écrivait trois pages manuscrites tous les matins pour libérer sa créativité, je me suis discipliné à adopter ce rituel.

Même si je ne suis pas un fidèle disciple, respectueux du catéchisme, j'ai foi en la nécessité d'un rituel comme moment de méditation, comme source d'énergie, comme rencontre de soi.

Dès lors, je n'ai pas l'ambition de prêcher pour un rite particulier mais je vous invite à choisir une habitude qui vous donne du souffle et à l'adopter en suivant votre rythme.

## « *CE N'EST PAS MON TRUC* »

« L'idée est peut-être bonne, mais ce n'est pas mon truc. »
Par exemple, ranger le bureau au moment de le quitter – noter systématiquement tout dans l'agenda – jeter ce qui est inutile, après s'être posé la question « Est-ce que cela changerait quelque chose si je ne l'avais pas ? » – refuser rendez-vous ou réunions après s'être posé la question « À supposer que je sois absent, que se passerait-il ? » ; tout cela est très intéressant, mais ce n'est pas pour moi !
De même que le rituel religieux prévoit de prononcer « Amen » après chaque prière, mon rituel consiste à dire « Ce n'est pas mon truc » après chaque suggestion.

Lorsque je reproduis ce rituel, qu'est-ce que je cherche à me démontrer, à me prouver et à me confirmer ?

- Que je suis un incapable.
- Que je n'arriverai jamais à rien.
- Que je ne réussirai jamais.
- Que je suis un zéro…

Au lieu d'avoir appris à muscler ma curiosité, mon esprit d'entreprise, mon désir de savoir et de prendre plaisir à développer mes talents, mon réflexe consiste à m'assurer que ce n'est pas pour moi.

À titre d'exercice, je vous invite à imaginer une grand-messe réunissant tous *les fidèles du non-succès*. Tandis que le grand prêtre propose un projet motivant, de quelque ordre que ce soit, professionnel, culturel, social ou autre, les fidèles posent une question qui leur permet de conclure « Alors, ce n'est pas pour moi ! ».



### PRIÈRE DU NON-SUCCÈS

| | |
|---|---|
| Est-ce que c'est… ? | Alors, ce n'est pas pour moi ! |
| Est-ce qu'il faut voyager ? | Alors, ce n'est pas pour moi ! |
| Est-ce que c'est en anglais ? | Alors, ce n'est pas pour moi ! |
| Est-ce que c'est mathématique ? | Alors, ce n'est pas pour moi ! |
| Est-ce que c'est de l'informatique ? | Alors, ce n'est pas pour moi ! |
| Est-ce qu'il faut réfléchir ? | Alors, ce n'est pas pour moi ! |
| Est-ce qu'il faut étudier ? | Alors, ce n'est pas pour moi ! |
| Est-ce qu'il faut se lever tôt ? | Alors, ce n'est pas pour moi ! |
| Est-ce qu'il faut se coucher tard | Alors, ce n'est pas pour moi ! |

## *LE RITUEL*

J'ai choisi le mot « ritualiser » qui correspond mieux à ma phase Persévérante que le mot « discipline » qui irrite ma sensibilité Rebelle. De plus, le mot contrat ne contient pas la lettre « d », mais de vous à moi, nous parlons de la même chose : systématiser le changement.

En Analyse Transactionnelle, un rituel désigne une façon programmée de structurer le temps, par exemple l'échange de salutations : « Bonjour – Bonjour, ça va – Ça va. »

Par extension des réunions programmées, qui consistent à passer en revue une information préalablement distribuée, comparables à de traditionnelles cérémonies religieuses sont des rituels : chacun connaît son rôle, tout est prêt d'avance et réglé comme du papier à musique, il n'y a pas d'imprévu, ni de surprise.

Ces rituels conviennent bien aux Rêveurs. Ils y trouvent une socialisation qui protège leur besoin d'isolement : l'automatisation des gestes et des paroles leur permet de rester centrés sur leur vie intérieure. En revanche, pour les personnes qui ont la dynamique Rêveur au sommet de leur pyramide, les rituels sont une profonde source d'ennui. « C'est du déjà vu ! Je connais par cœur ! C'est toujours la même chose ! » sont les manifestations de leur absence d'intérêt, voire de leur mépris : le rituel est souvent perçu comme une perte de temps.

> Vous n'aviez déjà pas de temps de vous consacrer à la réalisation de ce projet qui vous tient à cœur et toutes mes explications théoriques ou mes démonstrations littéraires ont consumé les quelques heures investies à la recherche d'une solution ; maintenant le problème devient définitivement insoluble. D'ailleurs, je fais confiance à votre capacité : s'il avait été simple à résoudre, vous n'auriez pas emporté ce guide. J'éprouve la même difficulté avec l'apprentissage de l'informatique, la mise en ordre de mon bureau, le sport, la prospection des clients, la réponse à mon courrier, et je pourrais vous citer bien d'autres exemples : je n'ai pas le temps. Soyez sûr que ce n'est pas faute de bonne volonté : j'ai suivi deux cours d'informatique, j'ai prévu un nouveau système de classement, je me suis offert un abonnement dans un centre sportif, j'ai engagé un télévendeur, j'ai acheté du beau papier à lettre… Vous avez la preuve que je fais vraiment le maximum !

Si notre bonne volonté ne peut être mise en doute et est inefficace dans la mise en place d'un changement, c'est que nous sommes impatients de voir un résultat immédiat.

Dix secondes pour connaître quelqu'un, trente secondes pour vendre et une minute pour être manager sont les best-sellers du jour. Le marketing de la vitesse semble d'autant plus important qu'avant trois minutes nous zappons.

Or, le changement, l'apprentissage, le talent et la réalisation de ce projet qui nous tient à cœur prennent du temps; pour parvenir à connaître quelqu'un en dix secondes, Taibi Kahler s'est entraîné durant des années; de même vendre en trente secondes ou diriger en une minute nécessitent des heures de préparation et des années d'expérience.

## *L'ENTRAÎNEMENT PROGRESSIF*

C'est Graham Barnes, un de mes superviseurs en Analyse Transactionnelle, qui m'a donné ce conseil: considérer le changement comme un entraînement progressif. À une personne qui se plaignait d'arriver régulièrement avec une demi-heure de retard, il proposa d'arriver systématiquement avec vingt-cinq minutes de retard la première semaine, un quart d'heure de retard durant la deuxième, cinq minutes pendant la troisième, pour être automatiquement à l'heure après un mois.

De fait, si cette idée d'entraînement progressif est évidente pour le sportif qui veut améliorer ses performances et naturelle pour l'enfant qui veut s'habituer à une nouvelle alimentation, pourquoi notre personnalité devrait-elle être capable de changer immédiatement du tout au tout?

Ce serait comme si l'on demandait à un sédentaire de faire de la compétition sans aucune préparation ou si l'on offrait un repas gastronomique à un nourrisson.

Certes, diminuer votre retard de dix pour cent est moins impressionnant qu'une baisse de dix pour cent de votre pouvoir d'achat. Ce premier pas du changement risque de passer inaperçu et d'aucuns pourraient conclure qu'il s'agit d'un hasard. Si vous persévérez à aller de l'avant, inévitablement, vous progresserez vers votre objectif.

Toute discipline comporte des rituels; l'échauffement du sportif, les répétitions de l'acteur, les gammes du musicien ou les croquis du peintre sont autant d'entraînement pour faire de sa vie une œuvre d'art. Il en est ainsi pour tout apprentissage ou tout changement.

> Une personne se plaint de ne pas trouver le temps de répondre au courrier personnel qui s'amoncelle sur sa table de nuit. Le formateur lui conseille de planifier dans son agenda une heure chaque semaine consacrée à cette tâche.

C'est ainsi que le Travaillomane planifie le changement. Il n'a d'ailleurs aucune difficulté à s'imposer un travail: il aime cela. En revanche, prendre des vacances, faire du sport, câliner les enfants ou simplement ne rien faire, lui est difficile, un tel projet mérite d'être ritualisé.

SYNTHÈSE

Tout changement nécessite un entraînement, une pratique régulière et la planification de rituels.

## EXERCICE

Dans vos rituels de non-succès, comment transformer le « Alors, ce n'est pas pour moi » en occasion d'apprentissage.
*Exemple*: Est-ce en anglais? Alors cela sera l'occasion de perfectionner ma connaissance de cette langue.

# 19

# L'APPRENTISSAGE

## *DIX RÈGLES POUR NE RIEN CHANGER*

Désireux de comprendre tout ce qui m'empêche de réussir, je suis impressionné par la puissance de mes messages négatifs, de mes comportements passifs et des pièges que je mets en place pour échouer; pris entre ce qui est déterminé par mon hérédité et les conditionnements dus à mon éducation, quelle est ma zone d'autodétermination ? Si je rajoute les variations climatiques, les décisions politiques, l'évolution économique, le matraquage publicitaire, sans oublier les prédictions astrologiques, les phénomènes parapsychologiques et toutes les exigences de mon entourage, que diantre me reste-t-il comme pouvoir de changer ?
Autrefois je souffrais de ma petite taille. Après des années de réflexion, je l'ai acceptée. Mais je n'ai toujours pas grandi d'un centimètre ! La morale du changement : surtout ne pas se bercer d'illusions.

Les comportements passifs sont particulièrement efficaces... pour maintenir les problèmes et ne rien changer. Si tel est votre projet, je vous suggère de photocopier l'encadré « Dix règles pour ne rien changer » et de l'afficher en tout lieu où le risque de changement vous menace, que ce soit au travail ou en famille.

Ces dix règles pour ne rien changer, je les ai écrites il y a bientôt vingt ans, à mon retour de deux semaines de stage au Cathexis Institute. Sa directrice, Jacqui Schiff à qui je confiais ma désolation de ne pas savoir par quoi remplacer mon conditionnement négatif, me raconta l'atmosphère de sa jeunesse et les messages positifs que lui avait transmis son père :

- S'il y a un problème, fais quelque chose.
- Réfléchis à ce qu'il y a lieu de faire.
- Tous les problèmes peuvent être résolus et tu es capable de résoudre les problèmes.
- Les besoins des enfants passent avant ceux des parents.
- Prends bien soin de toi, des autres et de la situation.

### DIX RÈGLES POUR NE RIEN CHANGER !

1. Ignorez qu'il y a un problème.
2. S'il y a un problème, considérez que ce n'est pas le vôtre.
3. Si c'est votre problème, prouvez qu'il n'y a pas de solution.
4. S'il y a une solution, soyez sûr d'être incapable de la trouver tout seul.
5. Si vous recevez une solution, répondez par « oui, mais… »
6. Si vous trouvez la solution, interdisez-vous de l'appliquer.
7. Si vous appliquez la solution, « essayez-la seulement », sans trop y croire.
8. Si vous échouez au premier essai, ne réfléchissez ni aux causes, ni aux améliorations possibles.
9. Si vous échouez au deuxième essai, dites-vous « jamais deux sans trois ».
10. Si vous échouez au troisième essai, regrettez d'avoir voulu changer quelque chose et recommencez le cycle en partant de la règle numéro 1.

Changer la vision que j'ai de moi et des autres m'apparut prioritaire, à l'époque. Dès lors, non content de me spécialiser en Analyse Transactionnelle, je décidai de me faire accompagner par un psychothérapeute car la crainte que mon apprentissage ne serve encore qu'à mieux me sur-adapter aux attentes des autres était déjà vivace.

Aujourd'hui, étrennant le nouveau stylo que je me suis offert pour me donner du courage, je me répète que tout problème peut être résolu parce que « l'homme n'est pas assez intelligent pour s'inventer des problèmes auxquels il est incapable de trouver des solutions ». Dès lors, si je suis capable de décider d'écrire un livre, je suis tout aussi capable de mener ce projet à terme. Je rêve de me voir bientôt remettre le manuscrit à l'éditrice… Au boulot !

## *L'APPRENTISSAGE PERSONNALISÉ : LE COACHING*

Plus j'approfondis la Process Communication, plus je suis attentif à l'apprentissage qu'offre chaque type de personnalité ainsi qu'à la façon dont chacun apprend.

Si une des six dynamiques n'était pas source d'enseignement, j'imagine qu'étant données les lois de la sélection naturelle, elle aurait disparu depuis quelques milliers d'années.

Réjouissons-nous donc d'avoir en nous ces six dynamiques dont nous pouvons moduler l'intensité en fonction de nos besoins d'adaptation.

> Malgré la logique, le bon sens, l'expérience des autres et ma bonne volonté, je n'arrive pas à utiliser de traitement de texte pour écrire ces pages.
> Apprendre l'informatique aurait accéléré ma progression et m'aurait permis d'éviter de fâcheux dérapages, mais je ne le sens pas !
> Ce n'est pas pour moi. Je n'en ai pas envie, pas maintenant. Je reverrai ma position après avoir terminé ce livre.

Nous ne brûlons pas les étapes et avant d'évoluer dans notre pyramide, nous vivons intensément la phase qui est la nôtre.

Le coach a donc intérêt à respecter le mode d'apprentissage de chaque type de personnalité s'il veut éviter la résistance au changement.

Une même attitude de négociation sera perçue comme trop agressive par l'Empathique et signe de faiblesse par le Persévérant.

Or, tout conseiller, parent, professeur, médecin, collègue, nous transmettent leurs clés de la réussite et du bonheur pour nous venir en aide, sans toujours respecter le process qui correspond à la pyramide de personnalités de leur interlocuteur.

Connaissant le modèle Process Communication, le coach nous aide à découvrir notre secret. C'est le sens du message de Jacqui Schiff: les besoins des enfants passent avant ceux des parents. Elle commente cette déclaration en parlant des motivations de notre état du moi Enfant: nos émotions, notre vécu, notre personnalité sont plus importants que les préceptes du Parent. Ceci explique pourquoi nous suivons chacun notre chemin, quelle que soit la valeur des modèles d'apprentissage à notre portée.

## *L'APPRENTISSAGE MÉTHODIQUE: LES COMPORTEMENTS ACTIFS*

Dans le courant de ma vie, j'ai privilégié les dynamiques Empathique et Rebelle pour développer actuellement une phase Persévérant; professionnellement, je suis intéressé par les apports des six types de personnalité.

J'utilise à dessein le terme « professionnel » qui caractérise une démarche consciente et réfléchie; pouvoir expliquer le pourquoi et le comment d'un comportement est signe de compétence alors que le talent naturel, spontané et inconscient apparaît parfois comme une détestable manie.

Pour stimuler l'apprentissage, chaque consultant a conçu une recette originale, sanctifiée dans certaines entreprises lors d'un séminaire ou implorée en réunions de travail. Cette formule incantatoire devient source d'inspiration et réflexe de travail. Ainsi, selon Roger Chouraqui, le sandwich réflexion-action-réflexion est la nourriture de base du changement et de la résolution des problèmes.

Sans préparation, le changement subit l'effet boomerang: non réfléchi, non intégré et non planifié, il s'avère impossible à réaliser.

Sans réalisation, le changement reste à l'état de projet d'intention, de dossier à approfondir ou d'étude en cours.

Enfin, sans évaluation continue, le changement est tôt ou tard inadapté à l'évolution technologique ou culturelle.

Si vous êtes attaché à une devise dont l'efficacité vous enchante, je vous invite à l'écrire symboliquement dans le cadre ci-dessous:

| | |
|---|---|
| ......................................<br>......................................<br>...................................... | est ma formule<br>pour mon engagement<br>dans des comportements actifs. |

Si vous êtes trop récemment converti aux comportements actifs et toujours en recherche d'un truc pour concrétiser vos projets, je vous propose de retenir l'acrostiche ACTIF.

Pour surmonter des obstacles aux changements, les comportements ACTIF génèrent les séquences suivantes:

• *Analyser la situation en terme de fossés à combler*

*Le problème est que je ne domine pas le traitement de texte.*

Identifier le problème comme un obstacle auquel nous nous heurtons continuellement risque d'emprisonner la pensée, emmurée dans les difficultés.

Cependant, comme le suggèrent Kepner-Tregoe[1], définir les problèmes en termes d'écart entre la situation actuelle (ce qui est) et l'objectif (ce qui devrait être) stimule la recherche créative de solutions. Par exemple:

> « Puisque je suis bloqué parce que je ne connais pas le traitement de texte, comment faire pour terminer la rédaction de ce livre ? »
> « Comment faire pour apprendre rapidement le traitement de texte ? »

---

1. *Le Manager rationnel*, Éditions d'Organisation, Paris, 1976.

« Comment faire pour rédiger ce livre sans connaître le traitement de texte ? »
« Comment faire équipe avec quelqu'un qui connaît le traitement de texte ? »

• *Cadrer la décision*

Après avoir identifié la formulation du problème à résoudre, la deuxième étape consiste à planifier le changement: qui fait quoi, pour quand, comment, avec qui?...

• *Travailler systématiquement*

Maintenant que la décision est prise, l'action doit suivre. Qu'il s'agisse de faire les corrections de ce manuscrit, de faire la valise pour partir en vacances ou de faire la sieste, dans les trois cas, il faut agir et non parler.

Ayant enseigné huit jours plus tôt la technique de prise de rendez-vous par téléphone à un vendeur de rayonnages, le formateur interroge le participant sur l'efficacité de la procédure conçue ensemble.

Devant l'absence de réponse précise, il l'invite à tester immédiatement le nouvel argumentaire.

Le vendeur décroche le téléphone, suit mot à mot la procédure et obtient un rendez-vous. Surpris de l'efficacité, il s'apprête à commenter sa réalisation. Le coach l'interrompt et lui demande de continuer. Deuxième appel, deuxième rendez-vous. Le coach encourage. Troisième appel, troisième rendez-vous. Le coach sourit. Quatrième appel... Sur les sept entretiens téléphoniques obtenus, le vendeur a fixé cinq rendez-vous !

Sans mise en pratique, la meilleure formation reste une coûteuse recommandation, alors qu'appliquée, elle devient un investissement très rentable.

Travailler, c'est mettre la décision en œuvre sans autre délai ou nouveau plan d'action, ce que les Anglo-Saxons traduisent *Just do it* ! ou *Do it now* ! c'est-à-dire « Fais-le maintenant ! ».

• *Inventorier les effets*

Évaluer les résultats est l'étape suivante, souvent qualifiée de *feed-back* dans les entreprises: la réflexion après l'action permet de suivre l'évolution du projet, de tirer les leçons du changement et d'encourager à poursuivre l' action après avoir précisé la méthode de travail.

Inventorier les effets du changement est une phase de contrôle.

• *Façonner le changement*

Ajuster l'action, perfectionner la technique ou affiner la collaboration entretiennent une dynamique positive : avançons ensemble, en adéquation avec le projet.

SYNTHÈSE

Les dix règles pour ne rien changer illustrent les comportements passifs qui rendent les problèmes insolubles.

À l'inverse, les comportements ACTIF sont liés à nos motivations et constituent un modèle d'apprentissage.

- **A**nalyser la situation.
- **C**adrer la décision.
- **T**ravailler, mettre en œuvre la décision.
- **I**nventorier les effets.
- **F**açonner le changement.

EXERCICE

Comment réussissez-vous à ne rien changer ?
Utilisez le brainstorming pour trouver votre façon d'être ACTIF et ritualisez votre changement.

# 20

# LE TERME DU CHANGEMENT ET LE TERME DU CONTRAT

## *L'ARRIVÉE*

Jusqu'à présent, je raconte que j'écris un livre. Depuis deux semaines, j'annonce que je termine mon livre. Ce léger changement de discours est beaucoup plus important que je ne l'imaginais. Loin d'être une simple mise en condition, le fait de visualiser le terme du contrat éveille de nouvelles questions et provoque une remise en question.

Tandis que je découvre à l'horizon le panneau ARRIVÉE qui sanctionne la fin du parcours, je range automatiquement le projet dans le tiroir des souvenirs. J'ai l'impression de vieillir : « Durant plus de deux années, j'ai rédigé un témoignage de mon activité professionnelle, intitulé *Vous et votre projet.* » Je me sens triste.

*

Au terme de ce voyage au pays des projets, j'ai besoin de faire le point : « Que retirer de mon périple ? »

À la fin d'un séminaire, les participants dessinent deux colonnes : la positive et la négative, et inscrivent ce qui va bien et ce qui doit être amélioré.

> Dans mon cas, le positif, c'est le rêve réalisé.
>
> Plaisir d'explorer la conduite d'un projet, sensation du papier glacé matinal respiré par les pores de la main, vision d'une plume allaitant prudemment les idées germantes. La poésie du bonheur.
>
> Pour baliser la route, j'ai appris à discipliner les paragraphes égarés, à franchir les espaces raturés et à progressivement numéroter les pages soigneusement élaborées.
>
> Le négatif, c'est la dramatisation.

J'ai beaucoup travaillé, j'ai ignoré la rigoureuse gestion du temps. Même si j'ai camouflé les moments d'agitation par un décor verbal, je n'ai plus envie de vous parler de mon désordre, d'irriter les plannings de mon retard ni de recycler les moments de détente en labeur.

Aujourd'hui, je relis mes objectifs, et me remémore l'itinéraire suivi ; globalement je me félicite du chemin parcouru. C'est le moment de partir en vacances et de réfléchir à mon organisation.

## *LE NOUVEAU CONTRAT*

Le désir de changement se manifeste à des moments privilégiés, symboliques du renouveau comme la rentrée des classes, l'anniversaire, le premier janvier, le jour du Grand Pardon ou les vacances. Il y est question de santé, d'étude, de famille, de travail, de divin ou de voyages.

Selon Taibi Kahler, le changement de phase fait suite à un stress intense, un décès, une naissance, une grave maladie, un divorce. En effet, il semble illogique de changer quand tout va bien.

Ma décision d'entreprendre et de mener à terme mon projet fait partie de ma phase Persévérante : sûrement avais-je besoin de me prouver que j'étais capable d'appliquer, à ma démarche, les bons conseils que j'enseigne. Avoir accouché ce livre est ma fierté et donne du sens à mon métier. C'est une façon de prolonger mon activité de formateur, de laisser une trace après le séminaire.

La joie d'improviser et de réinventer correspond à mon côté Rebelle. J'ai beaucoup travaillé la forme du message.

Passionné par la relation, j'ai envie de vous savoir avec moi, à chaque page, et souffre à l'idée de vous quitter. Ma dynamique de base est toujours Empathique.

Ce dont je me suis senti handicapé durant la rédaction est l'ignorance de l'informatique. En toute logique, cet apprentissage devient prioritaire et fait l'objet de mon prochain contrat : j'ai décidé d'informatiser mes activités, qu'elles soient professionnelles ou personnelles. Avec les Travaillomanes qui m'entourent pour coach, vais-je développer une nouvelle phase ?

## *LE CHANGEMENT DES AUTRES*

Au début d'une formation, les participants posent prudemment la question « À quoi ce séminaire va-t-il servir ? ». Convaincus que le changement doit aussi venir des autres, le chef, le conjoint, le client, ou le collègue, ils restent sceptiques quant à l'utilité de ce nouveau savoir.

Face au grand patron, Walther, le responsable de la formation insiste : « Pour que ce séminaire d'Analyse Transactionnelle soit efficace, il doit être suivi par toute l'entreprise. »

« Si tout le monde doit suivre cette formation pour qu'elle soit valable, cela prouve que cette méthode n'est pas efficace » répond avec sagesse le dirigeant.

Certes, la généralisation du modèle Process Communication ne peut que favoriser l'entente en famille, la collaboration dans l'entreprise et l'évitement des pièges dans la gestion des projets. Toutefois, il est vain d'attendre que votre entourage se soit procuré ce livre pour décider de réussir ensemble. Au contraire, c'est votre changement d'attitude qui convainc vos proches de la valeur du modèle… et du sérieux de vos décisions.

Aussi, sachant que les Travaillomanes, remarquablement organisés, ont naturellement tendance à faire respecter leur gestion du temps, je vais systématiquement lister mes activités et planifier les échéances. C'est le premier signe de ma métamorphose.

## *LA PAGE TOURNÉE*

Vais-je enfin ranger, jeter mes brouillons, me séparer de mes documents souvenirs, passer du stylo à l'ordinateur, déménager le bureau sur Internet et assurer la correction de ce livre que j'ai mis en priorité.

À force de changer, d'améliorer, de relire, de modifier, de restructurer, j'ai l'impression de tourner en rond. Oser réussir, c'est oser terminer. C'est aussi prendre le risque d'échouer, et sûrement d'être critiqué, de subir les attaques et de découvrir des erreurs.

Ne pas me tromper, est-ce ce qui m'empêche de terminer : la peur d'avoir fait une erreur ?

J'ai écrit ce livre pour être, avant tout, moi-même, tel que je me connais dans ma vie de famille et ma vie de formateur.

Si je veux évoluer pour continuer à réaliser mes rêves au lieu de systématiquement les reporter, je dois vous quitter, vous qui faites intimement partie de mon quotidien imaginaire.

Vous ai-je été utile ? Vous ai-je aidé à changer lorsque vous l'avez souhaité ? Avez-vous trouvé le mot, la phrase ou l'idée qui vous ont permis de progresser sur la route de votre projet ?

Tourner et retourner la page, quel programme !

*

Les personnes qui consacrent leur vie au travail ou qui s'identifient totalement à leur projet se résignent difficilement à prendre leur retraite ou à terminer leur œuvre: elles prolongent leur carrière et s'accrochent à leur projet comme à une bouée de sauvetage.

De plus, les projets ne se terminent pas obligatoirement par une victoire: la tempête qui balaye notre réalisation, la maladie qui ampute notre autonomie ou la guerre qui engloutit tous nos espoirs sont des situations particulièrement douloureuses.

Dans les deux cas, faire le deuil de votre projet est une étape importante et douloureuse, même si apparemment il ne s'agit que d'abandonner une conviction (je suis incapable d'écrire un livre, je n'apprendrai jamais l'informatique), d'une croyance (personne ne m'aimera jamais) ou d'un stress (je me rends malade chaque fois que je dois partir en voyage...).

Est-ce pour nous consoler du deuil que nous faisons la fête?

## *LA FÊTE*

Ce projet réalisé, mon nouveau contrat est de partir en vacances.

Dix jours de ski, en famille et avec des amis. Sport, neige, soleil. Un délicieux cocktail que je savoure avec un zeste de mélancolie.

« C'est ta dépression post-partum », diagnostique Dominique.

Tandis que j'admire, du sommet du télésiège, le ciel bleu griffé par d'hésitantes traces blanches, je me sens perdu. Ni vision, ni repère, ni objectif.

Certes je dois toujours compléter la bibliographie et établir le corrigé des exercices, mais cette perspective n'est pas de nature à exciter mon enthousiasme. « Moi et mon projet », c'est la douceur du vide.

## *LE CYCLE DU CHANGEMENT*

Me retrouver. Un nouveau voyage.

Une route qui passe par Mulhouse où je participe à un séminaire portant sur le coaching des dirigeants.

Auteur d'ouvrages portant sur l'Analyse Transactionnelle, Michael Brown a créé un institut de formation puis s'est consacré à la diffusion de la Process Communication. Aujourd'hui il enseigne le coaching.

Je lui annonce que j'ai terminé mon livre, que j'ai tourné la page et que je ne sais plus où aller: mon espoir est d'y voir clair dans trois jours.

« Très bien. Tu prépares le prochain chapitre », me rassure-t-il, comme s'il comprenait que la rédaction de ce livre constituait la fin d'un chapitre de ma vie et que j'étais mûr pour aborder le suivant.

Pouvoir conclure mon projet en situant ma démarche dans une vision de ma vie, quelle belle fin en perspective !

*

Selon Frédéric Hudson, chaque chapitre de vie, que ce soit au niveau personnel, familial ou professionnel, comporte quatre phases.

La première phase est la réalisation du projet. Il y est question de vision, d'idéal, d'objectifs à atteindre, de résultats mesurables, de planning et de maîtrise technique. Actif, vous vous concentrez sur l'apprentissage et la performance. Vous vous identifiez totalement à votre projet.

Au sommet de la réalisation, vous évoluez sur un plateau verdoyant d'où vous dominez la situation. C'est l'auto-réalisation, le bonheur pour une période d'une certaine durée, rarement toute la vie.

Chassé de ce lieu idyllique, que ce soit par les circonstances extérieures (départ du conjoint, fermeture d'entreprise...) ou poussé par votre propre évolution (fin du projet, sentiment d'ennui), vous basculez dans une deuxième phase.

Nostalgique du paradis perdu, vous poursuivez la route à reculons : « Ah ! qu'il était beau votre projet ! » Désespérément, vous vous raccrochez au passé et tournez le dos à l'avenir. Rien d'étonnant dès lors que vous manquiez de vision ! C'est une réaction naturelle de résistance au changement, inconfortablement meublée de peur, de colère et de tristesse.

Cette deuxième phase est douloureuse lorsqu'il s'agit de faire le deuil : renoncer aux vieilles idées, vous éloigner de vos convictions, abandonner vos rituels et quitter votre scénario.

Après le deuil, la transition vers une nouvelle réalisation est habituellement rapide. Parfois, un travail intérieur s'avère utile.

Troisième phase, cette remise en question est beaucoup plus confortable. Qualifiée de *cocooning*, elle vous permet de vous transformer : développement personnel, recherche d'une nouvelle identité, enrichissement du rêve. Vous prenez bien soin de vous, privilégiez le temps de vous choyer. Pour l'instant, votre projet, c'est vous.

Enfin, la quatrième phase est consacrée au renouveau. Étape créative où vous concevez un nouveau projet, important, mobilisateur, enthousiasmant.

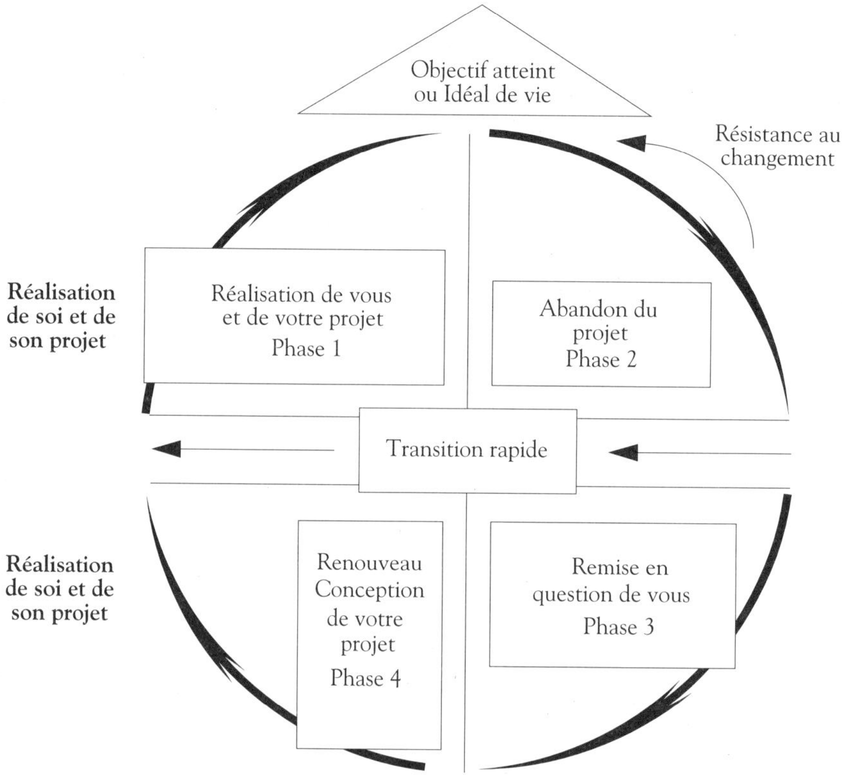


**Vous et votre projet: les cycles de la vie**[1]

Après cette explication, Michael Brown me demande de me situer. Je me dirige vers la troisième phase… mais j'hésite: je suis toujours accroché à mon projet, comme si je voulais prolonger ce dernier chapitre à l'infini.

Le moment de lâcher prise est pénible. Vais-je faire ce grand nettoyage qui consiste à jeter mes brouillons, à trier mes bouquins, à éliminer le malaise?

Je pense à moi, à qui je suis aujourd'hui après avoir réalisé ce projet, à ce dont j'ai envie maintenant. Me déconnecter du quotidien, faire le point de mes désirs, écouter mes besoins, réactualiser mes valeurs…

Après trois jours de séminaire, je dessine la carte de mon prochain itinéraire.

---

1. D'après *Le Cycle de renouveau de soi*, carte n°1 conçue par The Hudson Institute of Santa Barbara (États-Unis). Voir bibliographie.

SYNTHÈSE

Au terme de votre contrat, le bilan est multiple:
- quels sont les aspects positifs et quels sont les aspects négatifs?
- qu'avez-vous appris et que retirez-vous de votre expérience?
- comment vous sentez-vous et quel est votre niveau d'énergie?
- dans quelle étape de votre vie vous situez-vous et comment allez-vous progresser?

## EXERCICE

Comment allez-vous célébrer la réussite de votre projet? ...............
.................................................................
.................................................................
.................................................................

Je participe de tout cœur à votre fête.

# CONCLUSION

ME VOICI ARRIVÉ AU TERME DE MON CONTRAT, prêt à fêter avec vous la publication de ce livre. C'est un chapitre important de ma vie que j'ai eu envie de partager avec vous : la recherche de soi à travers les projets que nous entreprenons.

C'est donc une partie de moi-même, mon expérience de psychologue-formateur. C'est surtout une attitude de tolérance et de compréhension à l'égard d'autrui que j'ai acquise grâce à l'analyse transactionnelle et à la Process Communication.

Chemin faisant, j'ai aperçu de nouvelles pistes à explorer : vous et votre activité, vous et vos émotions, vous et votre coaching. J'ai aussi envie d'écrire une pièce de théâtre, d'étudier la photo numérique et d'exposer mes dessins. Pour ne pas me laisser emporter par des vagues successives d'agitation, j'ai décidé de m'organiser, de tout lister, systématiquement. C'est mon nouveau contrat.

J'ai conçu ce livre comme une histoire, la belle histoire d'un projet mené à terme. Tandis que je rédigeais, j'ai beaucoup pensé à vous et à vos projets : quels sont vos rêves ? Avez-vous établi votre contrat pour réaliser votre ambition, qu'elle soit professionnelle, personnelle ou relationnelle ?

Je serais heureux de recevoir vos commentaires et d'en tenir compte dans une nouvelle édition « revue, corrigée et enrichie ».

Je vous souhaite d'être pleinement *vous* dans la réalisation de *votre projet*.

Je vous remercie de m'avoir suivi dans ce voyage et vous félicite de votre intérêt pour cette matière. J'espère que votre lecture vous accompagne dans la réalisation des rêves qui vous tiennent à cœur.

Bonne route.

# ÉPILOGUE ET REMERCIEMENTS

| | | |
|---|---|---|
| **De** | : | Marie-Laure CAHIER |
| **Envoyé** | : | jeudi 14 septembre 2000 17 : 26 |
| **À** | : | chalude@arcadis.be |
| **Objet** | : | Réaliser le projet qui vous tient à cœur |

Cher Monsieur,

C'est avec grand plaisir que j'ai lu l'extrait de manuscrit que vous avez bien voulu m'envoyer.
À vrai dire, sans nouvelles de vous depuis le 31 août 1999, je pensais que vous aviez abandonné ce projet, et c'est donc avec satisfaction que je constate que vous n'avez pas cédé au découragement et avez remis l'ouvrage sur le métier.
Et avec quel éclat ! Votre texte s'est métamorphosé. C'est maintenant vif, enlevé, intéressant, bref... une réussite. Je m'en réjouis pour vous comme pour InterEditions.
Concrètement, quand pensez-vous avoir terminé ? Pouvez-vous me renvoyer signé le contrat que je vous avais envoyé le 27 mai 1999, à moins qu'il ne vous convienne pas ?
J'attends donc de vos nouvelles, sachant que j'ai besoin de planifier les parutions pour 2001.
En vous remerciant pour votre fidélité et vous félicitant pour cette réussite,
Cordialement,

Marie-Laure Cahier
Responsable éditoriale

CETTE FOIS, C'EST LE GRAND JOUR, j'ai rendez-vous avec mon éditrice pour signer le contrat. Certaines clauses ne me paraissant pas évidentes, j'ai préparé des questions et suis désireux d'éviter tout piège à une saine collaboration.

Alors que je relis le mail de Marie-Laure Cahier pour me donner du courage, je sens le trac me nouer l'estomac, comme si j'allais brutalement être projeté sur scène, devant des centaines de lecteurs attentifs. Interdit de les décevoir. Quand dois-je remettre le manuscrit définitif? Aurais-je le temps de le faire relire, d'apporter les dernières corrections? Tandis que ces questions me saoulent, je m'annonce machinalement à la réceptionniste qui répond: « Madame Cahier est désolée de ne pouvoir vous recevoir, elle est clouée au lit et c'est sa collègue, Madame Painvain, qui va vous accueillir. »

C'est trop injuste! Pourquoi est-ce toujours à moi que cela arrive? Préoccupé de savoir si je dois être déçu de ce rendez-vous manqué ou soulagé de pouvoir reporter mon engagement, je suis interrompu dans ma confusion: « J'ai lu votre manuscrit, m'annonce Gwenaëlle Painvain et souhaite vous publier chez Dunod, si vous désirez écrire un ouvrage spécifique aux entreprises. »

Heureux d'avoir intéressé mon premier lecteur, et fier de cette surprenante proposition, j'ébauche la table des matières d'une intervention sur les dix logiques performantes: avec enthousiasme, j'explique comment chaque type de personnalité gère son temps et son stress, ce que chacun apporte à l'activité de l'entreprise et attend de son travail.

« Lorsque vous aurez terminé ce premier livre avec Madame Cahier, voulez-vous bien me recontacter? », conclut-elle en me tendant sa carte de visite.

« Le succès appelle le succès », répétait mon père. Ou peut-être était-ce ma mère qui le disait. Il y a si longtemps, que j'ai un peu oublié. Mais je me souviens de leur reconnaissance à l'égard de ceux qui les avaient aidés. C'est pourquoi, mes remerciements vont d'abord à vous, Marie-Laure Cahier, mon éditrice, qui avez soutenu mon projet, au point de l'avoir, malgré vous, illustré. Votre confiance me va droit au cœur.

Je me souviens également du respect que mes parents témoignaient aux enseignants. Aussi, à mon tour, je m'adresse à vous, mes professeurs et mes collègues, pour vous remercier de m'avoir transmis votre savoir et votre savoir-faire. Sans vous, Antoinette Demol, Roger Chouraqui, Salomon Nasielski, Michael Reddy, les membres de l'équipe Chalude & Associates et bien sûr sans toi, Taibi, mon projet professionnel n'aurait pas pris cette direction.

Quant à vous, ma famille, mes amis et mes clients, avec qui j'ai chaque jour le bonheur d'explorer le pays des projets, vous êtes la sève de ma vie et de ce livre. Je vous embrasse.

Enfin, je m'en voudrais de ne pas citer toutes celles et tous ceux qui ont œuvré à la réalisation de *Vous et votre projet.*

Vous, Nathalie, Dominique, Delphine et Pascale, qui non seulement parvenez à me lire entre les lignes mais qui êtes également capables de me suivre à la trace. Merci de votre patiente assistance.

Vous, mes complices, Florence Biaumé, Laurence Chalude, Monique Chalude, Roger Chouraqui, Dan Cukier, Patrice d'Oultremont, Dominique Estenne, Docteur Théo Fefer, Michel Gottschalk, Daniel Malcorps, Nelly Micholt, Lieven Siemoens et Ariel Zaludkowski qui m'avez aidé à baliser le parcours après m'avoir signalé les voies sans issue, je vous remercie de vos encouragements et de vos conseils.

Vous, Hélène de Castilla, Colette Magnin et Isabelle Chave qui avez suivi mot à mot l'itinéraire conseillé, pour le débroussailler des paragraphes encombrants et redresser les passages tortueux, je vous remercie de votre précieux talent.

Merci Ivan de ta préface et de ta conviction. Grâce à toi, *Vous et votre projet*, un rêve qui me tient à cœur, est aujourd'hui Réalité.

Si vous souhaitez poursuivre le dialogue, je vous invite sur le site www.chalude.com où vous trouverez les coordonnées de formateurs certifiés.
Vous pouvez également obtenir le questionnaire élaboré par Taibi Kahler (Inventaire de Personnalité) aux adresses suivantes :

MULTI-CRÉATIONS Sprl
Avenue de la Floride 103
B-1180 Bruxelles
Tél. 00322/343 63 00
e-mail : chalude@arcadis.be

KAHLER COMMUNICATION, Europe
7, rue des Vignes-Dormont
F-27920 Saint-Pierre de Bailleul
Tél. 00332 32 53 82 45
Fax 00332 32 52 21 82

# BIBLIOGRAPHIE

***Ouvrages cités***


BARNES L., cité par KATZ, *Toward a More Effective Enterprise, Harvard Business Review*, sept.-oct. 1960, vol. 5.

BROWN M., KAHLER T., *NoTAtions : a guide to TA literature*, Huron Valley Institute, 1978.

CHALUDE M., DANBLON T., *Bruxelles des femmes*, Nouvelles éd. Vokaer, 1979.

CAMERON J., *Libérez votre créativité*, Ed. Dangles, 1995.

COLLIGNON G., *Comment leur dire...La Process Communication*, InterEditions, 1999.

COVEY S., MERRILL R., *Priorité aux priorités*, Ed. First, 1995.

DRUCKER P., *The Effective Executive*, Pan Books, 1970.

Film : *Que puis-je apporter ? (What can I contribute ?)*, BNA Communications Inc.

EDWARDS B., *Dessiner grâce au cerveau droit*, Paris, Pierre Mardaga Editeur, 1999.

FAVERGE J., *Introduction à la psychologie professionnelle*, Presses Universitaires de Bruxelles, 1966.

GOULDING M. & R. , *Changing Lives Through Redecision Therapy*, 1997.

HUDSON F., *The Adult Years. Mastering The Art Of Self Renewal*, Jossey-Bass Publishers, 1988.

HUDSON F., MAC LEAN P., *Life Launch. A Passionate Guide To The Rest Of Your Life*, The Hudson Institute Press, 1995.

KAHLER T., *Transactional Analysis Revisited*, Human Development publications, 1978.

KEPNER-TREGOE, *Le Manager rationnel*, Editions d'Organisation, 1976.

KING L., KOKKELENBERG L., *La Compétition et son diagnostic selon les étapes de la croissance*, Actualités en Analyse Transactionnelle, vol. 10, n° 39.

NAZARE-AGA I., *Les Manipulateurs sont parmi nous*, Paris, Ed. de l'Homme, 1997.

OSTERRIETH, P., *Faire des Adultes*, Mardaga éditeur, 1973.

ROGERS C., ZIGLIARA J.P., *La Relation d'aide et la psychothérapie*, ESF, 1999, 12e éd.

SCHIFF J., *The Cathexis Reader*, New York, Harper & Row, 1975.

SENGE P., *La Danse du changement*, First, 1999.

ST RUTH D. et R., *The Simple Guide to Zen Buddhism*, Global Books, 1998.

VAN DEN BULKE P., MONÈME I., *Le Management relationnel*, Dunod, 1999, 3e éd.

### *Autres titres*

BARJOU B., *Manager par projet,* ESF éditeur, 1998.

BEAUDRY M., BOISVERT F. & J-M., *S'affirmer et communiquer*, Ed. de l'Homme, 1995.

BELLENGER L., COUCHAERE M-J., *Animer et gérer un projet*, ESF, 1995.

BERNE E., *Des Jeux et des Hommes*, Stock, 1966.

BERNE E., *Que dites-vous après avoir dit bonjour ?*, Tchou, 1977.

BOY J., DUDEK C., USCHEL S., *Management de projet*, De Boeck Université, 2000.

BUTTRICK Robert, *Gestion de projet en action*, Les Echos Editions, 2000.

CARDON A., MERMET L., THIRIET-TAILHARDAT A., *Les Concepts clés de l'Analyse Transactionnelle,* Les Editions d'Organisation, 1993

COMMARMOND G., EXIGA A., *Manager par les objectifs*, Dunod, 1998.

GAUTIER B., VERVISCH M-O., *Le Manager coach*, Dunod, 2000.

JAOUI G., *Le Triple Moi. L'Analyse Transactionnelle*, Robert Laffont, coll. Réponses, 1979.

JAOUI G., GOURDIN M.-C., *Transactions – Pratiquer l'Analyse Transactionnelle : exercice et cas*, 2e édition, InterEditions, 2001

KAHLER T., *Manager en personne*, Paris, InterEditions, 1989.

LARSON C., LAFASTO F., *Teamwork : What Must Go Right, What Can Go Wrong*, Sage publications, 1989.

OSTERRIETH P., *Introduction à la psychologie de l'enfant*, coll. Comprendre, 1997.

PICQ T., *Manager une équipe projet*, Dunod, 1999.

ROGERS C., HERBERT E.L., PAGES M., *Le Développement de la personne*, Dunod, 1998.

SCOTT Dru, *How To Put More Time in Your Life*, Signet, 1980.

TURNER J., HEVIN B., *Construire sa vie adulte. Comment devenir son propre coach*, InterEditions. 2000.

VON VARGA G., *Drive Yourself Sane*, Psychoenergetics, 1978.

WOOLLAMS S., BROWN M., *Transactional Analysis*, Huron Valley Institute Press, 1978.

*

Dessins de Jean-Jacques MAQUAIRE, DRAWING'S, Bruxelles.

*

# CORRIGÉ DES EXERCICES

• *Chapitre 1*

1. Émotion-Empathique
2. Réaction-Rebelle
3. Réflexion-Travaillomane
4. Action- Promoteur
5. Inaction-Rêveur
6. Opinion-Persévérant.

• *Chapitre 5*

Persévérant/Rêveur/Empathique/Travaillomane/Promoteur/Rebelle.

• *Chapitre 6*

*Enfant Libre* : j'adore, vous marrer...
*Enfant Adapté Soumis* : humblement, artisan, bon élève...
*Enfant Adapté Rebelle* : refus, ras-le-bol, contestation...
*Parent Critique* : vision, foi procédure...
*Parent Nourricier* : offrir, accompagner, inviter...
*Adulte* : objectivement, synthétiser, les faits...

• *Chapitre 7*

1. Autocratique
2. Bienveillant
3. Laisser-faire
4. Participatif

- *Chapitre 8*

Travaillomane/Persévérant/Rebelle/Empathique/Promoteur/Rêveur.

- *Chapitre 12*

Être reconnu en tant que personne, besoin sensoriel
Solitude
Être reconnu pour l'efficacité de son travail, structuration du temps
Conviction, être reconnu pour son travail
Contact ludique
Besoin d'incident

044730 - (I) - (2,5) - OSB 100° - FAB - SGS

STEDI, 1, boulevard Ney, 75018 Paris
Dépôt légal, Imprimeur, n° 7155
Dépôt légal : octobre 2001
*Imprimé en France*